investment | 金融投资理财

invest

金融往事

PANIC

恐慌、危机和迟来的复苏

The Story of Modern Financial Insanity

[美] 迈克尔·刘易斯

李浩　陈超◎译

中信出版社
CHINA CITIC PRESS

图书在版编目（CIP）数据

金融往事：恐慌、危机和迟来的复苏／（美）刘易斯著；李浩，陈超译．—北京：中信出版社，2011.5
书名原文：Panic: The Story of Modern Financial Insanity
ISBN 978-7-5086-1839-5

I. 金… II. ① 刘… ② 李… ③ 陈… III. 金融－经济史－世界 IV. F831.9

中国版本图书馆 CIP 数据核字（2009）第 218201 号

金融往事——恐慌、危机和迟来的复苏
JINGRONG WANGSHI

著　　者：[美] 迈克尔 · 刘易斯
译　　者：李　浩　　陈　超
策划推广：中信出版社（China CITIC Press）
出版发行：中信出版集团股份有限公司（北京市朝阳区惠新东街甲 4 号富盛大厦 2 座　邮编　100029）
（CITIC Publishing Group）
承 印 者：北京通州皇家印刷厂
开　　本：787mm × 1092mm　1/16　　印　　张：21.5　　字　　数：318 千字
版　　次：2011 年 5 月第 1 版　　印　　次：2011 年 5 月第 1 次印刷
京权图字：01-2009-3715
书　　号：ISBN 978-7-5086-1839-5 / F · 1848
定　　价：49.00 元

服务热线：010-84849283
服务传真：010-84849000
http: //www.publish.citic.com
E-mail: sales@citicpub.com
author@citicpub.com

PANIC
The Story of
Modern Financial
Insanity

目录

第二部分　外国人疯了　55

第三部分　最新的新恐慌　127

PANIC
The Story of Modern Financial Insanity

序

探秘华尔街黑洞

次级抵押市场发生的无休止的崩溃事件中，令人印象深刻的莫过于“公平”二字，我们几乎无法清晰界定谁是受害者，谁又是罪犯。数以百万计疏于防范金融风险的普通民众已经损失了数十亿美元，但同样也包括华尔街曾经的“明星”，他们都将宝押在了相同的赌注上：“只升不跌的不动产”。与那些住在洛杉矶与圣迭戈之间的郊外荒地上的低收入者丢掉了他们美轮美奂的住宅类似，美林公司（Merrill Lynch）前CEO斯坦·奥尼尔也因同样的原因被解职，即都忽视了一件看起来似乎不可能发生的事：金融危机。回顾起来，一小部分在次级抵押债券市场上损失了上百亿美元的华尔街商人看起来与走在大街上的人一样的天真和愚蠢，但我们可以换一个视角来看待这个问题，首先走在大街上的人遵循着同样愚蠢的法则，而这个法则曾经是这些华尔街商人在过去数十年中的座右铭。

如果一定要挑出这些法则第一次露出弱点的时刻，那就非1987年的股市危机莫属。这个时代中所发生的各次金融恐慌断断续续地出现在此次危机之前、之中和之后。“黑色星期一”是第一波：一场看起来会导致灾难性社会和经济后果的动荡最后却根本没有什么严重的影响。互联网泡沫的破灭、亚洲金融危机和俄罗斯政府债券引发的长期资本管理公司（Long-Term Capital Management）在对冲基金市场上的失败，所有这些极端案例都被浓缩成一段捕风捉影的短期金融历史，而且这些案例在高峰期似乎有一种能改变我们所熟知的世界的力量，但事实证明没有一个事件对美国的经济或普通市民的生活构成了威胁。

但1987年的崩溃也有一些其他的意味——这场危机不是由不动产，甚至不是可预见的经济问题引起，而是根源于日益复杂的金融市场。加利福尼亚大学伯克利分校的两个教授发明的投资组合保险策略，已经被看起来很明智的投资者所广泛采用。投资组合由华尔街最有影响的布莱克—斯科尔斯期权定价模型（Black-Scholes Option Pricing Model）发展而来，该模型基于交易者会通过持有空头头寸并在市场下跌时增加持有来规避市场风险的假设。几乎每一个员工的持股计划都将布莱克—斯科尔斯期权定价模型作为行动的准则。处于美国股票市场中并有风险意识的养老基金经理无须打电话给华尔街掮客，只需在斯坦福500种股票指数市场上买入看跌期权（一种以事先设定的价格卖出以减少潜在损失的期权）即可。（基金经理们可以根据标准普尔下跌的情况卖空从而以低价创设自己的卖出期权，因此，理论上说可以避免所有的市场风险。）

多么完美无缺的理论！除了当市场在持续下跌并且没人愿意买入，以致无法卖空时才略微显出疲态，然而，如果有太多的投资者在市场下跌时清仓，却恰恰会导致其实一直想避免的灾难。他们抛售的预期推动了市场的下滑，触发更大的抛售浪潮，并最终将市场推向无底的深渊。这就是在1987年10月19日那天所发生的，在真实的世界所呈现的崩溃与恐慌中，布莱克—斯科尔斯的理论显得如此的不切实际。甚至最大的投资组合保险公司（Leland O'Brien Rubinstein Associttes，由发明投资组合保险理论的两位教授利兰德[Leland]和鲁宾斯坦[Rubinstein]联合创建并运营）都试图抛售但同样没有成功。

令人不解的是，布莱克—斯科尔斯期权定价理论的失败却没有引起华尔街哪怕是一丁点儿的质疑。"如果你要反对这个理论，"一位长期浸淫在深奥的金融期权理论的投机商说道，“那就是在为自己的愚蠢作注脚。”数学是这样的高深，学者们是如此的聪明，一个没有数学学位的人是不可能去终结这个理论的。但在1987年的股灾之后，那些在华尔街大型公司里销售抵抗金融风险产品的零售商却从中多少嗅出一些异样的气息。结果是通过市场的联动——包括股票、货币、债券市场——用于抵抗金融风险的保险产品的价格上升了，再加上布莱克—斯科尔斯期权定价理论的失败，所有这些至少反映出两种新的思潮：其一，价格的巨大波动越来越频繁，这超出了布莱克—斯科尔斯模型的假设框架；其二，通过股票市场本身的买卖行为无法制造出一个期权，因为市场不允许。当你非常迫切地希望买入或卖出时，别忘了其他人也怀有同样的想法，所以必然会削弱你本应有的优势。

“没人再去相信所谓的假设。”说这句话的人是约翰·西奥，他是费马资本管理公司（Fermat Capital）的合伙人，这家公司管理着超过20亿美元的巨灾债券。（主要是类似于飓风、地震引发的巨灾的看跌期权。）“很难相信有人——是的，包括我——曾经相信过，这有点儿像当火灾危险忽大忽小时不断地增加或减少自己的保单金额，当有一天你的房子着火了，你会给保险公司打电话说要增加保额吗？”

这很有意思：应对金融灾难的保险所依据的基础理论在真正的恐慌发生时却无法发挥作用。少数明智的投资者抛弃了理论，而市场本身却还在继续，而且实际上这种理论的影响还通过种种奇异的途径在迅速蔓延。到2006年底，根据国际清算银行的估计，金融衍生市场拥有415万亿美元的资金——415万亿缺乏令人完全满意的定价模型支撑的有价证券，除此之外还有外汇贸易期权、员工认股权、抵押债券以及只有上帝才知道的其他地方存在的数万亿美元等，这些大概都是用布莱克—斯科尔斯模型的某些版本来定价的。投资者想知道他们购买的产品的理性价格，即使这需要信仰的某种飞跃。西奥说：“模型创造了市场，市场追随着模型，所以市场出现后身处其中的人，至少一部分人已觉察到布莱克—斯科尔斯模型并未起到作用。对于一些特定的风险——稀少而极端案例中的风险——该模型不是错了一点，是大错而特错。因为市场的出现乃至繁荣的唯一原因是人们认为布莱克—斯科尔斯模型能公平地定价。”

但布莱克—斯科尔斯模型名不符实，价值万亿的有价证券被定价时并未考虑到潜在的金融危机和恐慌。问题是，直到最近也没有人敢大声地抱怨这个模型。世俗之人也许对僧侣抱有某些疑虑，但却不愿意表达出来，然而现在随着次级市场危机的爆发，对“神”的反抗正在酝酿形成。

其中一个领导者是畅销书《黑天鹅》（*Black Swan*）和《随机致富的傻瓜》（*Fooled by Randomness*）的作者纳西姆·尼古拉斯·塔勒布（Nassim Nicholas Taleb），一家大型法国银行曾经的货币期权交易员。塔勒布肯定地指出了他个人第一次对布莱克—斯科尔斯理论感到疑惑的日期：1985 年 9 月 22 日。当时，来自日本、法国、德国、英国以及美国的中央银行行长们表达了抑制美元的意图——让美元相对其他国家的货币贬值。每天，塔勒布都会收到一张从他所在的公司发过来的交易形势清单，然后从一个矩阵中，他能知道在各种外汇波动中他所管理的业务的盈亏。在 9 月 22 日那天，当宣布美元贬值的声明发布后，他赚钱了，但他自己却毫不知情。“我不清楚自己所面临的形势，” 塔勒布说，“因为这个变动在矩阵之外。”法兰西银行的风险分析程序认为如此巨大的货币贬值平均数百万年才发生一次，因此不值得考虑。

塔勒布在那天赚到的一大笔钱并不能归功于周密的计划，而且也没有让人感到高兴。“从巴黎来的身着黑色西装的人告诉我，成功的唯一解释是我很好地规避了风险。”但这并不符合事实，他们错误地估计了金融市场中风险的本质。“从那以后我开始重新评估相关历史，”他说，“从而发现这种情况无时无处不在。”塔勒布困惑于期权市场的定价方式，因为著名的布莱克—斯科尔斯理论总是低估了极端和小概率事件所带来的风险。他将赚得的利润几乎全买了灾难保险，按照布莱克—斯科尔斯理论，这种买卖是赚钱的生意。当 1987 年 10 月 19 日那天到来的时候塔勒布准备好了，“那是我作为交易员回报的 97%”，他说。

过去的两年里，塔勒布在曾经刊登布莱克—斯科尔斯模型的理论期刊上与人合著了两篇论文，用相同的逻辑（数学）正面抨击了该模型，并且极力呼吁收回曾颁给迈伦·斯科尔斯（Myron Scholes）和罗伯特·默顿（Robert Merton）的诺贝尔奖。“我要向默顿和斯科尔斯声明”，塔勒布说，“你们这些家伙就是寄生虫，没有给市场带来任何有用的东西。你们试图教鸟如何飞行，看着它们飞，然后把这看成是一种荣耀。”

不止如此，塔勒布还讽刺这些训练鸟如何飞行的理论只会让飞行更加困难。如同约翰·西奥——如同许多既懂得布莱克—斯科尔斯模型，又熟谙市场运行规律的交易员一样——塔勒布认为模型产生了错误的导向：让投资者觉得理解和正确评估了复杂的金融风险，但实际上却不是这样，从而导致人们不理智地去寻找更多发财的机会。在后布莱克—斯科尔斯时代，这些公司比任何人都急切地想避免暴露在金融风险面前，并且提高金融保险的估价。确实，如果还没有人对错估的风险感到太多的慌乱，那只能是因为受害者都是切实经历了寒风的华尔街大公司，约翰·西奥说：“证券公司占了受害者的大多数，这是至今没有对布莱克—斯科尔斯模型的错误形成共识的主要原因。”

因为卷入了数百万从没听说过布莱克—斯科尔斯模型的欣喜而健忘的普通人，次级抵押债券市场的崩溃在某些方面并不同于一般的金融危机。然而，恰恰就是布莱克—斯科尔斯模型给了他们进行高空作业会带来危险的理由，其后跟随的是借给他们钱的抵押经纪人以及资助抵押经纪人的贷款银行。 布莱克—斯科尔斯已经不仅仅是一种理论，更是如何看待金融风险的思想。不仅是华尔街公司，还包括大量的不动产小投机商——另外房主也不例外——都以过于低廉的价格卖出看跌期权来防范极端和小概率事件带来的风险。许许多多全身心地沉浸在他们已投资领域的人深受危机带来的痛苦，但又哭诉无门。金融危机变得越来越频繁，那些被认为一千年才发生一次的事情也似乎每隔几年就会出现。这一切应该用金融系统的风险被严重低估以及人类贪婪的天性这样的理由来解释吗？

不过，我们还是超越个人之见，超越这本著作企图阐述的理论，追根溯源，从头开始吧。

PANIC

The Story of Modern Financial Insanity

第一部分

全新的危机

PANIC
The Story of Modern Financial Insanity

引 言

对于这部分文字的写作动机很简单，就是回顾最近的金融恐慌，继而管中窥豹，探讨金融市场到底是如何运作的。自从 20 世纪 80 年代初以来，新的因素令金融市场变得更加复杂，对此，市场中仅有少部分经纪人略有觉察。限于篇幅，本书描述的对象是那些在报纸上能看到、事后得到不厌其烦的分析和研究的金融恐慌案例，每部分都由一到两个一旦发生就会流言四起的事件开始，随后尽可能抓住事件刚发生时所表现出来的奇特现象。1987 年股市崩溃后，美国政府成立了专门的委员会撰写相关报告，但不只如此，还有很多其他的非正式的研究报告，都提示出了这一新事物：看似毫无规律的恐慌。

出于揭秘这一首次出现的新型恐慌，以及随之发生的其他事情的本质，本文结合相关评论、杂志报道、相关著作、经济论文、政府报告以尽可能贴近事实的方式对上述事件作出了准确的描述。由于那些新闻都是以自己的立场来报道的，因此，对这些繁杂的资料进行事后分析就像一位顾客走进自助餐厅一样，不仅需要智慧还需要一定的嗅觉，这样才能发现最有用的东西。作家埃里克·文纳在1987年的股市崩溃之后想出了个绝妙的主意：在电话里问那些金融业内人士在崩溃前他们的所思所为。结果有如此多的人都是在等待崩溃！(不然他们为何富有？)另一方面，经济学家富兰克林·爱德华兹在一篇近3 000页关于探讨崩溃原因的文献的前言中承认："无人知道底线在哪儿。"

回顾那天及之后所发生的一切，你会发现实际上存在两个金融市场。首先，是敏感的华尔街，渴望、贪婪、焦虑、狡猾是华尔街赌徒们共同的标签，癫狂的心理使得他们不屑于通过普通的方式来致富。其次，是理论上隐藏着的华尔街，这里的异人和异事看起来或多或少都更具理性和易于理解。在恐慌刚刚发生时，这种区别还不是非常的明显，一切都貌似正常得不能再正常了。然而恐慌来了，继而是混乱，良好的秩序被戏剧性地颠覆。最后处于金融食物链顶端的家伙们迅速跌到了谷底，以往持有正确观点而被仰视的人受到了鄙视，之前边缘化的群体则站在了舞台的中央，那些在过去四年里一直强调伟大的时代是个幻想和谎言的人轮回般地谢幕走下舞台，于是市场重新洗牌，一切从头开始。

如此往复，当情况改变时，新的疯狂呈现出不同以往的全新特点。1987年10月的崩溃就是一个再好不过的例子：一场没有任何明显经济缘由的金融创伤，让那些被公认是危机专家的人大伤脑筋。经济恐慌史学家和经济学家约翰·肯尼斯·盖尔布雷斯（John Kenneth Galbraith）说，他曾希望恐慌之后的经济不要像“大危机”（指1929年的那次金融危机）之后那样令人痛苦不堪。很多人以为世界会发生大的变化：资本主义将会终结，或者至少是雅皮士会没落。持这种观点的人之中就有埃里奥特·杰尼威（Eliot Janeway），一个从华尔街分析家转行的社会学家，他接受《纽约时报》记者理查德·梅斯林（Richard Meislin）采访时说，这些雅皮士们根本就没有做好迎接严冬的准备，他们会感到别扭。然而当巨变来临时，这些雅皮士的适应能力是如此的强，强到已经准备好去创造更多的危机。

1987年的崩溃标志着“金融无理性时代”的到来，从此恐慌成了家常便饭，虽然对很多人来说这似乎是一件事情的结束，但其也是另一种开始。

最终，一系列的连锁反应出现了，例如，由久经沙场的华尔街商人销售的巨灾保险的定价市场变得更加变化莫测，牵一发而动全身。同时，我相信世人对金融市场的一切都给出了不同的注解。仔细梳理崩溃前的金融新闻，你会发现种种后无来者的天真的说法，至少在美国是这样。比如，那时有个股市天才叫罗伯特·普莱切特（Robert Prechter），他的远见在很多媒体上受到广泛的关注（有趣的是，在这些关注人群中有人曾经是最好的评论家但他们却不愿意看到自己写的东西被再版）。仍然记忆犹新的是，作为一个新手的我被告知，要想真正理解股市，首先必须懂得艾略特波浪理论（Elliott Wave Theory）。之后崩溃发生了，罗伯特·普莱切特并没有预测到这一切，而我也仍然对艾略特波浪置若罔闻，但其他研究波浪理论的学者们发誓说他们用理论预测到了崩溃。然而不知何故，在1987年10月19日后就再也听不到关于艾略特波浪的声音了。可以这么说，每一个时代都存在波浪理论，正如每一个波浪理论也拥有属于它们的时代。

读者们会注意到这些恐慌具有共同的特征。1987年的崩溃将艾伦·格林斯潘推上了美联储主席的宝座，而这本书结束时爆发的次级抵押市场危机又结束了格林斯潘时代。同时，时势还造就了另一批在之后的20多年里一直处于市场混乱之中的人，其中之一就是狂热的学者罗伯特·席勒（Robert Schiller），他的警告和评论甚嚣尘上。另一位则是约翰·梅利威瑟（John Meriwether），一位研究深奥的数量策略的操盘经理。我的前老板在赚钱和赔钱方面的能力同样突出，这次也没能远离1987年的崩溃而深陷其中。

1987年的股市危机同时也是我在本书中要介绍的现代金融市场难以置信的紊乱的起点。当市场在不受羁束地下跌时，我仍在华尔街工作，正考虑是否要抽身出来写本相关的书。在1987年10月19日那天，我站在华尔街最大的股票交易所旁边，心烦意乱。我将当时的所看所想写进了我的第一本书，当然也包括在本书中。崩溃和恐慌是趣事之源，但当我成了专职记者后就有些后悔去记录这一切了。出于怀旧的心理，在本书的每一部分都对这些事件有所涉及，同时希望读者们也能跟我一样对此兴趣盎然。

驾驭野牛

斯蒂芬·科普[①]
《时代》杂志，1987年7月27日

当那些聪明而有实力的机构投资者用100 000份额的股票交易例行公事般地将华尔街搅个天翻地覆时，股市操盘手凯瑟琳·伯纳并不感到惧怕，也不担心被高技术的程序交易员所左右，他们经常借助计算机的庞大运算能力将道琼斯平均指数颠来倒去。实际上，伯纳不仅维持了她所谓的“小康生活”，而且还有能力资助自己的孙子和曾孙。作为80岁的休斯敦人，伯纳非常勤勉，研究金融新闻，每天上午和下午去拜访她的票据贴现经纪人，在充分掌握市场动态的基础上精心设计自己完美的投资组合。“我也不是那么的聪明，只是掌握了一些常识而已。”伯纳说道。她曾经是艺术家和药剂师，机构投资者们注意到现在伯纳对石油和制药业的股票比较感兴趣。

到1987年8月13日为止，在20世纪80年代持续了5年之久的疯狂牛市已经让数百万美国人大赚而特赚，其中就有伯纳。他们怀着日益膨胀的自信心回到了19世纪70年代曾经逃离的市场。休斯敦安德伍德 纽豪斯公司（Houston's Underwood Neuhaus）的经纪人查理·纽豪斯评论道：“牛市持续时间越长，就会产生越多的乐观者。”在这10年的前半段，根据纽约证券交易所的研究，拥有私人公司股份或投资于共同基金的美国人从3 020万增加到了超过4 700万。尽管其中半数的人只投资于一家公司或一只基金，但另外大约2 300万股民却将选股作为沉迷其中的嗜好。

这些股市中的散户竭尽全力寻找利润之源，但这个时代所有的优势属于

① 史蒂芬·科普在2001年1月成为《时代》杂志的副主编，在该杂志社，他主要负责商业类文章的撰写。在加入《时代》杂志之前，他获得了威斯康星大学伊奥克莱尔分校的新闻学学士学位。

大的机构投资者，他们在研究、信息和反应速度上占有优势。掌握 1/3 股票的机构投资者的反应速度惊人，主宰着 80% 的股市交易，尽管散户拥有几乎 2/3 股票，或者说大约 2 万亿的价值份额，但他们更习惯于执著地坚守自己的阵地。而更多积极的散户也正在研究自己的工具和窍门，现在他们开始学着削减自己在票据贴现经纪人那里的委托成本，并通过阅读日渐丰富的实时通讯来关注小公司的成长。他们还持有随时变现的现金账户，甚至利用手持无线接收设备随时获取股市行情。

然而，最大的财富之源依然是汹涌澎湃的牛市。道琼斯平均工业指数令人印象深刻的一次腾飞从 1982 年 8 月开始，那时处于一个较低的水平，只有 776.92 点，之后当其价值增长了 3 倍时，大多数投资者都有种高处不胜寒、想要撤退的感觉。这种感觉在今年春天变成了现实：道琼斯指数大跌，从 4 月 6 日的 2 405.54 点跌到 5 月 20 日的 2 215.87 点。但随后又大幅回升到一个新的高度，上个周五道琼斯指数首次超过 2 500 点，当日报收于 2 510.04 点，一个星期的涨幅达到 54.05 点。从今年年初开始计算，指数上涨共超过 614.09 点，不管怎么说这都是一个回报丰厚的时期。其中的一个原因应归功于企业利润的大幅攀升，而这又是由企业效率提高，以及美元贬值促使出口额增加带来的。

然而道琼斯指数的虚高也带来了市场潮起潮落的动荡不安，有时一天的波动就会超过 50 点，这种市场的不稳定使得兴奋与恐慌充斥着每一个角落。散户们收获了一笔天降横财后往往陷入癫狂而不知所措的状态，不知道自己的资金应用在何方。“客户经常打电话给我说要买入某只股票，而这却是在周末的鸡尾酒会上听到的，对此我非常担忧。”托马森 · 麦金农证券公司（Thomson McKinnon Securities）伊万斯维尔（Evansville）分公司的经纪人杰瑞 · 蒂莎兰德说。同时，当关于熊市随时可能会到来的消息来临时，又有许多投资者出于下跌的担心见风就是雨，迅速地卖掉手上的股票。位于辛辛那提的雷诺兹 · 德维特证券公司（Reynolds Dewitt Securities）经纪人理查德 · 盖尔指出：“不断波动的蓝筹股留不住投资者，他们总是无所适从。”

机构投资者搅动着主流股票周期性的涨跌循环运动，结果造成惊慌失措的散户们在各台终端前来去匆匆。他们更喜欢不被人注意或不被看好的潜力股，但在华尔街反应过来之前去获得令人艳羡的财富需要特别的技巧，而这又意味着大量额外的努力、时刻保持警惕和冷静的头脑。杰夫里·所罗门是纽约一家五金公司的销售代表，同时也是一个总拿着手持股票接收终端，且每晚研究公司报表和实时通讯的投资人，他曾说过："基金经理也是人，他们会恐慌、会兴奋，也有情绪化的一面，与我们没有大的区别，机警的投资者总能击败他们。"32 岁时，所罗门就赚得了 5 位数的利润。

几乎每个投资者都有自己的独门秘籍。芝加哥的泰德·迪特曼将 140 万美元的个人资产组合大部分都投入到了具备快速增长潜质的小公司，同时对于那些生产自己喜爱的产品的公司也有涉猎，比如迪特曼是个"爆米花狂"，他偏爱"金色山谷微波食品"（Golden Valley Microwave Foods）这个牌子，所以就购买了该公司的股票，而去年这只股票的价值增长了 70%。另外，迪特曼还在价格为 9.5 元时购买了一家特许经营汽车服务的连锁企业—— 杰夫·露布国际集团 3 000 股，现在价格则是 15.625 元。

迪特曼在决定买入时会研究年度报告和其他一些相关文件，如有疑问则打电话给公司负责人进行咨询，他认为这是以较小的风险获得收益的方式。当迪特曼注意到创新软件（Innovative Software）的利润下滑时，公司首席财务官（CFO）在电话里保证说下滑只是一次"小麻烦"，所以迪特曼选择了继续持有， 即使是在 3 送 2 的股票送转之后，其价格也从去年 11 月的 10 元急剧上升到现在的 22 元。

与迪特曼一样，很多私人投资者以他们自己的理解进行投资，某些他们偶然发现的开发出突破性产品的行业也是关注的目标。查尔斯·施瓦布折扣经纪公司（Charles Schwab discount-brokerage firm）的高级副总裁雨果·夸肯布什指出："航空公司的一些小伎俩可能会让华尔街的大人物感到迷惑，但飞行员却多少知道一些。"

一些投资者没有被迷惑而获得成功。洛杉矶金融顾问拉塞尔·福斯特将他一半的时间花在了管理自己的投资组合，以及寻找美国中西部各州可靠的、小型的、利润不佳的公司上。"是的，我的股票实际上有些耐人寻味，我对大的投资公司是不屑一顾的，因为这些公司的经纪人没有什么值得向顾客炫耀的东西。”福斯特说。

对于那些通常厌倦于研究普通股每股账面价值和资金平衡表的人来说，这种挑选股票的方式有点问题。洛杉矶的一个剧作家迈克尔·佩奇尼声称，“这很复杂，也很荒唐，如果你这样做，就如同在树上摘取钞票”，这听上去像电视广告员的话。但私下，佩奇尼每天至少花上两个小时来研究股票报价和金融类报刊，比如《投资者日报》(*Investor's Daily*)，并在同一台电脑上撰写他的剧本。

很多投资者刚入市时的胆量都很令人惊讶。法尔法克斯·兰朵，一位休斯敦的主妇和兼职室内油漆工，在仅仅3年的时间里利用资金杠杆和拆借的方式，将她的投资组合从25万美元增加到了200万。但她初生牛犊不怕虎，贸然进入了危险的股票期权市场，结果在1981到1982年的衰退中损失了150万。然后，通过努力的工作，加上谨慎投资她又东山再起，重新赚回了200万美元。她总结说：“股市是我的最爱，我对漂亮的衣服没有兴趣，自己也很节俭，我的钱全在股市上。”

并非所有人都愿意冒险经历这样的挫折，尤其是对准备用来养老和教育的钱。70岁的J·H·弗里曼是前休斯敦法律公司财务经理，他起初并不对可能会上涨但却不稳定的股票价格感兴趣，他只关心是否能稳定地得到分红，因此更青睐有信誉、有实力的公司。尽管弗里曼的策略有些保守，但他的股票价值还是在5年里增加了一倍。

对于上述的种种方法，私人投资者有许多共有的指导方针。例如，小投资人一般会避免购买外国的私人公司股票，因为无法及时得到相关的信息。除非已经精心构建了防止普通股损失的“防火墙”，否则，小规模的投资者不会涉足股票期权、期货及其他高风险的工具。另外，他们经常会确立一个预先设定的卖出水平来减少损失或增加获利。28岁的梅利莎·拉姆，一个正在努力学习的曼哈顿不动产经纪人说：“我已经挑选了一些好的股票，但我只能在对更高利润的期望中等啊等，一直等到所有的利润都蒸发掉了。”

有如此多的投资者期望做出自己的选择，而这恰恰成为众多折扣经纪公司的福音。这些公司的佣金价格比那些提供全套服务的投资公司更低，因为他们跟传统的机构不一样，并不提供任何建议或投资组合管理服务。举个例子来说，对于100股价格为60美元的股票销售服务来说，他们的佣金是50美元，而提供全套服务的公司则收费100美元。结果是，在零售股票交易方面，折扣经纪公司占有的份额从1982年的8%增加到今年的22%。其中最成功的是位于旧金山的嘉信理财（Charles Schwab），它是美国最大的折扣经纪公司，其收入在1981年是42 700 000美元，到1986年时已增长到308 300 000美元。嘉信理财的150万客户都属于资金规模在50 000到100 000美元之间的群体。

不管是折扣经纪公司还是提供全套服务的投资公司都研发了大量的工具来帮助个人投资者提高技术能力，以便跟上专业人士的步伐。嘉信理财向其顾客推荐了一套个人电脑程序"The Equalizer"，售价为99.95美元，这种程序不仅可以让投资者了解投资组合，而且投资者一输入命令就可得到股票的最新报价以及相关研究报告和经济新闻。一家致力于提供股票报价手提终端设备的制造商Telemet America现在占有16个城市的市场，拥有10 000个顾客，其中90%是个人投资者。

对于想进入资本市场但缺乏时间或不愿承担过高股市风险的人来说，共同基金是个很好的选择。1986年股票基金市场份额增长了417亿美元，增幅为33.4%，达到了1 664亿美元。而股票基金的数量也在迅速增加，现在有数百个之多，以至于要挑选一只基金的难度相当于个人挑选股票。尽管如此，在这样的牛市中问题并不大，今年上半年基金数量增加了22%。

总之，美国公司还是很欢迎个人投资者参与到市场中来，因为他们在股市中相对来说属于长线的投资者，是对浮躁华尔街的一种平衡，华尔街总是强调"你为我做了什么"，这让很多美国公司经常感到苦恼，而个人投资者往往更有耐心一些。幸运的是，这种耐心到目前尚未遇到大的考验。

……崩溃的1987年：芝加哥的“影子市场”让自由落体粉墨登场……

斯科特·麦克莫里[①]
罗伯特·L·罗斯[②]
《华尔街日报》，1987.10.20

恐慌开始了！昨天早上芝加哥商品交易所的股票价格指数笼罩着一种诡异的寂静，交易商们见证了股票史上最惨痛溃败的开始。

由于订单不平衡造成纽约证券交易所的交易延迟，芝加哥令人诟病的“影子市场”——以标准普尔500种股票指数为标的物的、具有高度杠杆效应和易变性的期货市场——在几分钟内成为西方股票市场的风向标。

市场在股指的引领下迅速下跌。一些交易者和研究人员极度担忧的噩梦正在上演，诞生刚5年的指数期货第一次陷入恐慌和没有阻碍的下跌，整个美国资本市场弥漫着危机的气氛。

国家金融期货市场在那天经受着前所未有的考验。很多交易者怀疑股票下跌时指数期货和期权市场如何正常运行下去，昨天这些市场也明显在挑战他们的承受极限。首先，股指期货加速了股价的下滑，5倍于以往一天的下滑速度；随后，买方在警报声中逃离市场，交易迅速萎缩，短期内阻止了市场进一步下滑——这是他们存在的主要价值所在。

“这种情况在期货历史上是空前的，”纽约期货和有价证券律师托马斯·罗素说，“人们会将这一天永远铭记于心。”

在开盘后的几秒钟内，标准普尔500股指期货指数下跌了18点——超

① 斯科特·麦克莫里是《华尔街日报》的前资深撰稿人，他擅长公司历史和商业、技术以及金融特色的写作。他致力于一些关注商业、技术、金融方面问题的出版物，包括《商业2.0》、《机构性投资人》、《芝加哥》、《美国新闻和世界报道》、《克莱恩的芝加哥商业》以及《华尔街日报小商业报道》。

② 罗伯特·罗斯2004年离开《华尔街日报》转而为《费城询问报》撰稿之前，一直都是《华尔街日报》的编辑和作家。

过了周五一天的下跌记录。据一位期货交易商估计，所罗门兄弟公司在股指期货市场上以前所未有的速度，在交易头一个小时内就一次解除了1 000份合同，抛售了6亿美元。

由于对期货价格没有任何限制，当出现关于暂停交易是否明智的争议时也缺乏有效的调节机制，所以最后标准普尔500股指期货指数无可阻挡地继续暴跌了80点。

“每个人都饱受打击。”纽约期货票据贴现公司的分析员约翰·古斯塔夫森说，当时他就站在离标准普尔期货交易所几步远的地方。在三个主要期货期权交易所里，办事人员开始准备做出超过20亿美元的保证金预警。顺着街道向北的芝加哥期权交易所（Chicago Board Options Exchange，CBOE）内，一位准备买卖未上市股票的经纪人在办公室中轻轻地抽泣。

昨天关注的焦点逐步从期货市场转移到了纽约证券交易所，因为那里大量的交易吸引了更多的注意。到中午，道琼斯平均工业指数期货几乎崩溃，关注的焦点重新回到了股市本身。

但临近收盘时，期货市场显示出动荡会加剧的迹象。12月交割的标准普尔500期货下降了近30%（80.75点），道琼斯平均工业指数下跌超过23%。期货指数本身也以20多点的贴水收盘，这是一个熊市的信号。除非今天交易开始时规则彻底改变，否则套利交易者会买入相对便宜的期货，卖出股票，将股市进一步推向深渊。

“这就是人们担忧的根源。”芝加哥大学金融学教授默顿·米勒（Merton Miller）说。就像坐在一辆令人恐惧的高速过山车上，期货交易的速度之快让恐慌弥漫，让买家根本没有时间去判断形势和入市。

米勒补充道：“这有些类似于银行挤兑，每个人都在想，‘如果我是第一个，一切都不用担心’，而一旦挤兑开始谁也无法逃脱。”

交易商为期货市场延续昨天疯狂的价格波动和永不停市而鼓掌，却不管股票和股权市场的交易延迟。芝加哥交易所的负责人说到昨天较晚的时候为止，几乎所有的交易所会员都收到了保证金预警。

指数期货是一种以股票价格指数，如标准普尔指数为行权品种的期货合约。交易者用它来规避投资组合的风险，同时也可以通过对股市未来整体走势的判断来投机。

然而，不理性的行为再次造成了一些长期性的问题。分析家、交易者和学者长期以来所担忧的是，投资组合保险公司、大型投资机构越是在股市下行时越倾向于卖出期货来形成损失防火墙，这种行为会对价格形成扭曲效应。投资组合保险公司确确实实触发了昨天的急剧下跌，而他们的第一轮抛售很快就扩大成一场雪崩，卷走了从套利者到共同基金的所有交易者。

同样，很多交易者希冀从昨天的狂跌中获得哪怕一点点的喘息之机。与其他期货市场不同，股票指数期货是没有涨停限制的。过去，这样的限制可以抑制价格波动和延缓大盘走势，哪怕是短暂的。例如，在1979年的白银市场危机中，极端的波动被涨停限制所延缓，大盘得以在几个月里保持了稳定。

在其他情况下，稳定措施帮助政府部门和交易者获得短暂的调整机会，从而来适应市场预期的突然变化。举例来说，当1980年吉米 · 卡特总统叫停了向苏联出口价值20亿美元谷物的计划时，美国商品期货交易委员会（CFTC）将谷物期货交易停牌两天，直到政府对谷物出口商提供补贴，并采取价格保护行动为止。

但在股指期货市场中，对于是否应采取措施暂停交易，人们看法不一。美国证券交易委员会主席戴维 · 路德认为交易叫停是对混乱交易的一种回应，但CFTC的现任代理主席卡罗 · A · 海因曼已经声明反对这样做。

昨天，当机构和交易者匆忙解除自己在期货上的部分风险时，股指交易在几分钟内极度萎缩，并在芝加哥商品交易所的交易大厅中引发了流动性缺乏的危机。上午的时候，标准普尔指数攀升两点，然后就在不到一分钟内开始下跌，而此时卖方还在忙于将任何他们能够接受的报价填到订单中。

芝加哥期权交易所（CBOE）交易标准普尔100指数期权，为开盘交易而设置的循环系统保证了市场的有序运行。“从操作程序上讲我们无懈可击。”CBOE主席查理 · 亨利说。但在填单时延迟差不多45分钟是常有的事。“巴赫（Bache）、美林（Merrill）和西尔斯（Shearson）都差不多。”CBOE的一位交易管理员告诉CBOE的执行官。

流动性紧缩对票据交易所的主要交易同样造成了威胁，而这是保证期货交易的关键。虽然最近芝加哥商品交易所提高了多种股指交易的保证金要求，但由于昨天标准普尔500期货在开盘时独自波动了20点，所以这事实上又冲销了每份合同最低10 000美元的保证金要求，尽管保证金是为满足投机者的交易需求而制定的。

昨天，芝加哥商品交易所对92个结算会员提出了额外16亿美元的保证金要求。一位负责人宣称为适应形势，标准普尔500指数期货的保证金总额应为20亿美元左右，同时也否定了在昨天的冲销中有结算会员陷入财务危机的谣言。而在昨天午夜时分，芝加哥商品交易所专门召开了事先就准备好的对盘成交会议。

一位票据结算公司（为芝加哥商品交易所进行票据结算）的委员会成员说昨天的交易一天就发出了3次保证金警报，总额达到4亿美元。晚些时候，该委员会对投机者提高了其主要市场价格指数期货的初始保证金要求。

另外，为美国有价证券交易提供期权结算服务的芝加哥期权结算公司声称："在昨天早些时候，我们已对公司的190个成员中的2/3提出了总额达1.8亿美元的保证金要求。"

然而，股市下跌在交易大厅中引发了一场火暴的抛售浪潮，交易商们竭尽全力控制自己的损失。芝加哥商品交易所内一个指数和期权交易席位的价格跌了19%，跌至118 000美元，7个席位易手，8个甚至更多的席位被提出租借。无独有偶，芝加哥商品交易所的5个全权会员资格被拍卖，价格也跌到375 000美元，而其在去年10月6日还是530 000美元，不过后来又回到了400 000美元的价位上。

闭市后，芝加哥的大街异常寂静。在位于城市金融区核心地带的拉塞尔（LaSalle）大街上，当下跌超过两位数时，曾经明亮的、作为道琼斯平均工业指数风向标的证券经纪公司的广告灯凄惶地闪烁着，然后就完全沉寂下去。

布兰迪报告

纽约时间上午 8 点 05 分，有消息称美军轰炸了位于波斯湾的伊朗石油钻井平台，而这是对伊朗攻击挂美国国旗的科威特油轮的回应。虽然可以预见到由于波斯湾的紧张局势，投资者会纷纷逃离美元有价证券市场，但对卢浮宫协议可能破产的忧虑却有增无减，所以在纽约的外汇市场上造成了美元大幅走弱。美国国债市场在更高收益的预期中开盘——30 年期债券上升了 10.50%——同时，纽约股票交易所内血光四溅，股票抛售此起彼伏。

到上午 9 点时，纽约股票交易所传来大宗抛售订单失衡的消息。9 点 30 分之前，大约有 5 亿美元近 1 400 万股份在直接委托系统或电子指令系统（DOT）中等着被售出，从 9 点 30 引到 10 点钟，又有 4.75 亿美元的销售指令被输入到DOT系统中。这相当于头半个小时 0.51 亿股交易量的大约 25%。一个小时后，新的 11 亿美元的抛售单进入DOT。巨大的抛售压力不断积累，导致许多主要股票因订单的失衡而不得不关闭交易。

在芝加哥，主要市场指数（Major Market Index）开盘点数为 430 点，下跌了 11 点，大约比周五傍晚的收盘价降了 2.5%。周五没有完成销售计划的投资组合保险商在芝加哥商品交易所内反应迅速，头半个小时就售完了超过 3 000 份合同，这占到了当时全部交易的 18%，以及其他区域销售量的 24%。

上午 9 点 45 分，道琼斯平均工业指数下跌 21 点。由于主要道琼斯股票并未按时开盘，所以平均指数部分依赖于周五的收盘价。共同基金和以指数套利为目标的投资者的抛售压力增大。一家共同基金综合体头半个小时抛售了其持有量的 25%：5 亿美元。同时，套利者手里至少 620 万股份或其持有量的 12%处于待售状态。

周一的这个时刻，合约与指数间的贴水程度在 10~17 点之间。对那天来说，一个点的贴水体现了价值的公平。这样规模的折扣或贴水成为股市走向的风向标，即使对于那些没有将期货交易作为媒介的投资者来说也是如此。

在这个价格水平上，通过卖出指数期货，同时买进合约所获得的潜在套利收益按年计算可达到47%。

具有讽刺意义的是，周一早上的高贴水实际上只是投资者的痴心妄想。由于很多股票没有开盘，所以不得不根据周五的收盘价来计算指数。尽管指数套利者清楚地知道未开盘的事实，但他们仍然相信大规模的贴水是存在的，故而作出市场将继续探底的判断，结果造成很多人仅仅卖出了指数期货，然后去等待买入更低价合约的机会。除了指数期货投机者踌躇于买进期货外，明显的贴水使股票买家对待是否进入被高估和疲软的股市更谨慎了。

到了上午10点30分，道琼斯指数下跌104点，在接下来的半个小时里又继续跌落104点，到了2 080点的位置。11点左右交易量创纪录地达到1.54亿股。可为顾客提供股票和期货双重服务的投资组合保险公司，在上午10点33分卖出了其计划清仓的13个价值1亿美元的股票篮子中的第一个。这类机构之所以选择抛售股票而不是期货，原因在于期货市场上贴水的规模使得股票抛售显得更具吸引力。另外一些更大的投资组合保险公司无权替顾客销售股票，因而他们无法在市场上抛售股票。因此，他们整个上午及下午的早些时候都在股市上以巨大的折扣抛售期货。

到了大约11点钟，大多数股票终于以暴跌的价格在纽约证券交易所开盘，那些想买进期货而没有完全达到套利目标的投资者突然发现合约与指数之间的贴水并不存在。短暂的拥挤后，他们冲进市场内买进合约，市场也似乎重整旗鼓从10点50分的254点上升到11点40分的265.5点。期间，投资组合保险公司的抛售暂时减少，一大型国外投资者的空头对冲操作——买进了2.18亿的期货——成为一天中唯一一次指数期货溢价交易的合约。上午11点到11点40分，指数期货套利者买进大约1.1亿美元的股票，同时又卖出期货。非交易性的投资者相信市场或许已达到一个有支撑的点位，于是开始买进。

然而，戏剧性的场面出现了，市场在上午11点40分时开始逆行，期货合同从265.5点跌到12点40分的251.5点，同时道琼斯指数从11点46分的2140点跌到12点55分的2 053点，3 600万股份或者说是13亿美元股票通过DOT系统发送出去。价格下跌的根源在于买家不足和投资组合保险商重新开始大量抛售。上午 11 点 30 分到下午 1 点 30 分之间，投资组合保险公司售出了超过 10 000 份期货合同，价值 13 亿美金。这些合约相当于全部期货交易总量的 28%和上市公司成交总量的 41%。期间，指数期货套利者在股市上售出大约 3.5 亿美元。更值得注意的是，通过标准程序售出的股票市值合计是 5.6 亿美元，而其中由投资组合保险公司完成的为 4 亿美元。

据下午 1点09 分道琼斯商业资讯报道，证券交易委员会主席说他并未考虑让纽约证券交易所停止交易，也没有同里根总统交换意见，虽然什么事情都可能发生，他继续这样说："……是存在一些问题，但不知道问题出在哪里，我会同纽约证券交易所进行沟通，讨论是否暂时停止交易。"下午 1 点 15 分到 2 点 05 分之间，期货合约从 255 点降到 227 点；指数期货也从 258 跌到 246 点，道琼斯平均工业指数从 2 081 点跌到 1 969 点，自从 1987 年 1 月 7 日以来首次跌破 2 000 点大关。

下午 1 点 25 分时，证券交易委员会关于不考虑关闭股市的声明被道琼斯商业资讯引用。然而，市场对无力继续接受抛售的忧虑很可能已经加剧了本来就很严重的抛售压力。

事实上，从下午 1 点 30 分到 2 点，一家投资组合保险公司售出价值 2 亿美元的 1 762 份期货合约，占了这半个小时成交总量的 20%，另外，这家保险公司同一时间内还抛售了 5 亿美元的股票。从下午 1 点到 1 点 30 分，2.16 亿美元的股票被指数期货套利者售出，通过标准程序售出的股票合计是 3.05 亿美元。二者的抛售量加起来是这期间全部抛售量的 39%。

经过短暂的盘整后，一天中最后一次波动从下午 2 点 05 分开始，由期货市场引领。2 点 35 分时期货合约从 227 点重整旗鼓涨到 239 点。买方的兴趣主要集中在期货市场，股指仅仅上扬 4 点。道琼斯平均工业指数爬升大约 50 点到达 2 000 点的水平。

到下午 2 点左右，许多指数套利者放弃了努力，因为他们无法确保自己的订单能够及时完成。这就将潜在的买家挤出了期货市场，再加上投资组合保险公司的持续抛售，结果是合约期货与指数期货之间的鸿沟越来越大，形成巨大的贴水。

在期货和股票市场上都很活跃并且尚未满仓的交易型投资者选择买进期货，因为他们相信这种巨大的贴水意味着千载难逢的交易机会。股市上大多数由交易型投资者主导的买进行为属于短期行为；而大多数全力出击的非交易型投资者整体抛售股票是为了降低他们的股市敞口，唯一属于非交易型投资者的买家是养老基金和金融机构，比如银行，他们认为很多蓝筹股有低价买入的机会。

到下午 4 点时，合约期货降到 200 点，道琼斯平均工业指数从 2 000 点跌到 1 738 点：1986 年 4 月 7 日的最后收盘价。

黑色星期一：1987 年 10 月 19 日的灾难

{提姆 · 门兹[①]}

1987 年 10 月 20 日上午 8 点 30 分，纽约证券交易所主席约翰 · 弗兰在餐厅里信心满满地对其他 6 个一起用餐的客人说："市场将会上行，昨天跌得太惨了，今天一定会反弹。"

他的判断得到了共鸣，市场行情绝对会回升。

弗兰的客人中有 4 个是纽约证券交易所（NYSE）的场内经理，负责交易规则的执行，以及交易大厅的正常运作。而其中 3 个还是专业经纪人——东尼 · 斯都、约翰 · 林登（尼克＆林登公司的经营伙伴）和詹姆士 · 雅各布森（本杰明 · 雅各布森＆森斯公司合作伙伴），另外一个是戴维 · 希尔兹（希尔兹公司执行董事，场内交易商）。

餐厅内只剩下两个人在静静坐着，他们都是精通证券交易的公司总裁：鲍勃 · 伯纳博姆和迪克 · 格莱索，后者是执行副总裁，将在 1988 年中接替

① 提姆 · 门兹是《黑色星期一：1987 年 10 月 19 日及以后的灾难》的作者。

伯纳博姆的位置。谁都清楚今天让市场回暖是多么的重要，所以他们坐在一起探究黑色星期一是如何让交易所的交易系统不堪重负，以及让数个专家都深陷金融黑洞，而如果市场继续下跌，就将会有更多的人成为牺牲者，这一点在场的所有人都知道。昨天下午的暴跌让银行急火攻心，他们手上有大量专业证券商和其他华尔街公司的有价证券，这相当于一种间接贷款。

是的，今天必须属于买家，真正的买家是那些在昨天下午最后4个小时内道琼斯指数下滑200点后成功逃离的人，而且他们必须非常确信昨天市场已经到底。纽约证券交易所的职员觉得没什么比一次巨大的回暖更让他们恢复信心了。

但经过昨天令人近乎绝望的惨跌后谁知道以后会怎样？

的确，现在是有大量的买方订单欲购买一些股票，已经传送到DOT系统中，这些订单属于那些总是逢低买入的机构投资者。但即使如此，形势并不能得到扭转，布兰迪报告的报表足以说明。自动订单处理系统DOT在8点开始接受交易，半小时后大约有进入系统的2 500万美元的卖单和1 500万美元的买单等待处理，这超过了今天记录交易量的2/3。又过了半个小时，会议结束了，情况变得更糟——有大约1.4亿的卖单，几乎是0.75亿买单的2倍。到9点30分开盘时这个比率有所改善（3.35亿的卖单和3.15亿的买单），但今天DOT系统里的买卖量注定是不平衡的。

买方的购买目标高度集中，例如，今天早上开盘时入市的资金是奔着4只大股票去的——IBM、GM、Exxon和Atlantic Richfield——总市值2.76亿美元。

总而言之，这并不是大规模重整旗鼓的迹象，情况很清楚，除非有什么力量能鼓励多头，同时抑制空头，否则现在急需的市场信心恢复是不会如愿以偿的，而这种力量现在就掌握在这个餐厅中的人手中。

昨天程式交易者将数十亿美元的股票输进DOT系统。乔治·安德斯在周一早报上发表短文称程式交易会刺激市场的下跌后，今天早上的新闻充斥着指责程式交易者是危机的罪魁祸首的批评之声。弗兰知道他能够让所有的会员公司自动放弃今天利用DOT系统进行程式交易，且没人敢拒绝，而这正好是他在今天开盘之前想做的。

期间，场内经理也可以采取措施刺激潜在的购买需求——只要人尽其责，同时在开盘前将今早会议的决议告知大厅内的所有专业经纪人，这一点会被接受的，毕竟他们的首要工作之一就是在每天早上开盘时确定股票的价格。

供需状况、市场的力量和所有的技术措施将最终敲定股价，在场的所有人都清楚。但每天的交易从哪开始是由专业经纪人决定的，毫无疑问，今天早上他们将会在一开始就提价，大大地提价。“周二早上我们有两个目标，”弗兰回忆说，“其一，处理经纪人手中的存货；其二，不能让价格变得太高，否则无法完成第一个目标。”

当然，说起来容易做起来难。弗兰他们的想法有着双重好处。允许专业经纪人在开盘时抛售，一方面可以减少他们的损失、处理手中存货，另外还可以吸引到更多资金来应付仍然蓄势待发的抛售大军，这一点弗兰和他的同事都知道。

由于昨天的混乱，经纪人在今天开盘时将会得到更大的操作空间。昨天很多投资者将订单限定在一定价格上——通常是机构投资者采用——却目睹了价格下降如此之快以至于感觉被市场所遗弃，起码在他们的订单被处理之前是这样。吃一堑长一智，今天他们进入市场时要确保订单及时在“市场中”得到执行——本来这个价格是由专业经纪人来决定的。布兰迪委员会发现市场开盘时大多数数量巨大的买单属于“市场订单”，这让纽约证券交易所的专业经纪人可以在开盘时报出高于周一收盘价的价格。

布兰迪报告引证了延期开盘的92种股票（相对于周一的187种股票）中存在的供需不平衡问题。专业经纪人再次启动危机应急计划，交易开始后的半个小时内对延迟开盘的股票的买卖盘价差不予理会。然而，由于数个小时里一些专业经纪人犹豫着没有发出指令，同时“很多经纪人”在开盘前根本没放出任何预先指令，而直接以远高于昨天收盘价的价格进行交易，所以使得那些宽松的交易规则也被置之脑后了。

如果要解释的话，可能用“斑比”[①]理论比较合适——如果你说不出有

---

① 斑比（Bambi），《小鹿斑比》中受人喜爱的形象，是迪士尼创作的最成功的形象之一。这句话出自斑比和好朋友兔子桑普（Thumper）的精彩对话。——译者注

用的东西，那就别说。很明显，今天上午的这个“有用的东西”应该是让今天的开盘价显著高于昨天的收盘价的东西。但可惜只有少数经纪人在注意卖盘的不平衡，而不是买盘。负责分析经纪人在67只蓝筹股方面交易行为的证券交易委员会（SEC）职员霍华德·克莱姆发现，有26只在今天开盘时延迟了，其中“大多数的不平衡——当然是最大的几只——在买盘一方。”但是，看一眼今天之后6个月的数据，他会意识到很多卖盘方面的不平衡。“看着面前的数据，我估计60%属于买盘不平衡，40%是卖盘不平衡。”他说。

许多针对92种开盘时被延期的股票的指令只有有限的价值。SEC报告注意到，开盘前的大量指令的买卖盘价差太大，因此对潜在的买卖双方没有多少真正的指导意义。例如，通用电气（GE）昨天的收盘价是41.875美元。最初9点52分时的开盘指令是买入价45美元，卖出价65美元；10点30分时是40~55美元，11点开盘则变为46.5美元。通用电气的经纪人向外界宣传，交易开始的20多分钟后卖盘和买盘之间有20美元的差价，一个小时后这只地球上最重量级股票的买卖差价仍有至少15美元。对于一个资深的交易人来说，这样的指令代表着观望的信号。

其他一些专业经纪人则不顾买盘似乎不大的失衡，以明显偏高的价格开盘。一个典型例子就是，道琼斯30种工业股票之一的大西洋福田公司（Atlantic Richfield）以75美元的价格、267 000股开盘，上升了10点，买盘剩余仅为13 000股。

快到10点时，证券交易委员会即将发布公告，拉斯克·斯通·斯特恩公司（Lasker，Stone & Stern）的经纪人开始买卖同样为道琼斯30种工业股票之一的可口可乐公司股票，股价上升10点或者说是33%，多尼·斯通基金（Donny Stone）的强生股票（不属于道琼斯系列，但属于重要的标准普尔500指数组合，几乎每一个程式交易者的市场篮子都包括该股票）同样延迟开盘并上升10点。

斯皮尔·利兹·克罗格（Spear，Leeds & Kellog）的专业交易经纪人将发出35~45的指令，之后对银行控股的J. P. 摩根公司股票发出40~50指令，后者在昨天是以27.75美元收盘的。交易在10点后立即开始——以47美元开盘，上升69%。由于崩溃期间经纪人有不正确或不适当的操作，因此在接下来的6个月里，有7只在纽约证券交易所上市的公司股票被重新分派给其他专业经纪人，而J·P·摩根公司就是其中之一。

根据弗兰与场内经纪人早餐会的精神，市场将以清晰的模式开盘，然后进行有规律地波动，这在密切关注市场的观察家们看来是一种讽刺。证券交易委员会的报告将会引证"几个案例，说明经纪人在开盘时的表现，让人质疑他们在维持市场的公平与秩序方面所起的作用"，针对来自于此的压力，惩罚看起来还过得去。①

弗兰、场内经理和其他管理者意识到要达到今天的目标的话，就必须让程式交易者靠边站，他们也正在进行相关的安排。开盘时，交易所将发出声明，要求操盘人今天不要使用DOT系统进行程式交易。②

道琼斯指数会在今天交易的头30分钟上扬127点，头一个小时中上扬196点。"在开放式交易中和头30分钟里，专业经纪人将会有非常大的抛售倾向，"证券交易委员会报告认为，"因为很多人都会抓住机会将前一个交易日所建的仓清掉。"

"你可以证明他们的所作所为是完全公平和能够理解的，"证券交易委员会负责自律监管代理机构的官员布兰德·贝克尔6个月以后说，"如果没有对数量巨大的个人账户进行调查，就无法作出任何判断。"然而如此多的资

---

① 证券交易委员会报告揭露，纽约证券交易所已经开始"对经纪人在10月19日那个星期的表现的进行调查"，以及两个公司的经纪人已经同意收回交易权并重新分派，斯皮尔·利兹是其中之一。然而摩根股票的损失是场大灾难，斯皮尔·利兹是交易所最大的经纪公司，即使失去了摩根，仍然可以借助纽约交易所的153种股票赚钱。

② 交易所允许程式订单在开盘前进入DOT系统处理，证券交易委员会发现少数会员明显忽视了这个要求，一些人用手工的方式完成交易，即在经纪人座位四周来回传达指令。但是从全局上来讲，所有的程式交易加起来不过2 440万股份，或只是10月20日周二总量的4%，而黑色星期一是8 900万股份，占的比例则是15%。明天开盘时关于交易所的禁令是否延长还不确定，但到11月3日会部分地取消，并允许开盘前使用DOT系统处理交易。针对程式交易者所作出使用系统的限制会在11月9日撤销。然后在1988年初交易所将会采取措施禁止在某个交易日的任何时候使用DOT系统，如果这一天道琼斯平均工业指数的波动范围超过前一日收盘价50个点的话。

料需要处理，对证券交易委员会市场管理部的贝克尔和他的同事来说是很难完成的，他说："与10月19日一样，管理部认为20日的开盘情况值得纽约证券交易委员会和交易所进行详细调查。"

在弗兰和董事们制订计划来避免今天交易所内另一场灾难的同时，电子媒体已经将触角伸到了这里。有线电视新闻网（CNN）通过卫星向58个欧洲和亚洲国家发送新闻，他们是唯一一个昨天就在此安营扎寨的电视媒体。现在NBC、CBS和ABC的转播车已经来到交易所大楼外面，加入到CNN的行列。整整一天，无数的摄像机都聚集在靠近天花板的拥挤狭小的过道里，密切跟踪拍摄交易所内的混乱场景，搜寻市场发生的故事，然后开始播报新闻："来自纽约的实况报道，股市崩溃了！"

说谎者的扑克牌：从华尔街废墟中腾飞

{ 迈克尔·路易斯 }

1987年10月19日，星期一。

股市毋庸置疑地崩溃了。这是历史上从来没有过的股价下跌：停盘，然后跌得更惨。我在41楼自己的席位与40楼的股票交易部门之间来回穿梭。股市崩溃有极强且不以个人意志为转移的财富再分配效应，这两层楼的人们对此的反应各不相同。股票交易部门的一个幸运儿在周五对标准普尔股指期货进行了卖空操作（这意味着他豪赌市场将会下跌），到周一他抓住机会抛售时期货已经降了63点，于是净得2 700万美元，但他是"孤独的"：因为除他之外的其他人则陷入了绝望和混乱之中。布鲁克林区，早上的交易充斥着无数人的高声喊叫声。"哟，乔伊！""嗨，爱尔法！""你怎么了，梅尔！""乔治·波尔多茨，你可以半价买入2 500股Phones（AT & T的股份）。"然而随后，交易萎缩了，这是股市走向低迷的信号。此刻被套牢的投资人就像灯光笼罩下的麋鹿，呆立着一次又一次地呼喊："仁慈的上帝啊，救救我吧！"眼睁睁地看到自己曾经钟爱的市场就这么倒下，他们是如此的无助。

当然，我在欧洲的顾客同样损失惨重，而我却无能为力。我曾无数次感谢财神爷让我成为经纪人，我的顾客则都选择稳住阵脚等待东山再起。期间，债券市场行情大涨，令大多数投资债券的人掩饰不住内心的喜悦。一旦股市下跌上百点，投资者就会开始考虑真正的崩溃会带来的宏观经济效应。债券市场上流行的看法是：股价在下跌，人们口袋里的钱在缩水，消费下降，经济增长放慢，通货膨胀加剧（可能还会出现衰退和通货紧缩），利率将上升，因此债券价格会上涨。

一个将赌注压在债券市场上的家伙站起来朝着自由女神像大声喊叫："我诅咒美国政府，我采取卖空操作，然后他们对付我，那是我全部的生计，为什么？"但大多数其他的人则是做多并且继续做多操作。债券投资者运气不错，一天的收益抵得上一年。市场在崩溃，而 41 楼的所罗门兄弟公司却在欢呼。

我们许多人在心里问自己的第一个问题就是，如何看待上一周的火暴行情。金融世界正处于巨变中。基金成功逃离股市，躲进了安全的港湾。传统上货币的避难所一般是黄金市场，但现在却不是了，金价跌得极快。交易大厅内两个很受欢迎且极具创造性的理论都能解释金价的下跌：第一个理论认为，为了应付股市保证金的要求，投资者不得不出售手里的黄金来融资；而第二个理论则认为，在股市崩溃后随之而来的衰退中，投资者无须担心通胀，所以就不用储备黄金来对抗通胀。无论是哪种情况，都不会将钱投到金市，而只会投入货币市场，如短期存款。如果有货币市场部门，我们应该可以操控这次波动来赚一大笔钱，但我们没有，也不可能有。崩溃后的商业衰退主要发生在股市。谁才是唯一一个不会裁员的部门？股市。所以，出现冗员的领域就是没有裁员的领域。

我们大多数人心里的第一个疑问也会是，进入垃圾债券市场是否明智。随着股市的崩溃，与公司的资产价值紧紧相连的垃圾债券市场也暂时丧失了功用。在"薄情寡义"的股市中，美国公司的市值某天还有 1.2 万亿美元，第二天就变成了 0.8 万亿美元。投资垃圾债券的人发现债券的抵押品（传统贷款要求以有形现实资产作担保，而垃圾债券则以尚未真正收购控制的其他企业资产作抵押，即以未来作抵押物）的疯狂真相后就抛售了手中的存货。我们的Southland公司垃圾债券交易在10月19日失败了。当股市崩溃后，与7–11便利店（一家经营连锁便利店的公司）相联系的垃圾债券也随之崩溃。当时我坐在交易大厅的座位上给我在欧洲的顾客打电话，一位联系上的法国顾客在电话里对我从不向他推销垃圾债券表示感激。①

危机期间，在类似于我们这样的大公司身上发生的大多数事情都是不为外界所知的，但有一件事例外。与其他华尔街公司一道，所罗门兄弟公司同意从英国政府手中购买全球发行的英国石油的31.5%的股份。在危机发生时我们手上持有其很多的股份，并因此造成超过1亿美元的亏损。谁能预计到被我们当做最大一个单项资产的保险恰恰成了股市历史上的最大一笔损失？谁又能想到我们的第一笔大额垃圾债券交易会遇到整个垃圾债券市场的崩溃？忽视对这项业务的控制给我们带来了无法接受的打击，特别是当考虑到在抽着巨大的雪茄、嘴里冒出脏话的老板的管理下，我们还依然如此勤勉。

在市场崩溃的前前后后，约翰·盖特弗雷德（John Gutfreund）却显得游刃有余。当时是他有生以来第一次做交易，青春的激情仿佛又回来了，他几乎在座位上待不住，在交易大厅来回乱窜，并与他的交易主管一道主持简短的战略会议。在某一时刻，他将注意力全部集中在他的投资净值上，并为自己的个人账户买进了所罗门兄弟公司30万股份。当无意中知道这件事后，我的第一个反应就是：这是一笔涉及内幕消息的交易。

我的第二个反应则是自己也要跟上，只要这笔交易不违法。可爱的贪婪，哈？但也聪明得可爱。从总体上说所罗门股票下跌的速度比市场要快，所有的股票经纪业务都在经受打击，因为投资人无法去衡量我们所遭受到的内在损失，所以只能归罪于我们。在英国石油和Southland这两个显而易见的风险源上我们正在承受的损失看似不大，然而盖特弗雷德知道我们的损失不只

---

① 具有讽刺意味的是，我后来才认识到，Southland本来应该是一个了不起的成功，因为最终它重新站了起来。但是我对我们在垃圾债券上操作技术的怀疑并非是不合理的。在1988年中期，由华尔街发起的美国首个涉及数十亿美元的杠杆收购破产了。所罗门兄弟公司用自有资金在垃圾债券市场上收购药店连锁经营企业Revco的案例将在第十一章中阐述。

是他们看到的那些。在股市上我们遇难成祥，赚得 2 700 万美元，而债券市场则乱作一团。快速计算一下就会发现，所罗门的股票市值低于其清算价值。(如果 3 周前以 30 美元一股的价格收购，那现在就是一个值 18 美元的廉价合约。一个偏离事实的谣言传来，路易 · 拉涅利已经筹集到资金，正准备杀回来收购所罗门兄弟公司。)

经过与我们的法律事务部协商，在确认没有步伊凡 · 博斯基[①]后尘的情况下，我追随盖特弗雷德的脚步，用经过艰苦努力申请到的资金买进了一堆所罗门的股票。与此同时，大厅内还有很多很多的其他人也在做着同样的事。盖特弗雷德后来说，雇员买所罗门的股票意味着对公司的信任和忠诚，他个人觉得这样很鼓舞人心。或许是这样。但作为其中的一员，我在买进时并未声明这是出于忠心的行为，而仅仅是一种纯粹的自利心理，以及还带有一丝在下了这样一个明智的赌注后的喜悦。几个月后所罗门的股票也顺利反弹，从 16 美元的较低点上升到 26 美元。

1987 年 10 月 20 日，星期二

事后的调查分析开始了。信贷委员会在纽约召开了一次紧急会议，其目的在于评估所罗门公司的信贷风险，对象是那些在昨天的风暴中有破产可能的机构，如E · F · 赫顿公司 (E. F. Hutton Inc.) 和所有从事资产套利的群体。而在会议开始的半个小时内，委员会的委员们一直处于争论中，其中只有一个不是美国人，那就是布瑞特，他专程为此事从伦敦飞来。对于那些把矛头针对英国政府的美国人来说，布瑞特就是一个出气筒。为什么该死的英国佬坚持在市场上抛售国家所有的英国石油公司股票呢？那些只在市场压力下才会思考的交易者觉得，英国石油公司价值数十亿美元的股票抛售给市场带来了无法承受之重。一想起股票在市场上供应增加，整个买盘就会陷入惊恐之中。人们从不关注美国高达万亿美元的财政赤字、美元的频繁浮动，还有萧

① 伊凡 · 博斯基 (Ivan Boesky)，20 世纪 80 年代华尔街传奇人物，1987 年因进行内幕交易被判了 3 年半监禁。——译者注

条和与其相对的繁荣，这些通常都有其内在的逻辑。几个美国人围住布瑞特上蹿下跳，责难他英国同胞的所作所为。其中一个家伙脸上带着嘲笑说：“你自己清楚，战后你们就干过这种勾当。”

你可能认为，今天的争论应该是围绕金融利益进行而与国界无关，坐在会议桌四周的所有人利益是一致的，但他们的行为却不符合这一点。排外者绝不仅限于讨论所罗门兄弟公司这个话题，一位高盛公司（在英国石油事件中同样搭进去了 1 亿美元）的美国合伙人称所罗门为老布瑞特，并因此加以指责。但这是为什么？好像高盛的合伙人不认为他在所罗门的对手是所罗门的代表，而是布瑞特的代表。“你们毫无疑问更擅长于推卸问题（指英国石油公司），”他咆哮道，“如果这不是针对我们，那你们就是在说德语。”

我们办公室里精明的人不再考虑任何责难，而是努力寻求出路：如何让我们在英国石油上的股份免于遭受上亿美元的损失？或者更适合的想法是，如何游说英国政府，让他们以当初销售给我们的价格回购？有一个从伦敦来纽约的经理竟然把我拉到一边讨论如何与英格兰银行沟通，他已经计算出如果让银行为英国石油提供担保会有多大的损失，结果是 7 亿美元。他认为世界金融体系无法承受如此规模的资本流出，另一场金融恐慌即将来临。对吗？令人难以置信。他这样不顾一切地避免损失，让我觉得实际上他相信的是自己的谎言。当然，为什么不是呢？值得尝试，从本质上讲这是个老套的策略。我的老板试图威胁英国政府，如果不回购其石油公司就要承受另一场股市崩溃①。（请所有政府的官员注意：要提防华尔街人对股市崩溃的威胁。不管你什么时候想夺走他们的蛋糕，他们都力图这样做。但与阻止一场崩溃相比，他们更不愿意去引爆一场危机。）

我最后一次清楚回忆起我待在所罗门公司时的情景是那天的晚些时候，我在训练课上与 250 双眼神空洞的眼睛交流，不免心神恍惚。见习生们那极度绝望的表情让我想起关于 14 世纪黑死病的描述。他们失去了所有的希望，

① 这样做毫无效果。正如约翰·盖特弗雷德在 1987 年公司年度报告中向围攻的股东们所解释的，“为了兑现我们对客户的承诺，以及在股市危机后对英国石油提供的担保，公司因此承受了 7 900 万美元的税前损失”。

觉得无论如何都会被解雇，还不如及时行乐，所以也就纷纷挤在后排。走进教室时要躲避扔来的纸团，讲课时面对的是难以忘记的集体冷漠，这是一个只有罗德尼 · 丹泽菲尔德才能欣赏的场景。他们对我事先准备好的课题“向欧洲人推销”毫不关心，但在关于伦敦办公室的工作机会，以及何时会被解雇的消息方面兴趣尚存。他们肯定自己是唯一不知道我们公司大势的人。多么让人羡慕的天真！特别是他们很愤怒，心理上受到了不小的打击，因为吉姆 · 梅西（他同我一道给这帮见习生讲课，正如曾经给我讲课一样）在他们面前从来都不假辞色。他们还会为所罗门兄弟工作吗，或者其他什么？

他们只惊讶了两个小时。在我之后讲课的人被吉姆 · 梅西打断了，他进来的时候身边还围着两个人，就像保镖一样，但只可能是操盘手。这 250 个见习生的命运被操控在梅西手中。但在宣布结果之前，他费尽口舌详细说明了对于公司高层管理人员的解雇是多么的麻烦，以及这样做会对公司的发展产生怎样的好处，并指出如此决定总是令人很痛苦，这些话听起来多少有些残忍。然后他就进入正题：“关于培训计划，我们已经达成决议……我们决定……（长时间的停顿）……兑现我们的承诺。”你们可以留下来！梅西刚离开，一些人就急忙挤到前排。但这个消息并非像刚听到的时候那样令人愉悦，交易大厅里没有空闲的时候。最后，大部分见习生都成为在后台服务的办公室职员。

小投资者的孤独

斯蒂芬 · 莱伯顿[①]
《纽约时报》，1987 年 10 月 21 日

文森特 · H · 培根像许多人一样是股民。但昨天，面对股市历史上最惊

① 斯蒂芬 · 莱伯顿是《纽约时报》驻华盛顿的记者，他在公爵大学获得哲学和法律的硕士学位。

心动魄的下跌，他茫然不知所措。

“我不买，也不卖。”从加州伯克利来的培根先生说道，他是一个经营农场机械设备的经销商，但现在已经退休了，“我觉得这既不是牛市，也不是熊市，是鸡市。”

在整个美国，数百万像培根先生这样的小股民试图搞清楚接下来会发生什么，他们在昨天大半天的时间都处于困惑之中，不知道在周一历史性的下跌之后是应该抛还是应该买。

不论是卖出还是买入那些可能已经跌到谷底的股票，现在是否都是决定性的时机？或者市场将可能进一步下滑，并会吸引投资者进入，也就是说，股票期权是更好的选择吗？

“每个人都有自己的观点”

“我读得越多越糊涂。”来自达拉斯的退休建筑工程师戴尔·Y·福斯特说，他在股票和债券市场已经投入了30万美金，“每个人都有自己的看法，看上去都像权威，但没人敢确定怎样才算搞清楚，这种感觉很孤独。”

公众对市场的迷恋成为媒体的标题，昨天大部分时间里，人们都在反复地争论，产生了一大批新的预言家，甚至造成至少一个人受伤。

在芝加哥的第尔本和蒙罗大街的拐角处，一个大型电子广告牌闪烁着道琼斯平均工业指数的最新数据，由普惠公司友情赞助。

“有个正在穿越马路的家伙，”詹姆士·谢尔曼说，他的办公室可以俯瞰整个街角，“他睁大眼睛向上望着广告牌，傻傻地站在车流中央，差点被车撞倒，然后连滚带爬地跑回街边。”

“我在这儿干什么？”

对很多人来说，问题不是如何过马路，而是怎样应对华尔街。

“唉呀呀。”在位于纽约林荫大道的富达投资集团内，一位女士盯着电子股票接收机，嘴里还在不停地嘟哝。她解释说她的股票在不到一个星期的时间里已经从65美元跌到了39.75美元，她然后又不知所措地叫喊道：“我在这儿能干什么？我最好回到办公室去谋生计。”

然而其他投资者却把昨天看成一个抄底的机会。他们估计一些股票已经到最低点了。

“我今天对IBM、Eastman Kodak、GM这样的蓝筹股中的蓝筹股有些兴趣，因为它们有漂亮的资产负债表和长期看好的前景，”加州伯克利的一个商人杜夫·D·西斯说，“我拥有哈佛商学院的MBA文凭，但我对这种崩溃一无所知，并且也没有在商学院接受过类似的教育。”

“我们无法抗争”

这次的事件给一些投资者带来了某些痛苦的启示，例如尤尼斯·盖勒，她是佛罗里达州的61岁退休人员，在股市中已经沉浮了30多年，她说：“最后我才意识到这实际上是一种赌博。”

她接着说道：“我在50年代进入股市，没有比这更愚蠢的了，因为我现在懂得，对于我这样什么都不懂的小股民来说这个地方不适合自己，手中握有无数钞票的大公司正在大赚而特赚，我们却根本无法抗争。”

但伊丽莎白·罗森伯格，一个在纽约自称为职业股市评论家的人说，没有任何理由不去买进，而且绝不要抛售。

“应该买进那些品质好，特别是现在又便宜的股票，”罗森伯格先生建议道，“IBM的价格是每股130美元，这是极其荒谬的，它应该值200美元。很多人还在犹豫，真是愚蠢。”

抛售者“会后悔的”

不远处，莱斯利·温尼莱布摇晃着脑袋说：“周一抛售股票的人会后悔的。”温尼莱布以给犹太人写婚姻协议为生。

期间，持异议的人试图抓住股市进一步下跌的可能性来投资，他们孤注一掷地把赌注押在金融机构的股票上，认为如果市场继续下行，那么这些股票就会上涨。

吉姆·利希滕贝格是一位计算机程序员，在附近的纽约中央车站区上班，他迅速闪进嘉信理财位于曼哈顿中心的办公室说："我准备买入一些看跌期权，希望在接下来的两天内恐慌能得到控制。"

对于很多小投资者来说，他们由于无法联系上自己的经纪人而导致恐慌加剧。到下午的时候，人们排成长队等候在曼哈顿的折扣经纪公司大楼门口，蜿蜒的队伍像长蛇一样缓慢前行，经常得花上一个小时才能进去。

"我试图打通电话"

其他一些想通过电话进行交易的人却不得不焦急地听着话筒里传来的音乐声。

"周一下午我试图给我的经纪人打电话，但完全打不通。"纽约大都会区的一位舞蹈教师比尔·克里克说。

在位于芝加哥金融区的国家第一典当行内，领先指数（如果是非官方的）显示市场已经渐趋稳定：被神经紧张的商人和急需现金的股市投资者当掉的劳力士手表、钻戒和金链的数量比周一下降了很多。

"不论市场恐慌出现在什么时候，我们的生意都总是会发生急剧变化，在周一时面对拥挤的人群，我们不得不用绳子和引导员来维持秩序。"典当行的一个合伙人格林菲尔德说。

周一来的顾客有很多是来自附近的芝加哥商品交易所，这很容易从他们的制服和身份徽章上判别。

"你看到的很多人都是手头不够付交易保证金而急需现金的人。"格林菲尔德先生说。

雅皮士最后的祭奠

理查德·J·梅斯林[①]
《纽约时报》，1987年10月21日

昨天资深专家认为对于年轻的职业人士——特别是那些在华尔街工作的人——来说，记忆中只有牛市，周一股市下跌带来的影响似乎超越了经济的范畴，而深入到了心理层面。

期间，一些市场人士发表言论说深受不动产经纪人、汽车代理商和时尚服装商人喜爱的奢侈消费方式和雅皮士阶层即将成为历史的尘埃，而那些将雅皮士与一种特定的贪婪和冷漠联系起来的人却将之看成一种可喜的变化。

心理学家和市场人士认为市场的无常——如果能持续下去的话——会使那些无法从利益中找到自我的人因此而转变价值观。

一个"充满压力"的时代

"曾经对市场的稳定抱有坚定信念的人将不得不重新评估他们所认为的生活中的稳定性、可预测性和重要性。"一位波士顿的心理学者斯蒂文·波格拉斯博士说。"那种认为在生活中付出越多就越能把握生活的意识将不再适用，对很多人而言这意味着巨大的压力。"

波格拉斯博士是哈佛医学院附属迈克林医院的成员，也是《成功综合症》（*The Success Syndrome*）一书的作者，他提议："为了安全起见，应该信任人与人之间的关系，而不是依赖于金融。"

"你能从朋友、家庭、网络和社区那里获得安全感，"他说，"人们环视四周却发现自己是多么容易受到伤害，但不知道向谁求救。即使在获得装着玛尔戈红葡萄酒的奖瓶时也无人来鼓励自己，但恰恰是这些人最容易受到伤害。"

一位值得尊敬的华尔街分析家埃利奥特·杰尼伟说："这些雅皮士对熊

① 理查德·梅斯林是《纽约时报》新闻调查和选举分析的编辑，他还从事技术以及电子出版物的撰写工作。

市没有一点心理准备，完全无意识。”

一场破碎的梦

“在这段艰苦时期，他们每天都安慰自己说这是良好的买入时机，这简直是上天的一种惩罚。”杰尼伟先生在周一晚间说，“你听听所有这些狗屁话——这是一种逆转，一场破碎的梦，一次创伤。”

智威汤逊公司（J. Walter Thompson Company）把雅皮士定义为年薪超过 30 000 美元、接受过 4 年以上大学教育的年轻人。根据他们的调查，雅皮士实际上是个比较小的群体——人数为 400 万到 500 万之间。而负责提供战略规划服务的广告代理部副总裁彼得 · 金所说的“超级雅皮士，则是那些在华尔街收入达到 200 000 美元或在 35 岁前成为大型法律公司合伙人的家伙”，这些人的数量就更少了。

但金先生说，代理部的研究发现，“雅皮士文化对整整一代人产生了更多深层次的心理影响——有一类型的人在很多方面模仿他们雅皮士同事的生活风格”。这些“准雅皮士”在诸如购买 50 美元一双的跑鞋、健康俱乐部的会员资格以及美味冰激凌之类的消费方式及事业上都在模仿雅皮士，虽然他们的收入并未达到这个层次。而雅皮士消费方式的变化又会对那些不够富裕的年轻人的购买行为起到广泛的影响，并因此也影响到一些行业的财富收入。

“牛市的坍塌意味着一个事实，那就是未来不会比现在更美好，或许甚至更差。”金先生说，“这迫使他们对自己的财务状况进行更符合实际的评价，并更谨慎地对待消费。”

削减开支

菲思 · 鲍普康恩是一家从事咨询业务的智力储备公司（Brain Reserve Inc.）的董事长。她也预测年轻的职场人士会削减自己的开支，“这就像沉溺在水中——你得非常、非常小心地游。雅皮士无法控制自己，他们总是不由自主地过度消费，不过我想我们同样将发现他们也会不由自主地控制消费。”

她说人们已经无法再忍受“雅皮潮——数量太多了，发展太快了，太令人厌恶了”，并且预测，大量的职场年轻人在遭受这周的金融打击后将会在一些他们自己曾认为必要的项目上减少花销。“一栋住房、一辆车、一件防水外衣——那就是将要出现的状况。”鲍普康恩女士说。那些经营奢侈品的人也暂时地、不情愿地和不同程度地加入到抨击雅皮士的大规模活动中，因为这已经成了反攻动员令。

蒂凡妮在观望

蒂凡妮公司（Tiffany & Company）负责公共和零售事务的区域副总裁菲尔南达·吉里根说她不希望公司受到严重的影响，尽管她承认那些凭“丰富的想象力”，而不是根据产品品质来作决定的人可能会减少购买。

“在这一点上我们不会作任何预测——静心等待要发生的一切更为重要。”吉里根女士说。

“对订婚戒指仍然有需求，一件美丽的结婚礼物也不会被忽视，我们的生意将继续做下去，”她说，“如果价值 100 000 美元的翡翠项链是你衣橱里第 10 件，或许你应该暂时拒绝，但这与我们的生意无关。”

凭何复兴

{埃里克·J·文纳}

约瑟夫·格雷诺（Joseph Grano）[1]：崩溃前的周末我在位于佛蒙特州的一个旅游胜地参加一个关于不动产的主题研讨会。一个从费城来的博士与我进行讨论，解释他是如何拥有数以百计的期权头寸，以及如何高度利用杠杆投资。我看着他说：“你已经疯了，这个市场非常脆弱，如果我

① 约瑟夫·格雷诺，曾任瑞银潘韦伯纽约部门负责人。——译者注

是你，我就马上进行‘去杠杆操作’。”

不幸的是，他选择在佛蒙特州多待了 3 天——最终完全被踢出局了。

亨利 · 考夫曼（Henry Kaufman）[①]：10 月 18 日星期天，我出席“新闻会面”（*Meet the Press*）节目。主持人强烈要求我对周一的市场走向进行预测，这并不令人吃惊。我竭尽全力回避这个问题，并指出对于类似于明天市场将会崩溃这样明确的预测是没有办法完成的。周五的巨大挫折已经让投资者高度紧张，我无意用自己的评论来加深这种混乱，所以我回答得含糊其辞并对形势作出了安抚性的点评，虽然这并不是我真实的感受。

财政部长詹姆斯 · 贝克（James Baker）：在我之后被观众提问，他没有模仿我的回答。当被问到一些看起来预示着国际货币发生动荡的信号和外汇问题时，他说：“我们不会袖手旁观和拖累全球经济增长，美国会采取提高利率等方式来应对，这是可以期待的。”这段话让我甚为惊奇，做完节目后我追上并问他：“吉姆，那是个十分坦率的讲话，但市场不一定会如你所说的那样运行。”

我绝不会忘记他坚定的回答：“亨利，有些事情必须要说出来。”

迈克尔 · 拉布朗奇先生（Michael Labranche）[②]：我清楚地记得崩溃前的周日早上，我坐在家里，看着财政部长詹姆斯 · 贝克在“新闻会面”节目接受访谈。当他被问到是否担忧股市的暴跌时，他强调了两次：“不，请记住，股市已经从高点落下来了。”现在，我不认为他是指这件事本身，只不过是发出一种信号：对股市的下跌并不担忧。但那不过是一种感觉，或许他是为了稳住市场才说股市没有问题，只不过是一次下跌而已。但我却陷入沉思中：“哦，情况根本就不会稳定，明天市场肯定会再次下跌 100 点。”

---

① 亨利 · 考夫曼，著名经济学家，20 世纪 80 年代曾任所罗门兄弟的研究主管。——译者注

② 迈克尔 · 拉布朗奇，拉布朗奇公司（LaBranche Co.）董事长兼总裁。——译者注

利奥 · 梅拉梅德（Leo Melamed）[①]：在那个周末，如同《纽约时报》一样，几乎所有的新闻媒体，不管是《巴伦周刊》、《芝加哥论坛报》还是《洛杉矶时报》，都在将那时的情景与1929年的崩溃放在一起进行比较，金融市场的媒体分析人士也在周末期间出现在电视上，讨论着当时与1929年的异同。这又是一个10月，我们能挨过又一次的危机吗？这种比较严重影响着投资者的心理，如果考虑到之前的情况，以及结合利率走向所产生的对美元币值的深深忧虑，就像弄倒了的五味瓶一样，人们的心中交织着恐惧、贪婪和一触即燃的焦虑。

保罗 · 斯蒂格（Paul Steiger）[②]：感觉真是心烦意乱，空气中弥漫着显而易见的紧张气氛。毫无疑问，人们在周末长时间的忙碌只会收获更多的恐惧和厌恶。所以当打击已经来临时，唯一值得惊奇的就是会到什么程度，我猜是下跌500点——那很可怕。

约翰 · 费伦（John Phelan）[③]：那天晚上6点或者是7点，纽约联邦储备银行总裁科里根打电话给我说："你要我怎么做？"我说："首先，你得向市场注入流动性。"在那种情况下所有资金都已枯竭，每个人都在想着撤退。80年代的金融危机，也包括90年代都属于流动性危机。问题总会回归到人们下一步将会如何反应这一点上，所以科里根与我一道进行讨论，他的观点是他们会尽一切力量来帮助我们，他说："我们将向所有的市场注入流动性。"

利奥 · 梅拉梅德（Leo Melamed）：周一11点左右我与艾伦 · 格林斯潘有过一次交谈。到现在很明显的是，芝加哥标准普尔500期货市场的崩溃加深了其他所有地方的灾难。他的问题是："你们明天上午会开盘吗？"但格林斯潘和我都知道，我们在讨论是否在明天开盘时实际上指的是什

① 利奥 · 梅拉梅德，被誉为世界金融期货之父，曾任芝加哥商品交易所名誉董事长。——译者注

② 保罗 · 斯蒂格，曾任《华尔街日报》总编。——译者注

③ 约翰 · 费伦，曾任纽约证券交易所主席。——译者注

么，即多头能否扛住空头。

你看，如果人们考虑一下芝加哥商品交易所的多头无法抵御对标准普尔500期货头寸的做空这一情况，那就会明白这意味着摩根士丹利、高盛、所罗门兄弟公司，不管是谁，都将失去清偿能力，好好想想吧，这绝对会引起一系列的连锁反应。如果人们认为别人无力清偿，那么所有人都不会向任何人清偿。互相传染的恐惧会导致市场崩溃。

杰瑞·科里根（Jerry Corrigan）：周一晚间我正与很多人一起闲聊，格林斯潘（8月上任为新的美联储主席）下午乘机飞往达拉斯出席周二早晨的美国银行家协会的演讲。下飞机后他发现市场收盘下泻了508点，这让他颇为吃惊。

那天晚上，当同弗兰以及其他人一起交流时，我最初的想法就是尽可能获得有关市场的大致信息。但更重要的是，我应与格林斯潘主席及其他人并肩作战，考虑中央银行应该做出何种反应才是最适当的。而如何将这个想法散播到遍布全球的其他市场是周一晚上最迫在眉睫的事。但制度上却存在一个巨大意外——也不完全是意外——中央银行行长国际协商组织是个非常严密的组织，现在仍然是，我们习惯于每个月在一起进行严谨的交流。我们互相很了解，也很信任。所以在这种情况下，互联网和老式电话就成为非常有效的手段。即使太阳在不同的地方升起，我们也完全有能力严密监视世界范围内发生的一切事情。当事情发生时，很明显，美国的周一风暴会给其他地方带来深远的影响。

所以在周一晚间的会议上，一个随之而来的问题就是，我们是否应该以美联储的名义发布一个声明？如果是，这个声明应该怎么说，什么时候说？这个声明自然应该是鼓舞人心的，我不认为在是否发布声明上存在分歧。真正的问题在于说什么，何时说。围绕此事有很多的谣传，或许有点夸张，但声明草稿的最初删节部分具有相当的杀伤力。特别是我认为现在并不适合作出这种技术细节很强的声明，声明应该简短、充满信心、严密，以及最关键的是不要产生充满歧义或空洞的内容。幸运的是最后我们就是这么做的。接下来是第二个问题，什么时候发出声明？我们都在心里马上想到最佳时机应该是在美国时间周二早上市场开盘前，回忆起来，准确时间是周二早上 8 点 30 分。

计算机引发了灾难？

莱斯特 · C · 瑟罗[①]
科技评论，1988 年 2 3 月刊

去年 10 月的股市风暴引起了一片悲叹，现代生活的种种失调使得无论何时都可能出现这些突发情况。当你预订的机票被无意删掉，或电话账单里包括了一项子虚乌有的打往塔什干的通话记录时，你能抱怨什么？当然这是因为电脑的故障。同样，当道琼斯指数在去年 10 月 19 日狂泻 508 点后不久，一些观察家认为由电脑处理的“程式交易”是那次悲剧的罪魁祸首。

思考这个问题时，读者们最好还是进行一些历史的调查工作。资本主义的历史充斥着市场恐慌，从 1637 年阿姆斯特丹的郁金香热到 1720 年的伦敦南海泡沫，再到 1929 年华尔街股灾莫不如是。1987 年的崩溃并没有什么不寻常的地方，奇怪的是此前资本市场正常运行了近 60 年却从未出过问题，而且在这个长长的时间里，计算机所扮演的只是个小角色。

程式交易有两种类型：股指套利和组合保险。前者依赖于纽约股票交易所股票现价与芝加哥股票期货（在一个约定的期货交易日买进股票的合约）

① 莱斯特 · 瑟罗自 1968 年就是麻省理工大学管理学和经济学的教授。从 1987 年到 1993 年，她是麻省史隆管理学院的院长，1960 年威廉姆斯大学研究生毕业，瑟罗 1962 年在牛津大学巴利奥学院获得硕士学位的罗德兹奖学金，1964 年获得哈佛大学经济学博士学位。作为一名多产作家，瑟罗写了很多书，其中有三本都是《纽约时报》的畅销书，他的书都是面向普通读者群的。过去，瑟罗曾在《纽约时报》工作过，也曾是《新闻周刊》的特约编辑，及《时代》杂志的经济学家委员会成员。他现在是美国艺术和科学学会的会员，在 1993 年的时候还是美国经济学协会的副会长。

价格之间的利差。在股指套利中，计算机程序监控着标准普尔500股票指数和这些股票的“期货价格”之间微小的价格差。通过事先设定好的程序，当这种价差达到一个特定点时计算机就完全自动地发出买入或者卖出的指令。

举个例子来说，如果期货指数明显到了标准普尔指数之下的位置，程序就会选择卖出股票，买进期货。实际上计算机的作用就像一个从事套利交易的人，从两个市场的价差上赚钱，并最终拉平这种差异。

顾名思义，组合保险的功能在于使那些大型机构投资者免于在股市上遭受损失。当股票价格下跌时，计算机程序自动以标准的间隔卖出指数期货(在给定的日期以给定的价格交割股票的合约)，其价格通常接近于这些股票的市场现值。以这种方法，甚至在市场持续下跌时投资者也能得到合意的股票价格，而不是现在的低价。这消除了投资者的额外损失。

用计算机来完成程式交易就是因为其能监控更多的信息，处理速度更快，在人们反应过来之前就迅速发出合乎要求的买或卖的指令。然而程式交易技术和相关软件是人创造出来的，但正如所有的专业系统一样，它们也仅仅是在模仿专业人士的行为，在这里指的是经纪人。计算机只会根据经纪人设定的规则对已经发生的事作出反应。因此，将市场的暴跌归咎于计算机自动处理那些经纪人同样也会去做的交易是错误的想法，就像去责怪人们手上的工具一样不符合事实。

如果不是计算机引起了崩溃，那么又是谁？这个问题与你所指的对象有关。如果你所谓的“引起”是指10月19日狂跌508点的直接催化剂的话，那么答案就是没有任何人和事应为此负责。更准确地讲，与非洲大陆上突然受惊的羊群类似，这是群体性恐慌带来的结果。要搞清楚为什么发生、何时发生就必须理解什么是羊群效应，但就连最好的动物行为专家也无法准确解释羚羊（人也一样）为何恐慌以及何时恐慌。

但如果“引起”指的是股市如此迅速或持续下跌的原因，那就有个简单的理由可以解释。在10月中旬时利率大概是10%左右，这产生了债券市场1：10的市盈率：每投资10美元就有1美元的利息收入，同时，股市上的市盈率则是1：20。换句话说，在股市中用20美元得到的收益，在债券市场中只需花 10 美元就可获得——显而易见，大部分股票都被极大地高估了。

在这种情况下继续投资股票就行不通——当然，除非你认为利率将会下降（减少债券的收益）或者股本收益将会上升。但在去年的股市下跌中，为了防止弱势美元出现，利率一直处于上升通道。既然高利率会抑制经济增长，那么股市下行（无论是快还是慢）就必将股价带回到与债券持衡的位置上，故而股票的交易是由计算机还是经纪人来控制都不是重点。

至于这两个市场是如何毫无控制地走这么远则是个很复杂的故事。简而言之，这与涉及大笔金钱时人们总是在危急关头不由自主的迟疑有关，而这种情况由来已久，在 1637 年的荷兰郁金香热中发生过，这次又出现在 1987 年依靠计算机来运行的股市中。

崩溃考验市场：大量专家观点，但没有答案

特里 · 汤普森[①]

《美国新闻与世界报道》，1988 年 6 月 6 日

10 月以来，名字让人如雷贯耳的市场专家们聚集在一起，用头脑风暴和建立理论模型的方式讨论股市崩溃的原因和寻求评估损失的方法，以及如果存有可能又该如何防止下一场危机。之后产生的超过一打的研究报告和协议的作用都是有限的：市场经济的确存在问题，而且也确实缺乏持续有效的监管制度，市场运行方式同样不例外，但对未来应该何去何从却没有一致的

① 特里 · 汤普森在 1993 年成为哥伦比亚大学新闻学研究生院的经济学和商业新闻系“骑士巴基霍特团体”的负责人。在 20 年的商业记者生涯中，她为很多报社报道、撰写并且（或者）编辑过文章：《科勒尔维尔信使》（科勒尔维尔在爱荷华州）、《采购杂志》、《商业周刊》、《机构性投资人》、《美国新闻和世界报道》以及《李尔杂志》。作为纽约大学和哥伦比亚大学新闻研究生院的研究生、1981 年哥伦比亚巴基霍特研究员，她是《商业儿童成功指南：年轻企业家赚钱好方法》一书的作者，同时还是《商业写作：新哥伦比亚经济学和商业新闻的骑士 巴基霍特指南》一书的编辑。

意见，增强市场监管的鼓吹者与坚持自由市场原则的反对者之间展开了一场口水战，双方僵持不下。

原因与结果

所有的报告都承认市场崩溃时股票价格确实偏离了其本身的价值——道琼斯指数在 8 月底涨到最高 2 722 点——这是需要改变的，但他们的分歧在于为什么 10 月的下跌会来得如此突然、如此猛烈。由投资银行家尼古拉斯 · 布雷迪（Nicholas Brady）领衔的一个总统特别工作组在今年 1 月总结认为，崩溃是由少数机构投资者引起的，他们经常使用计算机进行程式交易，比如可以在下行的市场中起到保护投资人作用的组合保险。在 10 月 19 日的下跌中，市场内充斥着抛售的指令，很多是自动发出的，这加速了市场的下跌。商品期货交易委员会主席、联邦储备委员会主席，以及由财政部长詹姆斯 · 贝克领导的白宫工作组成员们没有对计算机交易挑刺儿，正如布兰迪那样，他们认为这是由 10 月 19 日股市、股指期货和期权市场之间错综复杂的联系引起的。

另外应该采取什么样的行动也是分歧之一。主张改革的人士认为必须将市场统一在一个单一的管理机构之下，这部分是因为股票市场和期货市场已经变得难舍难分，同时还要提高对期货交易的保证金要求，这样就可以增加利用股市走势进行投机的成本。多数改革派支持"临时停盘"——对于所有种类的交易，当一天内市场的上下波动超过一定范围时就步调一致地自动暂停交易。除此之外，一些人认为采用更高效的计算机信息管理模式也是必需的，这样就可以更迅速地处理交易。

寻找替罪羊

以上提到的问题解决方案中所涉及的市场缺陷很有可能会加速股市崩溃，但大多数专家指出即使挑出一两个漏洞去充当崩溃的原因也不过是在找替罪羊。在比市场崩溃前的最高峰值低大约 800 点的地方，专家们认为股价绝不可能被高估，也就更不可能受到下跌的影响，即使这种下跌突然而迅速，但那不是说市场就不会继续下行。证券交易委员会主席戴维·路德在上周告诉参议院银行委员会，10月的股灾是“悬在金融体系头上的达摩克利斯之剑”，并且在证券交易委员会内产生了分歧，委员会对一系列为避免重蹈覆辙而采取的行动进行了投票。但美联储主席格林斯潘则不同意这种说法，他认为“大多数关键问题已经得到解决，不管是被市场，还是被委员会采取的行动所解决”。他认为爆发另一场崩溃的可能性“非常小”。

到底谁是对的？投资者不得不静观其变。虽然一些相关提案很有可能在下周被提交到白宫和参议院，但大多数专家认为这些提案现在通过的可能性很小。

这期间，在去年10月受到伤害的投资者退在一旁静静地舔着伤口，痛苦地回想起在“牛市时代”里曾被忘怀的危险，市场的反复无常让他们心烦意乱。“笼罩在部分专业人士和个人投资者身上的悲观情绪让所有人紧张不安。”说这话的人是Stovall/Twenty-First咨询顾问公司的总裁罗伯特·史都瓦，该公司在纽约从事资本管理业务。如果投资者指望市场管理者的行动能成为重拾斗志杀回市场的信号，那他们就只有一直徒劳地等待了。谁应该站出来执行监督管理职责、如何管理以及改革能走多远，这一切都因争夺权力的政治斗争而变得遥遥无期。目前，证券交易委员会在管理着股票买卖，而期货则是商品期货交易委员会的势力范围。由于股票和期货交易都在一个计算机系统内进行，所以没有一个机构能真正地控制局势。证券交易委员会想要将两类交易纳入自己的管辖，但布兰迪小组建议由美联储负责。

争议中的一个热点是计算机交易技术的使用，因为计算机可以跟踪股票市场与股指市场价格之间的差异，帮助投资者在一个市场卖出，同时在另一个市场买入，进而从中获利。像证券交易委员会和纽约股票交易所这类反对者认为计算机的使用增加了市场的不稳定性，并建议提高期货投资的保证金要求，即从目前的12%~15%提高到接近股市要求的25%以上。一些主要的经纪人机构，如所罗门和高盛已经推迟了这类交易，且大多数是在5月中旬。4月，纽约股票交易所发布了一项为期6个月的禁令：不管是涨还是跌，只要道琼斯股指在一天内波动达到50点以上就自动停止使用电子指令执行系统进行程式交易。

反对派

另一方面，美联储主席格林斯潘强调有关计算机交易技术的争论导致人们之间缺乏共识。他说，计算机技术给养老基金和其他大型投资机构带来了经济利益，同时还保证了股市的顺畅运行以及稳定。

作为证券交易委员会、商品期货交易委员会和财政部相互妥协的结果，白宫浅薄的提案极有可能获得通过，尽管离实施还有几个月。然而，研究中提出的主要改革方案——类似于布兰迪提出来的“临时停盘”，对于股票市场、期货市场和期权市场而言，只要其中之一上涨或下跌超过相当于道琼斯指数 250 点的程度，就将自动停止交易一个小时——这与投资者息息相关。史都瓦说：“市场一旦关闭，即是承认失败，而且几乎可以肯定的是，当重新开始交易后市场会沿着之前的走势继续下去。”

敏锐觉察投资者心理明显不是改革家们的初衷，他们的争论遗漏了一点，那就是投资者感到没人会真正受控制，这让人恐惧。必须承认的是，由于联邦预算和财政赤字以及不断上涨的利率让前景笼罩着一层乌云；通胀压力正在形成，还有看起来无可避免地将会持续到 1989 年的衰退，这些经济上的不确定性让投资者失去了信心。纽约日兴证券的投资战略家查理斯 · 伊顿 · 伊尔警告说道琼斯指数可能会探底到 1 350 点的水平。很多人预测在夏季结束前会下降 100 点，达到 1 800 点的中段。

即使他们是对的，与去年 8 月道琼斯下跌 800 点相比，100 点的下降空间并不值得大喊大叫。具有讽刺意味的是，尽管那些希望能够重建投资者入市信心的改革人士费尽心思，累死累活，但结果却是给了投资者更多的理由来继续观望。

四个貌似正确的改革家

下面是四个热衷于研究股市崩溃的人对如何避免黑色星期一再次出现而给出的相关建议：

贝克：财政部长的团队应该在市场的波动超过相当于道琼斯指数 250 点的时候采取 “临时停盘”措施，停止交易一个小时。

路德：证券交易委员会主席想提高股指期货交易的保证金要求，并由他们来同时管理股票市场和期货市场。

鲍希尔：美国审计署的查理斯·鲍希尔希望在联邦权力机构与交易所间建立更好的沟通渠道和突发事件应急机制。

布兰迪：他的任务小组呼吁将市场统一在一个机构下管理；使用“临时停盘”措施；改善监视相关市场间交易的信息处理系统；规定市场间协调一致的保证金要求，以及构建统一的清算体系。

前景：争论还将持续几个月，期间不大可能达成新的强有力的法规。最有可能的结果是，改善市场间的计算机通讯，使信贷体系、清偿和结算系统运行更加流畅。除此之外，一些种类的“临时停盘”措施当时也有可能出现。

中断交易

{《经济学家》，1989年10月21日}

紧随1987年10月股市崩溃之后，由当时看来不一定正确的“中断交易器措施”的提议却被证明是有效的，这个提议认为当恐慌席卷市场时明智的做法就是暂停交易。当价格上涨或下跌超过事先设定的限制，或买卖指令的不均衡突破设定值时，中断交易器措施就会延迟交易。但不可回避的却是，加深恐慌最可靠的方法就是拒绝投机者进入这类市场。不管中断交易器措施的价值在哪里，其面临的第一次大考就发生在10月13日，结果却失败了。

所谓的股指套利（适合程式交易的名字）成了1987年那次股灾后被指责的对象之一，并且催生了断路器措施。令人担忧的是指数期货和决定指数的成分股价格在交易的恶性循环中彼此加速下跌。使用断路器措施是会导致套利减少，但的确又产生了更多的困扰，因为当需要停止交易时每一类交易所遵循的规则却不尽相同。

道琼斯平均工业指数没有下跌超出 250 点过，所以股市从未停止过交易。芝加哥商品交易所在 10 月 13 日两次暂停股指期货交易，而每次标准普尔 500 种股票指数都跌到预先设定值之下；芝加哥股票期权交易所同样也停止了交易，不同于芝加哥商品交易所的是其在那天就再未恢复交易。

投资者因此面临着双重的最坏局面。当在股市中碰到该死的流动性问题时，他们急忙通过在期货市场卖出股指合约来锁单，而期货市场的关闭又迫使其折回在现货市场清仓。

更坏的局面则是期货市场在正常交易，而期权市场则关闭了。如当芝加哥商品交易所决定重启对标准普尔 500 股指期货的交易时，芝加哥股票期权交易所并未跟着产生标准普尔期权指数合约。由于期权市场的关门，处于危险中的期权交易者不得不冲进期货大厅来轧平他们被冻结的头寸。同样的，已经售出看跌期权的交易者被锁定后就必须等到 10 月 16 日，也就是周一重新开市时在市场的最低点补进。

对于那些想利用所谓的组合保险技术买入股指看跌期权来弥补亏损的人来说，芝加哥期权交易所的关闭同样是个打击。作为替代方案的是，一些人肯定试图将贷款与卖空结合在一起形成自己的合成看跌期权——这样就增加了市场的下行压力。这样的合成期权根据交易类型的不同产生同样的利润或损失，但不用借助于期权市场。

可以肯定的是，合成期权在组合保险中的应用加深了市场的波动性。当组合保险投资人买入期权时，不断上涨的期权价格显示出他们对同行的担忧。因为期权价格取决于三个因素——行权价、距离到期日的时间和作为标的物的股票或债券价格的波动性——价格的上涨意味着波动性的预期正在改变，这可能会使他们为即将出现的一波行情做好准备，而合成期权却不会提供这样的价格信号。当投资者在恐慌的驱使下开始采取行动时市场就会出现流动性危机。

13 号（星期五）的情况是一个经典的案例，如果出现触发中断交易的时机，那就必须予以调整，否则只会引起混乱、恐慌而无法有效制止。所谓的调整是指如果停止交易，就得在所有市场——现货市场、期货市场和期权市场——采取统一行动，原因很简单，因为这些市场是联结在一起的。如果一个市场开盘而另一个关闭，那肯定会引发骚乱，并且造成不公平。1987年10月股市崩溃之后就将这种结果表现得很明显，但这种显而易见的事情却由于那些负责管理美国金融市场的机构在华盛顿无休止的政治斗争而被忽视了。

崩溃启示录：不要被恐惧所左右——来自黑色星期一的最大教训

罗伯特·J·希勒[①]
《华盛顿邮报》，1988年4月10日

去年10月的股市灾难似乎慢慢在平息，尽管出现了少量余震，如三周前在上一周剧烈反弹后股市下跌了108点。但下一场灾难会在前面等着我们吗？

并非在作预测，我对10月19日股市灾难原因的调查显示，与外在经济因素相比，心理层面的变化更可能是导火索，特别是当投资者感到会很快受到经济上的报应时就会产生一种自我加强的心理循环。而实际上我们对恐惧无能为力，唯有接受。

10月危机仍记忆犹新，这不令人奇怪。1987年10月19日星期一是股市历史上极不寻常的一天，道琼斯指数下跌的程度几乎是1929年10月28日的两倍。

到底是什么原因造成了这种不寻常的市场行为？显而易见，大量的投资

① 罗伯特·希勒是耶鲁大学经济系和考尔斯基金会（从事经济学研究）斯坦利·里索德经济学教授，也是耶鲁管理学院金融国际中心的金融学教授和研究员。1967年，他在密歇根大学获得学士学位，1972年获得曼彻斯特技术学院的博士学位。他写过很多文章，包括金融市场、金融创新、行为经济学、微观经济学、房地产、统计学方法以及公众态度、观点和对于市场的道德评价。他自1980年在国家经济研究署做助理研究员。

者在当时急于抛售，但为何是在那天？为何量这么大？这些问题总是萦绕在我心头，甚至在黑色星期一市场癫狂时也是如此，使我不得不去思考这样大的一个事件背后基本的起因，其中之一应该很明显要归咎于大量参与者的共同决定。要搞清楚这个问题或许还有一种简单而直接的方法，那就是为什么不去问问投资者，问问他们为何引起了如此大的市场下跌？

应该指出的是，大多数经济学家根本没有考虑过这种调查方法，他们对从投资者嘴里说出来的解释表示怀疑，一般来讲这种怀疑是有理由的。然而，我在耶鲁大学的投资者行为研究课题组的同事约翰·庞德和我之前所完成的投资者行为调查发现，恰当的开放性问题（well-posed open-ended questions）以及其他研究方法一样对研究有极大帮助。

我认为在灾难后立即发出调查问卷非常重要，因为被调查者是依靠记忆来回答问题的，同时他们的记忆有可能会被事后诸葛亮式的反思、媒体的报道或分析所左右。我甚至设法在黑色星期一闭市时（在大学研究项目史上创纪录的成就？）就将超过 100 份的问卷送了出去。剩下的问卷则在那周随后发出，被访问对象包括 2 000 个富有而活跃的个人投资者，以及 1 000 家投资机构，其中 605 名个人和 284 家机构给出了回应。

调查包括客观变化和心理因素两个方面，这样应该能够对黑色星期一的市场行为作出解释。同时在时间方面调查也兼顾了崩溃发生前那一周，并考察当时投资者对股市波动的反应、对其他人行为的反应，以及相关技术分析和组合保险的使用。当然上述这些因素都起到了作用，但调查结果显示市场确实存在一种“自我规律”，这在解释 10 月 19 日的事件中投资者考虑问题和行为的动机方面远比经济学原理来得重要。

首先来看外部事件的影响，对当时流传的 10 个新闻事件，我要求被调查者从 1 到 7 的数字中选取一个进行打分，以该新闻对于自己在 1987 年 10 月 19 日的重要性以及影响自己对股市前景看法的程度高低为依据。

在被列出来的新闻事件中，对于个人投资者和投资机构都很最重要的事件发生在崩溃前——周一早上道琼斯指数下跌 200 点。排在第二位的是崩溃前一周美国股票价格的下跌，尤其是在 10 月 14 日到 16 日。虽然其他事件也显示了一些重要性（对于机构投资者来说，利率的上涨，以及财政部长詹姆斯·贝克面对德国提高利率所作出的让美元贬值的威胁这两个因素也很重要），但在崩溃时影响最大的因素看来还是股价下跌本身。

除了列出来的之外，调查问卷也揭示了另外两个新闻事件。90位个人投资者和55个投资机构在问卷上进行了说明，他们对其关切之情甚至超过了事件本身。得到关注最多的是过度的联邦或私人债务。然而，几乎没有谁的描述能准确地说明崩溃发生的时间，只有3个调查对象提到了关于10月14日美国众议院筹款委员会进行税收改革的议案将会抑制公司收购的消息——很多分析家后来认为就是此消息触发了股市的崩溃。此外，10月19日那天的抛售者和买进者的口径并没有什么不同。

因此，调查结果认为对黑色星期一最好的解释就是一种恶性循环——循环推进的价格下跌。看起来并没有什么其他的原因，关键就在之前的价格下跌本身，周一那天有如此多的投资者在紧紧盯着大盘，而这又随即促使大量的人开始在同一时间进行抛售。

当然，让局势持续恶化的元凶毫无疑问就是这个问题，正是它造成了10月14日的股价下跌，造成了15日的下跌，造成了16日的下跌，同样成就了黑色星期一。但即使是这样，到19日那天，深陷其中的人们看起来却好像已经将这个可能非常重要的因素彻底抛到脑后了。所以，真正触发崩溃的事件应该早于10月5日到9日那周的价格下跌。又或者，一系列数量巨大的不为人所注意的小波动可能也是触发因素。

也就是说，当人们试图对此进行解释时，与其将注意力放在对触发事件因素的寻找上，不如多关注恶性循环本身的结构。

在这方面，调查显示，投资者对股市的关注度极高——与之相关的是最后采取行动的却极少。在崩溃开始蔓延时几乎所有人都察觉到了。在那一天，平均每位个人投资者浏览股票价格3.2次，并与超过7个人进行了交流；机构投资者平均浏览35次，交流对象则超过20人。大多数人在情绪上都出现本能反应——43%的机构投资者承认有恐惧症的肢体反应，如脉搏跳动加快、掌心出汗或胸闷。超过23%的个人——以及40%的机构投资者——说经历了恐惧情绪的传染。那些在 19 日实际进行了交易的投资者中（只有大约 5% 的个人投资者和 31% 的机构投资者完成了交易），他们的恐慌情绪相当的严重。

认为崩溃应归咎于恶性循环的想法并不新鲜，由总统任命负责调查的布兰迪委员会也有类似的描述。但他们的报告将关注的重点仅仅放在纯粹的“刚性价格下机械的抛售”上，并认为金融市场中“投资组合保险”的使用是罪魁祸首。

发明“投资组合保险”的人使用这个名字是具有煽动性的，这不是通常意义上的保险，而是“动态防火墙策略”。在这个策略下，投资组合保险的卖方给他的顾客提供了一个股价下跌之后的卖出计划（在股指期货市场），以及一个股价上涨后的买入计划。投资组合保险的功能非常类似于长期以来一直使用的停损指令。

投资组合保险是个相当新的概念，在其影响下，债券的数量也在崩溃发生前的两年迅速增长。更进一步的是，布兰迪委员会有证据表明 1987 年 10 月 19 日那天大量的抛售应该是组合保险的“功劳”：纽约股票交易所和标准普尔 500 种股票指数期货市场内总额达 400 亿美元的抛售中，至少 60 亿美元是这样。尽管投资组合保险需要抽象的数学模型，以及必须借助计算机，但这样革命性的变革却不应成为 1987 年崩溃的理由。

在没有投资组合保险的时候投资者极有可能自己采取同样的抛售行动，换句话说，投资组合保险仅仅是将停损行为专业化了，而后者在任何时候都可能发生。我的调查显示情况确实是这样，很少量的机构投资者（仅有 5.5%）说实际上使用了投资组合保险，而个人则根本没有。但在 19 日那天确实抛售了股票的投资者中，40% 的个人以及 20% 的投资机构承认他们遵从了停损原则。任何情况下，在 19 日所抛售的相对小部分的股票中，如果所有——或大多数——是由投资组合保险者进行的刚性价格下的机械抛售，那么股价应该会迅速反弹，因为其他投资者会短暂进入利用股价下跌带来的获利机会——但这种情况并未发生。

显然可以想象得到，少数重要的市场人士作出的少数关键决定是崩溃的主要因素。如果没错的话，我的调查遗漏了这些人。但不管是布兰迪委员会，还是证券与交易委员会都没有在关于10月市场崩溃的报告中指出过这一点。我们确实知道一些大型投资机构的抛售是由个人投资者的决定引起，例如赎回共同基金所影响的。

不过，技术分析至少是一种影响了投资者预测的因素，并因此导致了黑色星期一那天需求的减少。很多投资者认为他们能够抢占市场获得优势，但被调查者经常将他们的首要预测方法写成“直觉”，还有很多人似乎是在猜测其他投资者的心理，并因此要弄清楚他人何时会抛售股票。实际上，认为心理因素对于解释市场波动非常重要的想法也解释了这一点，即为什么投资者在他们已经知道股价偏离了正常价格的情况下还选择继续持有。

的确，种种证据促使投资者认识到在1987年可能会发生危机。这不是说人们希望来一场危机，而是对于大多数人来说确实已感觉到危机存在。但与过去的事件相联系的心理错乱确实存在：人们在问卷上经常提到自从1982年以来牛市在毫无阻碍地持续；普遍意识到股价不合常理的偏高；计算机辅助交易会让市场波动更加频繁；政府债务造成了市场的风险。我在问卷中问道：“在1987年10月19日之前的数天里你是否曾想起或提到过1929年的状况？”个人投资者中有35%回答“是的”，机构投资者则有53%的人如是回答。

投资者看法中所体现出来的紧张有助于解释，为什么出现恶性循环的趋势发生在1987年而不是在此之前。改变了态度的投资者可能会把股价的大幅下跌看成是崩溃的前兆——并预示着应该抛售——而不是市场价格被低估，以及认为还存在应该抄底的机会。除此之外，这种态度还会引起他们的朋友及同事对于价格下跌的关注。

一个人应该意识到大多数投资者，不管是个人还是专业人士，都无法对接下来的走势作出清晰而准确的预测，特别是在像10月19日那样的日子里，当时市场行为完全不正常，并且已经超出了历史上的记录。而且，也没有什么所谓的专家能够利用具体的理论来预测未来。所以，单纯的联想和思维习惯将决定明天是什么样子。

实际上，投资组合保险与其说是崩溃的原因，不如说是一种边际效应，其在下跌前的大规模普及是由对崩溃可能性越来越多的认识引起的。这种认识毫无疑问在今天仍伴随着我们，如果市场价格爬升到去年崩溃前的位置，并因此被看成是估价过高——东京市场看起来比纽约市场更加会如此发展——那么这种认识就会变得愈加敏锐，因而我们去年经历过的市场波动将很可能再次上演。

来自于崩溃后

{ 富兰克林 · 爱德华兹[①] }

我想稍微退后一点，以便对观点进行不同角度的研究，而且每一项研究对引起崩溃的原因都将更有针对性。虽然有的调查研究结果长达 2 000 或 3 000 页，但我们仍然没有弄清楚是什么导致了崩溃。很多报告提到了投机亢奋症、过高的市盈率等诸如此类，但谁也不知道底线是什么。美联储主席格林斯潘曾说将必然会发生一次猝不及防的事件，这话没错，即使现在没有发生，以后也一定会发生。

是期货引起的崩溃吗？所有的研究基本上都否定了这一点。唯一可能的例外是证券交易委员会，他们说即使不是触发，期货市场也使崩溃更加猛烈和深入。没有任何证据表明这一点，但意思很明确，就是在市场崩溃时期货交易负有责任。然而，即使是证券交易委员会的报告也没有明确回答到底是什么引起了崩溃。

期货市场有存在价值吗？所有研究的回答都是肯定的，对此我也没有任

---

① 富兰克林 · 爱德华兹是哥伦比亚大学研究生院的金融学和经济学教授，同时还在哥伦比亚自由和竞争企业担任阿瑟 · 伯恩斯主席一职。他有哈佛大学经济学博士文凭和纽约大学法学院法学博士文凭，是《新金融：规则与金融稳定》(1996) 以及教材《期货和期权》(1992) 的作者。除此以外，他还撰写过 100 篇以上讨论金融机构、对冲基金、公司管理、衍生品市场、能源市场以及金融规定的专业文章。

何疑问，这些市场提供了极有价值的金融服务——对冲和价格发现。

有了以上的结论，我们自然就会产生疑问，为什么研究还在一页一页地继续，变革的建议还一个接着一个？答案可能就是通过对一个议题进行长达两到三个月的研究后得出的结论：我们没什么可建议的。

他们在干什么？他们在注意崩溃中体现出来的两个问题：其一，无序的市场；其二，现在没有发生但将来可能发生的事——一种类似于20世纪30年代的崩溃。

我认为，市场的无序是指市场规则已经被制定出来但没有得到执行，以及经常被毫无理由地驳回；虚无缥缈或严重失衡的价格；与实际毫不相关的纽约证券交易所的开盘价。没人希望看到这种混乱的局面，所以引起了一系列对形成这种局面的因素的研究。

第二个问题是金融崩溃发生的潜在危险——对结算协会可能倒下和一场经济灾难可能来临的担忧，这构成了建议统一或调整结算机制的动因。

我对这些研究的感觉颇像随着时光倒流回到过去。假设现在是1910年，现代化的汽车从天而降来到我们面前，为安全起见，我们可以先将之想象为梅赛德斯。它非常完美，速度快而且安全，拥有强劲的动力和高效的刹车系统，但1910年却没有适合其驰骋的道路。

这是个进退两难的局面，梅赛德斯比T型车好，但对我们有什么用呢？能做的就是禁止这种现代汽车。幸运的是至今还没有什么研究建议禁止期货交易。

另外能采取的措施是限制现代汽车的使用，理由是不安全。如果没有合适的道路，那些现代化的汽车就会撞成一堆，例如我们可以规定只有一类特定的人才能使用现代汽车。以此类推，我们可以通过提高保证金，甚至要求实物交割来限制期货交易。换言之，就是找到一种方法提高使用期货的成本，从而使之高到只有少量人才能承受的地步。

另一种减少现代汽车使用的方法是限制速度。对于期货市场来说，同样可以禁止使用DOT系统来交易组合型股票，因为这太快了。或者我们可以对期货制定上涨抛空规则，这样一来，当股价下跌时期货将被冻结。也就是说，放慢速度——施加速度限制。或者我们在市场中使用断路器，就像在每个小时段的整点时刻规定汽车要停车 15 分钟。

当然我们还可以建造更好的道路来充分利用现代汽车的功能，正如引入做市商制度来更好地发挥期货以及其他衍生金融工具的作用一样。对于这么多研究，让我感到困惑的是对这样一个选择他们却不去深究。

我们都认为这种新发明出来的“期货”好是好，但凭现有的系统却无法操控，重点就在于如何控制。我们不应该想着如何去限制，而应该考虑怎样改善道路来让现代汽车尽显其能。

更好的做市商制度是需要的，现在已经到了宣布专家系统很可能不再合时宜，以及不再能够处理组合交易的时候了。

这并非在限制对专家系统的批评，我认为所有的做市商制度都应该得到仔细的审查，审查它们能否很好处理现在的交易。如果不能，那又如何改变？对于潜在的买卖指令，我们如何才能得到更准确的信息，另外，我们如何对订单进行限制，以确保新出现的买方和卖方能及时进入市场？

大多数在 10 月 19 日和 20 日出现的混乱发生在证券交易委员会管辖下的市场——纽约证券交易所和期权交易所。这意味着证券交易委员会制定的规则或这些市场所应用的做市商制度存在改进的空间。

在匆忙提出建议的过程中，这些研究报告都没有清晰地区分能够自动修正的问题和不能自动修正的问题。如果我们要制定新的管理制度，将会困惑于一个问题，即私人投资者的利益并不能与社会利益完全相符——换句话说，就是存在一定的外部性。在建议创立实物交割而非现金交割、提高准备金、修改结算体系与限制组合保险方面，这些研究并未进行区分。

但崩溃所揭露出来的问题很明显在进行自我修正，这正是我们所犯的错误。有时候需要一场危机才能暴露出缺点，第一个应该知道这些缺点和与之利害相关的人就是那些因此遭受损失的人。这样，大多数暴露出来的问题将会自动得到改正。

也有一些与自我修正机制无关的问题，比如做市商制度。在我看来，保留专家系统存在巨大的利益动机，如果还存在一个潜在的公共政策利益区域，那就会刺激人们去仔细审查做市商制度以判断其是否能够处理现在的交易。

PANIC

The Story of Modern Financial Insanity

第二部分

外国人疯了

PANIC
The Story of
Modern Financial
Insanity

引言

在1997年7月2日泰国决定将泰铢贬值之前，不知道华尔街的很多人是怎么定义“泰铢”这个词的，这很有意思。但那次事件——泰国政府决定不再通过公开市场操作来维持泰铢的美元价值，即抛售美元买进泰铢，因为那么做是疯狂的——引发了我们的下一场危机。到危机结束时，华尔街的所有人都可以真正认识“泰铢”了，他们也必须重新审视“韩元”、“卢比”（印度尼西亚货币单位），甚至还有“林吉特”（马来西亚货币单位）。

结果是：泰铢的倒下使得那些投资于跟泰国有些类似的国家（韩国、菲律宾、印度尼西亚、马来西亚）的人撤出资金回家。在接下来的几个月里又爆发了诸如银行挤兑一类的事件，主要发生在东南亚的银行。为了寻找替罪羊，马来西亚首相马哈蒂尔·穆罕默德指责对冲基金经理乔治·索罗斯，对他犹太人的身份大放厥词。真是无知。索罗斯当时已经停止了交易，是很多希望能成为下一个索罗斯的人在马来西亚市场以各种不同的方式卖空——将自己的财富建立在他人的痛苦之上。到1998年9月经济学家保罗·克鲁格曼在《财富》杂志中写道，“在经济意义上，从没有如此大范围的人经历过从天堂到地狱的落差，包括以前的经济危机。”

在那个意义上，恐慌已经从东南亚扩散到了亚洲其他地区，包括俄罗斯。虽然国际货币基金组织注入数十亿美元，俄罗斯政府也试图挽救卢布，但还是失败了，股市随之崩溃，最后到了1998年8月19日，俄罗斯不得不宣布拒绝偿付其政府债务。一个表面上富有的俄罗斯拥有了前苏联会很羡慕的足以影响美国金融市场的力量：8月31日，道琼斯指数经历了有史以来第二大规模的下跌，达到512点。不到4个星期后，纽约联邦储备银行就开始拯救由约翰·梅里韦瑟领导的最有影响力的对冲基金：长期资本管理集团。到了10月份，国际货币基金组织和世界银行召开筹备会议讨论全球经济危机，与此同时美联储一次又一次地下调利率。从华尔街的视角来看，亚洲金融风暴就像很多其他的恐慌一样是一场虚惊，股市随后重新上扬。基金经理们纷纷离开以前就职的公司，开设对冲基金并提高自己的薪水。

本部分还包括了一些其他的实时新闻评述，这些评述定格于不同的瞬间，给人各种各样的感受。同时投机家（罗博·约翰逊，为索罗斯工作）、经济学家（杰弗瑞·萨克斯和克鲁格曼）等也发表长篇的事后分析评论，为政府出谋划策，以讨论如何最恰当地处理危机。我也向《纽约时报》投了篇长稿，是关于长期资本管理集团的。

当我赶回去拜访我在所罗门兄弟公司的前同事（他现在为长期资本管理集团工作）时，我以为一切都完了，不仅对于他们是这样，而且包括了其他的对冲基金，因为世界上主要的对冲基金都在这里，处于崩溃中，并且将被亚洲金融危机一次又一次地羞辱。他们被指责引发了危机，而且加速了危机的进程，甚至会对我们所熟知的资本主义产生威胁。但结果是这次恐慌就像其他几次一样，只是促进了对冲基金的繁荣。市场不是抵制长期资本管理集团的运作模式，而仅仅是反对其本身——并且程度很轻。（约翰·梅里韦瑟很快成为JMW的合伙人。）

所以本部分不仅描述了市场下跌，而且还将高度活跃的金融家管理快速流通资金的能力的提升看成是资本的分配投资，以及价格和市场行为的驱动力量。很明显，那些在泰国失去了自己公司的可怜家伙不会想到自己的灾难实际上是华尔街的试验田，但在华尔街情况就是如此。资本流动是迅速的，并且会越来越快。

共同基金季报：冒险的前景还不错

里德 · 埃贝尔森[1]
《纽约时报》，1996 年 1 月 7 日

去年可能是属于基金的一年，它们冒险进入被投资者忽视的地区，如墨西哥、菲律宾以及其他新兴市场，并获得了丰厚的回报。

“根据过去两年的情况，我们对今年充满乐观的期待。”发展中国家市场信托公司（Templeton Developing Markets Trust）经理J · 马克 · 莫比尔斯说。他从 1987 年以来一直为富兰克林 特普坦基金集团（Franklin Templeton Group）在全球寻找投资机会。

很多投资者在回想起他们最后一次对新兴市场的袭击时感到嘴里一阵苦涩。1993 年进入新兴市场的股票基金获取了平均达 72%的利润，这让很多投资者垂涎欲滴，于是他们纷纷投资这些基金，但随后却在 1994 年遭遇了毫无预兆的墨西哥比索贬值。从阿根廷到香港的各大市场都经历了炼狱，投资者们也损失了大笔的金钱，这些基金在 1994 年的平均损失达到 10%，1995 年则是 7%。

但如果不忘乎所以的话，这种结果还是应该得到原谅的。新兴市场仍然表现出经济快速增长的特征，与发达地区比较起来，在几年内从新兴市场获取更高回报的前景依然值得期待。其中很多地区的下跌反而使得价格更具吸引力，因为很多人看好反弹的前景。

虽然没人知道新兴市场的经济何时恢复，但过去两年漫长而糟糕的状况却让很多分析家和投资组合管理者信心十足。“情况会变好的。”美林发展资

① 里德 · 埃贝尔森为《纽约时报》撰写健康保健和经济类文章。

本市场基金公司（Merrill Lynch Developing Capital Markets fund）经理格雷斯·佩尼达说。尽管很多国家在持续推进经济转型，他们的企业报告也显示利润可观，但股票价格却没有反映出这种状况。

一些像莫比尔斯先生这样的经理正在搜寻那些他们认为已经触底的市场。在拉丁美洲，墨西哥、阿根廷和巴西都是莫比尔斯心中的理想对象，但在亚洲，香港是排在第一位的。“没有任何其他的亚洲市场能让我真正的兴奋。”他说。莫比尔斯比他的同行更具冒险精神，他有选择地投资俄罗斯和印度，而完全不顾这些国家被一致认为是不适合外国人投资。

为保险起见，投资者不应该在真正到手之前就去计算收益。对这些市场而言，可能还不是经济恢复之年，A·迈克尔·李普是位于新泽西州萨米特的一家共同基金研究公司利普分析中心的董事长。他警告说：“其中总存在不确定性，我们不能用牛顿定律来对其进行假设。”

然而这些新兴地区的经济基本面看起来仍然令人充满信心。尽管其国内的股市预计在接下来的一到两年内难以达到热带风暴式的上涨态势，但上涨速度却仍上涨有望加快，原因在于经济增长的预期要高于发达地区。在下一个 10 年中，世界银行估计亚洲（不包括日本）的GNP 增长率会达到 8%左右，而像美国这样的发达国家的预期则是 3%。

“向新兴市场投资的理由就是回报，”凯恩·格雷戈里说，他是位于旧金山的时事通讯杂志《免佣基金分析师》(*No-Load Fund Analyst*) 的编辑，“逐渐走高的经济增长速度给了投资令人信服的论据。”

事实已经证明亚洲是个快速增长的地区。“我们认为相当长一段时期内的快速增长会持续到 1996、1997、1998 年。”Rowe Price-Fleming公司的投资组合经理理查德·布鲁斯说，这家公司负责管理T. Rowe Price国际基金。尽管他不指望其中的某些市场在 1996 年有出色表现，例如泰国和马来西亚，但吸引他的是在接下来的几年中这些市场极有可能出现的灿烂前景。

与前两年相比，包括亚洲在内的新兴市场现在能以更低的成本获得大多数的投资，虽然平均市盈率有可能会快速下降。根据莫比尔斯的观点，很多首次配股的公司股价将有可能低于 1993 年和 1994 年初的同类水平。

泰国对货币投机者发出警告

《纽约时报》，1997 年 12 月 17 日

泰国银行昨天发出警告，声称将对那些在美元市场做投机生意的公司采取措施。“中央银行会监视出于投机目的购买美元的人，并且设法制止。”泰国中央银行行长查瓦特说，但他并未透露具体的方式。

银行在两周前给 15 家手上持有美元的泰国公司打电话，让他们卖出所持的美元，以确保对国外债务的偿付能力。昨天早上，财政部长他林 · 尼曼哈明达对那些公司重申了他的请求，即卖出美元以缓解泰铢所面临的贬值压力。

泰国商业奇迹都破灭了吗？

戴维 · 霍利[1]
《洛杉矶时报》，1997 年 9 月 10 日

沃拉钱的墙纸进口生意在去年年初开业时极其火爆，当时泰国还处于长达十年的经济繁荣期之内。

5 个月内公司雇用的员工从 30 人急剧上升到 50 人，并且将主要交易对象由中档的中国台湾地区产墙纸转为一个意大利的奢侈品牌，同时还有来自美国和新西兰的高质量产品作为补充。

55 岁的沃拉钱说：“当泰国的经济形势较好时，我认为人们的消费品质

① 戴维 · 霍利为《洛杉矶时报》撰稿。

会提高，这就是我经营意大利和美国墙纸的原因。消费者会购买最好的产品：最好的墙纸、最好的一切，他们有这个消费能力。”

现在，随着泰国经济突然陷入零增长或者说是正处于完全的收缩时期，沃拉钱经营的Phoenix Interhome公司的主要股东及公司董事长都在担心她的公司是否能生存下去。自从7月2日泰铢开始浮动之后其汇率下降了大约30%，现在达到了1美元兑换35泰铢，这对于从事进口业务的企业来说不啻为沉重的打击。

“过去两个月里我们仍在正常销售，但已经没有利润了。”沃拉钱说，“只要不亏本，我们还是富裕的。我不知道这种情况还将持续多久，但如果美元兑换40泰铢，我们就要破产了——不仅仅是我们，整个国家都会这样。”

同时沃拉钱也采取了应对策略，她再一次转变公司的经营产品，这次是来自韩国的墙纸。

韩国产品的特点是“具有良好的品质，但款式比较陈旧，或者说色彩不够精细”，沃拉钱25岁的女儿普莱钱这样认为。她毕业于伦敦一家艺术与设计学校，现在帮助她的母亲打理公司的生意。

但即使从韩国进口——韩元汇率下跌使得韩国产品出口价格下降——可以帮助Phoenix Interhome公司渡过难关，但也无法重现往日的辉煌了，因为之前的建筑商们都在忙于建造高档公寓、豪华旅馆和巨大的住宅群。

墙纸进口生意在相当大程度上成为泰国经济之前过热、现在低迷的状况的缩影。

10年前的情况又得以重现，当时建筑商都设法加快工作进度以满足日益增长的需求，但现在却降低了建造的标准，“墙壁造得很糟糕，为了掩盖，所以不得不使用墙纸，”沃拉钱说，“现在人们的钱包在缩水，因而不得不寻找质量一般的替代品。”

现在像Phoenix Interhome这样的公司所面临的困境正好反映了阻碍泰国经济的无数困难。

由于泰铢的贬值，进口的成本上升太快了。但同时经济又在下滑，很多公司都在拼命抛售存货，几乎不可能靠提高奢侈品的价格来弥补损失——而且食物、公共事业服务和生活必需品的价格又在上涨，沃拉钱这样认为。

而这期间流动性危机还在金融和不动产市场传递，继而影响到其他相关的经济部门，比如沃拉钱所在的行业。

“房产市场的倒下会给我们带来灾难。”沃拉钱说。

“情况正在恶化，因为墙纸通常是建造房屋的最后一个环节，”普莱钱说，“一般来说到最后（贴墙纸时）人们的资金就见底了，这就是为什么我们会面临现金短缺的问题。”

沃拉钱与生俱来的乐观主义精神尚存。

“那时为了让自己保持好的心情，”她承认，“我不愿想太多，如果看见不愿看到的，又总是在心中挥之不去的话，我晚上会睡不着的。”

沃拉钱说泰国人民心中都有一个坚定的信念，那就是有一种“神圣”的力量会保护他们，并且对皇室怀有深深的敬意。

“我们的国王必定在关心他子民的生活，”她说，“虽然我们是个民主国家，但仍含有君主体制的成分，这二者结合起来，我们就不会比其他国家遭受更多的痛苦。我相信现在已经是谷底了，可能还会持续两年，但之后情况会重新好起来。”

她补充道：“我们需要一个经济学家用他的三寸不烂之舌来把那些外国投资者劝回来。”

拯救亚洲

{保罗·克鲁格曼[①]与杰里米·卡恩}

无论接下来发生什么，亚洲金融危机都将被记入史册。不管是在经济发展的历史进程中，还是有衰退记录以来的早些年里，都没有出现过从天堂到地狱般的如此大范围的世界性经济危机。拉丁美洲曾经是经济最为动荡的地区，但现在已经不再是了。与亚洲的崩溃相比，1995 年的龙舌兰风暴确实是小儿科，即使算上 80 年代那次可怕的债务危机也是如此。

而且亚洲离衰退的谷底还相差甚远：由于流动性看来已经陷于枯竭，亚洲的实体经济已逐渐变得更加虚弱而非好转。香港刚刚宣布其经济增长在 1998 年的第一个季度萎缩了 2.8%，这是自“二战”以来最严重的衰退。经济学家预测印度尼西亚今年的GDP将会下降惊人的 15.1%，而美洲战后最大的一次衰退则发生在 1982 年，当时经济缩水了大约 2.1%。此外，经证实，日本的银行坏账不是之前宣布的 5 500 亿美元，而是一个更为庞大的数字：1 万亿美元。这些坏消息带来的影响现在人们已经能亲身感受到，美国股票市场的敏感反应就是一种表现。

已经有很多人在对那些指责这次灾难的言论进行反攻。这是对亚洲的过失或者那些罪恶的投机者的邪恶行为作出的惩罚吗？国际货币基金组织是在渔翁得利还是火上浇油？这些疑问的关键点在于：究竟是谁妨碍了亚洲对这次危机发生以及对下一次危机扩散的预先防范。但真正重要的问题在于，现在该做什么？我们——国际货币基金组织、美国财政部和受到波及的国

① 保罗·克鲁格曼 1999 年作为专栏作家加入《纽约时报》，同时他还是普林斯顿大学的经济学和国际事务教授。克鲁格曼于 1974 年获得耶鲁大学学士学位，1977 年获得麻省理工大学博士学位。他先后在耶鲁大学、麻省理工大学和斯坦福大学任教。在麻省理工的时候，他是经济学教授。克鲁格曼是 20 本书的作者、专业期刊和修订书卷中 200 多篇论文的编辑。他的职业声誉多数来自他在国际贸易和金融方面的工作，他是“新贸易理论”的创立者之一。

家——是否应该继续坚持一直应用到今天的A计划？或者到了执行B计划的时候了？那么B计划又是什么？

答案是应该慎重考虑B计划，这很明显——除非没人（甚至那些A计划的严厉批评者）愿意公开进行讨论。但在此之前，让我们反思一下这一切产生的根源。

亚洲：错在哪儿？

到现在为止，关于亚洲如何崩溃的观点听起来相当的熟悉。至少从某一方面来看，亚洲的危机是对其错误的惩罚。甚至在繁荣时期我们也要懂得应该懂得的东西："亚洲价值"后面另有隐情，这么多亚洲商人的成功并非依赖于他们知道的东西，而是他们认识的人。特别是裙带资本主义所造成的后果，如没有目的的投资——曼谷郊外毫无必要的办公大楼，以及韩国家族企业集团（以家族血缘为纽带的大型企业团体）的种种自私行为，只要借款者与政府有良好的关系，当地的银行就乐于资助这些家族企业。出来混迟早是要还的，就在危机发生前，当国外银行还在向外贷款且印度尼西亚债券的信用等级被评定为Baa（对平均信用价值而言）时，正面打击便已开始到来：韩国大企业垮台、泰国金融公司倒闭。

但由不适当的政治干预所带来的金融过度投资，就如一夜宿醉后清晨醒来时的不适一般并非只有亚洲经历过——想想得克萨斯的储蓄社吧。亚洲应该受到惩罚，但其独特之处不在于罪行的沉重，而是惩罚措施的激烈程度。糟糕的金融形势发展成一场大灾难，这反映出信心的丧失已经变为一种自我加强的恐慌。1996年，资本以一年大约1 000亿美元的速度流入新兴的亚洲市场，到1997年下半年又以几乎相同的速度流出。随着那种大规模的资金反向流动，其经济不可避免地会陷入衰退，这就是亚洲金融危机唯一可解释的原因。结果是——好吧，让我们引用瑞士巴塞尔国际清算银行6月的报告，其华丽的辞藻还真不多见，报告认为："经济减速、资产价格下跌、银行危机的影响有互相加强的趋势，其表现为银行信用收缩压低资产价格，并进一步深化了衰退。而这些表现反过来又会给银行带来更多的问题，迫使银行进一步收缩银根。‘恶性循环’已进入到一个严重的阶段，而亚洲的实际情况可能比以上的描述还要糟糕。”

怎么办？

在亚洲危机初期，斯坦利·费希尔——经济学家中的经济学家，国际货币基金组织的第二高官——曾向中国香港发出警告说，“(投机性的) 攻击可能会成为自我应验的预言。”例如，他担心任何迫使港元贬值和利率提高的投机性攻击都将削弱银行体系。换言之，你不能指责国际货币基金组织的幼稚：他们的官员从一开始就知道BIS（国际清算银行）提出的所谓的恶性循环是有可能的，他们已经尽力了。

国际货币基金组织与美国财政部（他们的第二号人物是劳伦斯·萨默尔，另一位重量级的经济学家）密切合作，提出了如下策略：

1. 贷款给会员国，以帮助他们度过危机。

2. 作为贷款条件，要求这些国家进行经济改革，消除“裙带资本主义”带来的过度投资问题。

3. 要求这些国家保持高利率，以诱使外资留在国内。

4. 等待信心的恢复，同时也等待恶性循环转变为良性循环。

即使从历史的角度来说，这也不算是个愚蠢的策略。设想一下在美国没有存款保险制度时，对于大银行经营管理的怀疑也能引起存款人的挤兑。联邦储备局会怎样做呢？它会让银行获得资金拆借，以满足其紧急需要；作为贷款条件，银行总裁被要求解雇他的亲属，并告诉银行保持高利率以吸引存款。这样每个人都可以有理由憧憬最好的结果。

而且这个策略在最近一次危机中也发挥了作用。1995年上半年，墨西哥发生了经济危机，开始时的情形似乎比亚洲危机还要糟糕。罗伯特·鲁宾（Robet Rubin）[①]及一些公司携巨资紧急驰援。墨西哥人尽力维持摇摇欲坠的银行，并将利率提到惊人的高度，然后所有的人都紧张地屏住呼吸。对

① 罗伯特·鲁宾，墨西哥经济危机时担任美国财政部部长。——译者注

墨西哥经济来说，这是可怕的一年，但最后一切问题都解决了：资金又开始流入，利率下降，虽然第一年里墨西哥经济下降了6.2%，但之后就迅速得到恢复。

从另一个方面来说，A计划的实施是很自然的，甚至可以说是必然：这不仅是从经济的角度，而且也是出于政治的考虑，既然两年前这一类似的策略能够在墨西哥获得成功，那么国际货币基金组织和美国财政部为什么不努力复制他们往日的成功呢？

批评

国际货币基金组织在亚洲金融危机中的反应是预料中的事，但这并不意味着所有人都同意这一点。从一开始反对的声音就此起彼伏，同时也损害了国际货币基金组织的公众形象。一些批评者的观点中至少部分是正确的——但仅仅是其中的一些人，因为批评者彼此之间的分歧比他们与国际货币基金组织的分歧还要大。大致区分起来，其中一半人持“硬货币”观点，他们认为当亚洲国家保持汇率稳定的时候，国际货币基金组织却鼓励实行货币贬值，因此是国际货币基金组织引起了危机；另一部分是“软货币论者”，他们认为国际货币基金组织过多地强调了货币的稳定。这两种意见其实都不正确。

事实上，其中某些意见毫无疑问是错误的。“硬货币论者”对A计划的抨击——来源于《福布斯》和《华尔街日报》的评论版，以及供给学派中的保守派——等同于认为亚洲国家应当不惜一切代价保卫其汇率。然而，在面对大量资本外逃时这样做就意味着流通中的货币急剧减少——这些国家不得不提高利率，且利率远远高于这些国家所能承受的水平。而且中央银行在不能随意印制钞票的情况下，要想维持汇率稳定，就不能履行最后贷款人的职能，为饱受挤兑之苦的地方银行提供现金。（阿根廷的货币局制度和1比索兑换1美元的政策曾被保守人士大加称赞，但在1995年的银行业崩溃中政府却束手无策，幸亏世界银行没有袖手旁观。）

如果你向那些“硬货币论者”询问，为什么他们的计划就会成功，为什么就不会制造出更坏的局面时，你能得到的唯一答案就是“如果泰铢没有贬值，或者印度尼西亚构建了货币局制度，信心就会得到恢复，一切就都会变好”。有可能是这样——但这完全属于循环论证。毕竟如果能立即恢复信心，那任何一个针对亚洲危机制订的计划就都会见效。如果真是这样简单的话，那为什么不跳过所谓的货币局制度，直接告诉人们多笑笑呢？

对于那些认为如果实行金本位制这次危机就不会发生的人，请提醒他们1929年大危机时最主要的货币都是与黄金挂钩的。

“软货币论者”对国际货币基金组织的批评，像哈佛大学的杰夫瑞·萨克斯——他对货币稳定不太苟同——就很典型。他们认为国际货币基金组织要求的高利率政策会引起严重的衰退和金融危机，甚至那些健康的银行和公司最后也将陷于困境。所以，与坚持让这些国家提高利率保卫货币的做法相反，他们认为国际货币基金组织应当告诉这些国家保持低利率，并且尽力维持实体经济的增长。

这些劝告听起来不错，但重要的是弄清楚为何像费希尔与萨默尔这样聪明的人却没有接受类似的观点。对于初学者来说，以这种方式提出建议——伴随着对国际货币基金组织充满讽刺的指责，认为他们不仅遮遮掩掩，而且无能——是毫无用处的。然而更重要的是，“软货币论者”的批评从来没有解释汇率会发生什么变化。1997年年末，韩元一周内贬值了一半。如果不提高利率，韩元就不会继续其跌势吗，甚至或许还会导致币值的“自由落体”？而且如果不提高利率，难道不会发生恶性通胀吗？——更不必说这还会引起那些有着沉重美元债务的公司破产。

这些问题可能永远得不到清楚的答案。萨克斯那时候似乎还认为低利率会强化而不是弱化亚洲的货币——即使投资者因为持有韩元或泰铢而得到较低的回报，但他们对实体经济状况改善的预期会帮助自己恢复信心。而在其他时候，他们却似乎简单地认为即使货币币值下降，其幅度也不会高、危害也不会太严重。或许吧，但截至去年秋天，A计划看起来似乎并不是张好牌。

这就是A计划。然而事情进展并没有那么顺利。

为什么计划失灵了？

去年秋天的时候还没人会想到一年后的亚洲金融危机可能比1995年的墨西哥危机来得更加猛烈。印度尼西亚被摧毁，甚至在国际货币基金组织的成员国内也看不到一丝希望的阳光。究竟出了什么问题？下面是其中的一部分问题：

国际货币基金组织的错误。国际货币基金组织很清楚这些错误的细节——其中一些还很严重。坚持让这些国家削减开支、提高税收，这种毫无理由的反通胀政策加重了衰退、恶化了形势。

过高的杠杆比率。墨西哥经受住了利率爬升高达75%的一年，并且坚持了下来。相比而言，亚洲的经济更加脆弱，这是因为公司的资金杠杆率太高。当企业的杠杆融资达到自有资本的4到5倍时——这在西方闻所未闻，但在韩国却是家常便饭——萧条加上高利率，很快就会将企业驱逐出市场。

日本问题。世界第二大经济体日本——是一个政府稳定、没有外债、没有通货膨胀的国家——理应成为带动亚洲经济发展的火车头，就像美国对于墨西哥那样。然而结果却恰恰相反，日本成了亚洲问题中的一个重大组成部分。

由于上述因素的存在，再加上我们可能还没能意识到的其他问题，去年的形势糟糕得令人难以想象。去年那种疯狂的货币震动已经趋缓，逐渐稳定的态势已经足以使一些亚洲国家政府尝试着降低利率，但是对于要让经济走出衰退这个目标而言，这一利率水平仍然太高。与此同时，在高利率和经济衰退的双重打击下，甚至那些有良好管理架构的公司也被逼到濒于破产的境地。

如果是这样的话，A计划还能有什么作为呢？韩国和泰国正在按照美国解决存贷机构危机的方式进行银行重组。这肯定没错——但这是否有助于推动经济短期复苏尚属未知（除非能够恢复信心）。无论如何，鉴于他们已深深陷入萧条的经济，所以目前银行的改革目标并不确定：当你读到这里时，优质贷款也正在变成坏账。此外，A计划似乎已经退化成为一种等待：买下时间然后期盼着天上掉馅饼。

也许会有这样的好事发生。也许日本的新首相会提出一个令全世界吃惊的庞大经济刺激计划，不仅会推动日本经济而且会促使整个亚洲走出萧条。也许投资者的情绪会有一个自发的转变，从而引导资金从国际股市流入亚洲市场。也许——也许已经到了认真考虑B计划的时候了。

B计划是什么？

“硬货币论者”对于亚洲困境的反应出乎意料的平静，只是偶尔声称如果采纳他们的建议就不会出现任何问题。但是对于现在应该做什么却没有给出任何建议。“软货币论者”则总是在展望未来：正如其一贯的看法，他们坚持认为亚洲国家必须降低利率，以便有机会复苏。他们可能是正确的，但问题是对下调利率的反对依然存在。恰如斯坦利·费希尔最近说的那样：“如果说理智的人相信只要利率短期内不提高，我们就可能控制住货币贬值的局面，我对这种说法不敢苟同。”6月下旬，罗伯特·鲁宾造访亚洲，敦促这些国家坚持从紧的货币政策。他可能是在担心如果不这样做，整个地区的货币都将再次进入自由落体状态。

简而言之，亚洲陷入了困境：亚洲的经济正在水深火热中挣扎，但任何为了度过灾难的措施却又可能激起新一波的资本外逃，并使危机恶化。实际上，亚洲地区的经济政策受制于已是惊弓之鸟的投资者。有没有出路呢？是的，有，但几乎没有人敢提出来，因为这个答案既不时髦，名声也不好。这个难以启齿的词就是“外汇管制”。

外汇管制通常是那些发生国际收支危机的国家的标准策略。各国的具体做法不尽相同，但还是有一些相似之处：出口商必须按照官方汇率把赚取的外汇卖给政府；而对外支付所需外汇也按同样的汇率出售，基本上用于进口和偿还债务。一些国家禁止其他的外汇交易，另一些国家则实行双轨制。无论哪种方式，制度一旦确定下来，政府就无须担心由利率下降引起的货币贬值。也许非官方汇率会下降，但这不会影响进口价格或者公司和银行的收支平衡表。

如果你觉得这很好理解，那就对了。外汇管制在实践中产生了很多弊端。除了繁琐的文字工作和官僚主义外，还有其他一些令人诟病之处：出口商会产生隐瞒他们的外汇收入和虚报进口凭证的动机。每个试图延长外汇管制的国家最后都会发现，这种制度导致的市场扭曲逐渐严重到让人无法容忍的地步，以至于经济学家们一致认为外汇管制弊大于利。

但是亚洲正在发生着灾难，于是问题变为：外汇管制相对于什么而言是不好的。面对1982年的债务危机，墨西哥实行了外汇管制，然后紧随而来的就是长达5年的经济停滞。然而，当GDP已经下降了5%、10%，甚至是20%时，相对而言停滞就成为一种巨大的改善了。让我们将视线投向现在的中国：与中国的裙带关系相比，泰国仿佛就像是瑞士，而苏哈托的儿子在中国的银行面前俨然成了J·P·摩根。但中国为什么没有像他们的邻国那样受到沉重的打击呢？原因就在于虽然中国在这次货币危机中也在努力保持汇率稳定，但无须提高利率。而中国之所以能够这样做，是因为其规定了货币不能自由兑换，也就是实行了外汇管制。尽管存在着逃避管制的许多漏洞，而且也会滋生腐败，但这种管制毕竟给了中国考虑经济决策时极大的灵活性，而这是其他亚洲国家求之不得的。

简而言之，B计划需要暂时放弃试图恢复国际投资者信心的努力，并且强制性地切断国内利率与外汇汇率之间的联系。亚洲国家要想获得恢复经济所需的决策自由度是要付出一定代价的，但是考虑到衰退的日趋严重，这种代价就显得越来越值得了。

你无须赞成现在是执行B计划时刻的观点——甚至不认为应该执行——只要承认这种做法至少比纯粹的等待观望来得要好就够了。但问题是现在几乎没有人愿意谈论这一点，IMF也不例外，这又如何开始呢？

并非密谋的沉默

国际货币基金组织和美国财政部对目前的亚洲应该何去何从没有提出任何看法，这并不奇怪。关键因素既不是愚蠢，也不是教条主义在作祟，而是政治上的原因：不管开出怎样拙劣的处方，他们都要表现得信心十足，这一点毋庸置疑。不仅如此，只要稍有关于资本管制的暗示，都会诱发资本流动，

同时还要促使亚洲国家提高利率而非降低。简言之，B计划就如同一个

货币贬值过程：在正式实施之前，官方总是会坚定地否认任何有关该计划存在的说法。

不仅是官方习惯三缄其口，任何与计划有关的一方都是如此，如银行家、大型机构投资者等等。甚至对那些并不参与政策制定而仅仅是对政策制定者以及他们的两难处境抱有同情心的人来说，都会有一些自己强加的精神压力。例如，想想那些对费希尔和萨默尔非常了解，且希望他们早日摆脱困境、理解他们为何首先想到A计划的经济学教授及一些媒体人士的感受吧。可以想象得到，他们会非常不情愿在公开场合提出自己的反对意见——在杂志上撰文指出现在应该实施B计划——除非他们很肯定地认为A计划最后必将失败。

奇怪的是，不管是西方对国际货币基金组织的批评还是亚洲自己的看法，都找不到关于如何在确保货币不大幅贬值的情况下削减利率问题上的任何说法。当然，有些人还是很聪明的，短期外汇管制可能会管用的想法一定被他们偶然想到过，但他们为什么不说出来呢？在我看来，主要的顾虑在于害怕被认为这种做法是一种推销。建议调低利率当然没问题，但如果考虑到名声不好的外汇管制，那就算了。所以现在就只能强调积极的一面，同时还要表示出对随后不令人愉快的结果的担忧。

对于亚洲自己来说，运气的逆转太剧烈了，以至于短期内根本无法承受。让那些仅仅一年前还拥有光明前景的国家调回政策的时钟，去采取拉丁美洲在20世纪80年代曾经采取过的紧急措施，这对他们无疑是一种羞辱，难以接受。

你能真去责备他们吗？假如亚洲国家实行了外汇管制，他们就必然面临另一种困境：吸引外资流入的机会完全消失了，金融市场可能再次发生动荡。但是，这种损失虽然很痛苦，但只是暂时的。随着利率的降低，本国经济最终会复苏，市场的信心也会得到恢复（对于不动产更是如此），然后令人生厌的外汇管制就能停止了——这是可以期待的。

但是如果亚洲不尽快采取行动，我们就会看到真正的萧条——60年前的大萧条将会重演：社会动荡、政局不稳，并最终导致战争的爆发。重病还需猛药来治，现在是该考虑B计划的时候了。

对罗布 · 约翰逊的采访

{来自PBS电视台《前线》[①]系列报道《危机》，1999年春}

罗布 · 约翰逊在1992~1995年期间为乔治 · 索罗斯量子基金工作，是其首席投资经理，1996年离职。（采访进行于1999年春天）

你能说说汇率到底有多重要吗？

好的。汇率本质上是你在两个经济体之间进行货物贸易时所采用的价格……其通过种种途径影响到你的生活。人们在世界的各个角落从事生产活动，收获一份以本国货币标价的薪水，但这种以本币衡量的薪水如何进行比较呢？这就需要将本国货币换算成其他货币，即用到汇率，比如印度尼西亚卢比与美元。举例来说，危机前卢比与美元的汇率是2 000 : 1，这样你就对薪水在不同的劳动力市场之间的差异有了大概的认识。

似乎市场本身就是宗教图腾，美国就是个例子，人们总是认为美国股市非常、非常有价值，是你资金的最佳去处，而自由的市场简直就是个天堂。当卢比与美元的汇率变为16 000 : 1时，任何给定质量类型的劳动力成本在两个国家之间的相对值就会发生变化，继而使雇主的雇用目标从劳动力价格高的地区转向价格相对较低的区域，或者采取裁员和降低薪水的措施。所以，全球范围内就业的竞争，从某种意义上讲是在国内劳动力市场产生一个平均价，然后通过汇率转换形成可以比较的基础。

如果卢比与美元的汇率是2 000 : 1，投资者会有何举动？当卢比开始贬

① 《前线》作为“广播纪录片的最后一个最美好的希望”开始于1983年，以全面而迷人的方式展现人类经历的复杂故事。《前线》报道各种各样的论题，比如阿布格莱布监狱和辛普森案件。

值时又会出现什么问题？

是这样，投资者在做决定时汇率因素是必不可少的一个部分。当汇率上升时买进一项外国资产是划算的。比如说几年以前，我认识的一个家伙在新西兰购买了一片商用树林，理由仅仅是他认为新西兰元相对美元会升值20%，以及商用树林不会亏损等等。处于上升通道的货币意味着你买的树木在买入之后将会升值。

所以，如果你到一个国家投资……突然听到传闻说这个国家的货币将会贬值，接下来会发生什么？

首先大多数发展中国家采用的是类似于单一盯住美元或盯住一篮子货币的汇率制度，这会产生一种货币不会贬值的信心，继而起到鼓励资本流入的作用。

在一段投资大量涌入的长期稳定后出现贬值的谣言时人们的心里会或多或少产生担忧的情绪。对于谣言来说，如果大家都不信，那也就不会有任何影响。但通常情况是，当你产生疑问时，市场内实际上已经谣言满天飞了，这就会出现恐慌。此时你心里的第一个想法就是别人也在担心，所以即使自己认为不会贬值，如果大多数人开始逃离，那么结果就是流言的自我实现。

第二个影响则是国内利率将急剧上升，因为大量已经流入的（如泰国和韩国）短期游资在贬值预期的作用之下会外逃。基本上市场所做的事就是借入本币，在外汇市场兑换后到其他国家进行抵补。不幸的是利率的上扬通常会破坏经济结构。

为什么？

经济会萧条：高利率使得营运资金的使用成本上升，使大量公司面临压力，并造成长期消费能力下降等等。很多时候，当经济停滞不前时投资者和投机者会说："现在经济不景气，需要降低汇率来扩大出口，摆脱困境。"但如果这种想法越来越肯定，货币就会持续走弱，这意味着利率将持续上升，货币贬值就进入自我实现状态。

聪明的商人能够先于其他人领会到吗？

聪明的商人和投资者可能已经在寻找经济所谓的弱点，他们会想："经济现在处于狮子的咽喉吗？"这里的狮子指的是我们刚刚讨论过的那个经济下滑过程。如果感觉是这样，他们就会抽走投资，或者说是消减长期头寸。

或者，他们也可以做空头交易。现在做空是要付出成本的，原因是，例如在泰国，如果人们感到恐慌，利率可能是40%~50%。所以如果假设你在50%时借入，在美国以5%贷出，而等待一年货币却没有贬值时，仅仅因为利率差你就会损失45%的资金。

谁会以40%借入，以5%贷出？

任何做空的人……

你下的注是什么？

我打赌泰铢将会相对美元贬值到它曾经盯住的水平，并且我实际上会借入泰铢，然后在外汇市场卖出，同时买进美元存到银行。外汇交易之前的借入有一个利率，交易后存到银行时又会产生一个利率。如果你在交易后坐等一年，借入泰铢时的借款利率是50%，在美国银行的存款利率是5%，在汇率不发生波动的情况下，损失将达到45%。

但如果持有呢？

……我们来看看这种情况，如果你持有达到一年，你会净流出45%，然后就是你在其他方面获得的一切。但作为一个优秀的投机者，技巧就在于不会用整整一年的时间来吐出这45%，而是在72个小时内。这正如在事态恶化前以火车的速度赶去轧平头寸，也就是说你得将美国银行里的钱取出来，到外汇市场中买回泰铢，偿还你欠下的债务。

所以你还债的原因在于货币贬值，你已经采取了什么行动？

是的。如果在我卖出的时候泰铢的汇率是24，买回时为40，这样一个来回我就赚得16铢，弥补了利率的损失。

所以那就是所谓的……卖空货币。

卖空货币然后再补空，以收回头寸。这种动机始于人们对汇率脆弱性的认识。那些对泰铢做多或其投资存在泰铢外汇敞口的人对潜在的风险很警觉，他们常用的策略就是所谓的汇率套期保值。这等同于一个投机者在交易中卖空，但卖空对象的条件是已经看多，或者等同于清空头寸。假如拥有一家泰国的制鞋厂，你可以将工厂卖掉，但同时还要做一件事，即卖空泰铢以保证自己逃脱货币波动的风险直到继续经营自己的企业。

投机者满脑子塞的都是诸如交易、压力一类的词汇，整天都在担心利率是否会自我实现般的暴涨，但他们也会关注一件事情：由于美元利率是5%，而同时泰铢利率是12%，这时泰国银行会借入美元吗？这样的话银行就在进行自救逃离了。一旦他们感到恐慌，就会急于去轧平自己的头寸。所以，很多时候站在投机者角度看到的东西首先就是这个国家金融市场的融资结构吗？公司和金融机构会进行大量的海外借款吗？……如果答案是有很多国内机构在海外融资贷给国内的金融企业，那么他们就会变得不安起来，并卖空泰铢以填平敞口、偿还外债等。

人们会关心融资结构的变化，会研究宏观经济基础：这个国家是否正处于政策制定的两难选择局面，为了保卫货币是否计划提高利率？如果利率上升破坏了经济结构，国家很有可能会放弃维持货币制度的努力，很有可能降低利率并让货币贬值。

投机者会仔细搜寻蛛丝马迹，这不是指他制造了问题，而是去确定这种问题没有包含人为因素，确定这是个会自然发生的过程。我感觉大多数的投机风险是被很多投机者自己迅速推动的，因为他们看见了就会去预测，并尽早去采取行动，这一切都加大了利率的压力，使局面一发不可收拾。但问题的原因却不在他们身上，因为他们的作用只是在数月之后才体现出来。

但他们确实起作用了，推动了市场的恐慌，这是有证据的，现在已经不是政府采取温和措施或仅仅提出指导性意见的时候了。

我想这里面有一些真相。大多数国家实际上都在对外汇市场进行所谓的政府干预，时常利用外汇储备将汇率水平维持在一个可接受的波动范围内。但许多采用浮动汇率制的国家，像美国和日本，更多的是关心汇率变动的猛烈程度，而不是波动范围，所以他们干预的目的在于减慢波动速度、暂停外汇交易，或者让波动更有秩序。实际上，资本市场的规模和其蕴含的力量已经超出了中央银行的外汇储备和调节工具所能承受的范围。对于官方任何试图抹平波动、放慢变动速度的尝试，资本市场都足以在第一时间将之吞噬得干干净净。

在你从事交易工作时你的生活怎样——每个小时、每分钟，能谈谈吗?

那就谈一点点吧。从成为投资经理、进入状态时开始，你就得盯着数据，还有选举时间表、政治上谁更强谁比较弱、政策变化时潜力如何、政府部长的讲话以及其前后的关联等等。全世界的信息都汇集在一起，让你不堪重负。

这些信息持续不断地进入你的脑子里，但你必须学会如何评估各种可能性，探寻税收制度、汇率政策的变化，诸如此类。当然关键点是你每天都得盯紧价格的变化。对于世界各个角落发生的事，价格既可能否定又可能肯定你的判断。很多时候，我并不是根据报纸上的内容，或者从政府部长嘴里获得的信息来判断，而是研究价格的波动规律。我懂得自己无须知道太多。

作为一个交易人，整个生活始终处于不确定的状态之中。因为你得时刻保持警惕，价格变化意味着一定发生了一些你不知道而别人知道的事，这个时候就必须马上冲到电话旁与相关人士通话，或通过电邮及其他能想到的方式进行联系，找出价格发生变化的原因。

另外，你需要注意的不是政策格局的变化，而是其他人的状况。现在人们还对国际股市抱有持续的热情吗？当然你知道会是这样的，因为很多人都在里面。如果你认为不会再有任何利多的消息，怎么说呢，人们所持有的头寸就在股市中越积越多，只要有利空的消息传来，股市就会急剧下跌。

所以在某种意义上你得尽力去理解他人在作出反应时的心理以及他们持

有头寸的类型，当投资组合总量变化时资产价格总值也在变化之中。你必须学会如何从我们所处的世界筛选出真实有效的信息，这并不仅仅是在动荡的政局和不断循环的商业周期中确定下一步要干什么的问题，同时还要懂得其他人在这种情况下会如何采取行动。

约翰·梅纳德·凯恩斯有过类似的描述，他说：“这就像是一场选美比赛，你不是在10个最美丽的姑娘中投票，而是应该考虑其他人会选哪位姑娘，进而预测谁会赢得比赛……”这时候你要做的事应该是与其他投资者交谈，看看他们对报纸上的消息如何反应，什么事会令他们恐惧、什么事会让他们感到有所触动，以及他们的预测是什么。

另一件会让你头昏脑涨的事就是掌管一个由你负责的投资组合，为此你必须尽心竭力，甚至梦里都会在思考什么因素会有利于你的投资，而又应该作何反应。对于突发事件——这里称之为风险管理，如果突发事件真的发生了，我应该如何作出反应？或者说，对这种可能发生的又可能危害我的利益的事情来说，我又能作出哪些应对预案呢？周六我与朋友们一起坐在池塘边，但有时他们经常感觉不到我的存在，因为那时我的思想经常游离于现实世界之外。这种思考很抽象，但都是试图让自己冷静下来的思考，我可以仔细想想接下来会发生什么。

你曾经跟我说过索罗斯有一种感觉或者说是嗅觉，认为以后的政局将会动荡不安……

是的，我的观点是资产价值与政局是一个紧密联系的整体。可以讲，总体上来看，一个合法的政府及其信誉以及其制定的规则完全能够影响到货币的价值、债券和资产市场，如果你感觉企业税收政策可能有大的变化，那么股市就会受到影响。所以政府对市场预期的作用很关键。像索罗斯在他的文章里谈到过他童年时期如何在匈牙利逃脱纳粹的迫害，而他对政局的动荡是这样理解的：政府力量的日积月累会产生一种压力，这种压力将会带来混乱，就如同给自己一根占卜棒，然后用它来确定资产的价格何时会发生大的变化。我不认为所有人都有类似于索罗斯的那种感知能力。

但如果有人像索罗斯那样开始对某一货币采取行动，那就不再是个秘密了，对吧？

是的，在金融市场中这种现象很正常。一般的逻辑是这样，“我知道自己不够聪明，但我知道索罗斯可以，所以对于我来说只要观察并追随索罗斯的脚步就足够了”。他们从索罗斯的行动中寻找线索，推测索罗斯的思想脉络。我早就说过要从价格变化中探寻事物的本源，人们知道索罗斯的公司拥有异乎寻常的信息收集和解释处理能力，鉴于其过往的优秀业绩，大家就很自然地会从索罗斯的行为去了解变化的内容。现在你可以参考索罗斯或其他基金的成功经验，当然也包括失败，因为毕竟没人能够百战百胜。

另外我不认为这仅仅是规模问题，索罗斯旗下管理着150亿到200亿美元的资产，从目前的情况来看这种实力很惊人，但相比而言更惊人的是索罗斯的智慧。换句话说，如果让我来选择谁更适合仿效，我一定会选更聪明的而不是单纯有实力的，怎么说呢，毕竟你得从未知的事情中找到问题的关键。

如果索罗斯或者他旗下的一只基金在决定买进一种货币的同时也清仓一种货币，这又代表什么呢……

让我们谈谈索罗斯的公司或其他有类似声誉的公司，如老虎基金（Tiger Fund）或摩尔资本管理集团（Moore Capital Management）。一旦他们的交易开始，你在屏幕上看到的仅仅是价格的变化，而根本没有显示出是谁在抛售。但当他们买进或者卖出唯视（vis-à-vis ）股票的时候，这些交易商或者经纪人都可以知道。这些交易商或者经纪人也拥有自己的交易权，他们可以跟着索罗斯基金或者老虎基金选择买进还是卖出。他们也可以拥有其他的一些客户，这些客户选择与他们交易，是因为这些客户觉得这些家伙了解索罗斯基金是怎么操作的。

所以这有点像将耳朵贴在地面上打听消息，总是尽力去弄清楚索罗斯在干什么的人对索罗斯的交易对象很感兴趣，他们会跑去找那些经纪人，允诺一大笔订单，而且可能会让他们“偷听”一下并获得一次交易的提示——并非每时每刻——而仅仅是一次的交易提示。

但索罗斯和其他一些拥有好名声的基金同样懂得这些做法，也就是说如果你准备做多1 000万美元，但又知道某人是个大喇叭，那么就会跟他说你想卖空5亿美元，然后这个消息自然就被传播了出去，所有人都认为你在卖，而你实际上是在不露声色地买进。

你曾说过这种情况就如同“电子游戏”，让我们就此来谈谈吧。

是这样。我之所以将之类比为一场电子游戏，是因为人们正在盯着的电子屏幕与我自己孩子玩的任天堂、世嘉、宠物小精灵或其他流行的游戏其实是相似的：都有一个电子屏幕。从某种层面上讲电子游戏属于一种虚拟现实，你用你的想象参与其中，但本质上并没有脱离现实的体验，比如工作、收获以及其他类似的事情。你通过屏幕看到的是经过筛选的精华，而你所有的努力都是在忽略实体经济的情况下并试图借助电子手段来解释经济现象，这正如坐在空调房里操控游戏。

当然我的话有点开玩笑的意思了，毕竟我儿子睡觉前在卧室里玩的游戏还是不同于国际投机者玩的东西，后者通过利率、汇率、资产价格和商品价格的作用对人们的福祉产生着更为深远的影响。

……当时我说过我一直希望能够适当让人们产生一丝丝的愤怒，因为整个社会的氛围是如此的麻木，到处都表现出无动于衷，这样当你在与这些国家、各种各样的信息以及所有其他的事物打交道时就会感觉如同经历了一次巨大的精神炼狱，或者说一个大型的游戏。

但从另一个方面来看这又不是游戏，因为现实世界中正在发生的一切价格波动，以及投资者、生活压力和人们的福祉之间的矛盾所产生的后果与游戏比起来更加复杂，也更加重要。我与儿子一块玩的“table 64”游戏不会对社会产生不利的影响，而当你涉及大规模的投机买卖时，这种影响是非常真实的。

这有点像在谈论一场虚幻的象棋比赛，我们中的大多数人其实并不懂得怎么落子。

是的，这有些道理，流行于投资世界中的理论思维有时候能通过你在金融媒体上看到的评论辨别出来，但我不认为在投资者设定价格的方式与事后的真实结局之间有一定的联系。就业、商品的买卖、国家经济的繁荣与衰落，所有与之相关的价格体系的建立是设定出来的，这与真实世界的境况并不一致。

金融与经济：曲线救国还是背道而驰

{《经济学人》，1998 年 8 月 22 日}

至少从一个方面来讲，俄罗斯经济的管理者曾经选择的是一条比较稳妥的道路，稳定可自由兑换的卢布降低了俄罗斯的通胀率，使其股市和债券对外国投资者的吸引力大大增加。现在，由于卢布贬值了 34%，因而迫使借贷者开始拖欠短期债务，资本账户的偿付能力也被削弱，所以本周俄罗斯政府在一个晚上就丧失了以前的所有成果。然而这种指导方向上的巨变是否能够将处于麻烦之中的经济带回到正确的轨道，现在还是个未知数。

最直接的威胁——在周一卢布贬值前逐步积累起来的货币市场恐慌——已经在慢慢消退，这部分是由于不确定性，还有部分原因是买卖比率之间众所周知的高达 50%的巨大差价，大多数持有卢布存款的俄罗斯人决定不兑成美元。8 月 20 日的汇率是 7.9 卢布兑换 1 美元——仅排在一周前汇率下降的第 5 位。

更大的潜在危险涉及俄罗斯的 1 600 家银行，他们的主要资产，短期政府债券在一夜之间逆转，使得他们几乎都可能破产。面对柜台人员在告诉他们“今天现金已经用罄”时的粗暴，或者武断限制提取额的状况，至今储户们还保持着平静。这种对俄罗斯金融零售行业一贯糟糕的服务标准的耐心，反映了消费者对未来的期望，但这不大可能维持很久了。

就普通俄罗斯民众而言，真正关心的其实就是一家银行：俄罗斯联邦储蓄银行（Sberbank），其吸引了超过80%的俄罗斯家庭储蓄，这些储蓄主要投资在政府债券领域。管理人员坚持说短期政府债券只占银行总资产的1/4，但他们拒绝透露剩下3/4资产的组成结构。如果联邦储蓄银行的储户要提现，如果银行无法提供足够的流动性，政府的麻烦就大了。

私有银行所面临的形势截然不同，由于它们的业务更多是由货币投机和债券投机组成，而不是贷款和吸收存款，所以大多数应该受到惩罚，它们将无声无息的消失。从经济层面上讲，政府应该说服股东承担损失，而仅将干预的目标放在保护小储户的利益上。但所有重要银行背后都站着强有力的商界大亨，他们都在热切期盼着国家能为自己昂贵的冒险买单。只有拥有更强背景的银行才能获得中央银行的担保，没有背景的小银行极有可能破产。不过8月20日中央银行宣布将为所有的个人储蓄提供担保。

商业银行已经获准查阅他们在中央银行的存款准备金情况，这几乎等于是在印钞票保释他们。第二道防火墙则是中央银行150亿美元的强势货币准备金，这些资金大部分都来源于西方纳税人，其中的一些现在已经交给了经过挑选的银行。

即使政府正在试图弥补过去错误的冒险、尽力维持储户的信心，并且极力避免大规模提高货币发行量，但俄罗斯银行业的信用等级仍在下滑，冬天仍将持续。对私人资本账户交易的最新限制说明他们暂时无力向外国债权人偿付。但他们的投资去向何方？精通贷款技巧的人微乎其微（他们糟糕的历史贷款即可证明），大多数人除了债券市场以外一无所知。

过去的日子里，产生的第二大损失则是外国投资者的信心丧失。最坏的情况（政府债券的外国持有者遭到不公平的歧视）得以避免（至少是推迟了），这要归功于国际货币基金组织疯狂的游说，他们威胁说如果不一视同仁，就将取消第二批提供给俄罗斯的援救贷款。债务重组的细节将在本月24日公布。

外国投资者正在艰难的谈判。瑞士信贷第一波士顿银行（CS First Boston）在8月18日警告说："投资者情绪以及对俄罗斯未来改革的支持意愿正在受到巨大而持续的伤害。"但这样充满痛苦的呐喊并不能起到作用，最近几个月卢布债券市场对高风险提供了高回报，这是一场仅限成年人参加的危险游戏。其他拖欠债务的国家已经发现外国投资者在很快撤出。

不管怎么说，俄罗斯并非游离于国际金融体系之外，而且一直在为其债务支付利息——以美元计数。国际货币基金组织上个月提供的226亿美元救援贷款暂时没有取消（尽管世界银行延迟了4亿美元本应在1月提供的对俄罗斯财政的援助，对此，世界银行迄今未作出解释，而在此之前允诺的借款是9亿美元）。

俄罗斯政府出人意料的行为伤害的第三个对象就是俄罗斯的经济，这本来应该能够扛过去的。在增加制造业工作机会方面，卢布的贬值并没有起到很大的作用，这是由于俄罗斯制造业出口量本来就很小——主要是笨重的汽车、伏特加和军火——这些产品对价格的变化并不敏感。大多数的俄罗斯出口商品是以美元标价的，不会从卢布的贬值中得到好处。另一方面，虽然进口商品变得更加昂贵，但那些喜欢法国化妆品和德国汽车的财力雄厚的消费者并不会因此改而青睐俄罗斯商品。

俄罗斯高达三位数的利率水平将企业的资金吸引到债券市场，使之远离了供应商和劳动力市场，如果能结束这种局面，那对经济来说将是个更大的利好。但这又会被一种新的流动性紧缩所抵消——对远期外汇合同90天的冻结将迫使企业忙于寻求硬通货来支付给他们的海外供货商。俄罗斯的劳动者将不得不准备比以前更多的卢布来购买公寓（这是以美元来标价的）和外国商品，但他们不大可能注意到这些成本是可以得到补偿的，比如新的工作机会、较高的薪水，尤其薪水是用现金支付，而不是实物。

所以人们（除了经济大亨们）是否能够从这次一揽子新的金融计划中获得好处是不确定的。虽然政府可以现在要求获得财政盈余（这很容易做到，推迟债务支付即可），但他们必须解决一些基本问题，如税收、加强财产权和契约保护，以及向工人和退休人员支付他们应得数量的金钱。即使在目前危机环境下，俄罗斯杜马中的反对派也不愿意与政府同舟共济渡过难关，那些被延期的债务迟早是要支付的，到那时俄罗斯将会发现自己仍将处于现在同样的境地：资金短缺、告借无门。

推动俄罗斯体系

迈克尔·刘易斯
彭博新闻社，1998年8月19日

一般来说全球金融系统几乎不值得去关注。理论上说，亿万个微不足道的决定促成的事情中总会存在着一个伟大的事件并使得全世界的资本快速流动，这往往会导致几家欢乐几家愁。但不知为何，人类这些最基本的激情聚少成多后却变得无趣甚至毫无意义。然而，有些时候在受到密切关注的全球金融系统内部也会发生一些具有戏剧性的特殊事件。

在过去的几天里，俄罗斯就发生了这样一件事。

那是不久之前的事情，在当时的全球金融报道中俄罗斯似乎做得相当出色，即使没有捷克共和国那么成功，但也远不像韩国那么糟糕。直到最近，也就是上周三，政治家们还假装俄罗斯的一切都朝着正确的方向前进。国际货币基金组织已经安排了226亿美元的援助贷款，俄罗斯的金融信心因此得以重筑。美国财政部当然没有表现出丝毫担忧，罗伯特·罗宾那危言耸听的新闻稿也主要指向亚洲。尽管俄罗斯的市场已经出现了一些骚动，但总统鲍里斯·叶利钦却仍在度假。

在接下来的那个星期四，慈善家乔治·索罗斯给伦敦的《金融时报》发出了一封信。他在信中写道："俄罗斯金融市场的危机已经到达了最后阶段，需要采取果断的行动……不幸的是，国际金融界的权威并没有充分意识到情况的紧急程度。"

索罗斯用短短的几段话严厉批评了国际货币基金组织的援助计划和世界政治阶层对于俄罗斯经济错误的信赖。他认为国际货币基金组织紧缩银根和财政约束的目标与帮助俄罗斯金融系统摆脱困境的直接需求准确地说是相互冲突的。他要求俄方将货币贬值15%至25%，然后让卢布盯住美元。但是关于所需的货币量，索罗斯写道，"七国集团（最发达的工业国家们）需要再追加提供 150 亿美元。

如果是处在另外一个时代这种信件恐怕会被人嘲笑。一位美国公民致信给伦敦的一家报社，要求一个大国进行改革而其他七个国家提供上百亿美元进行援助。是的，但这并不是另外一个时代。这个时代的政府官员们所操纵的杠杆不再影响社会机器的运转。与能够获取并把握彭博世界关注导向的势力相比，政府机构对于金融系统来说没有前者那么重要。大约数十万的商人、银行家、投资者和分析师加入了彭博终端。在那里，政府机构看上去处于劣势。

让我们继续往下看。

在平常的日子里，可以帮助交易者们收集关于俄罗斯新闻的彭博门户网站的点击率大约是 20 000 次；乔治 · 索罗斯发表的信件当天的点击率达到了 49 000 次。关于乔治 · 索罗斯的信息点击率一般是每天 140 次。但在周四被点击了 1 301 次，1 301 个金融界人士想知道关于乔治 · 索罗斯的信息，其中许多人并不怀疑自己关于俄罗斯的看法。在同一天索罗斯的话通过彭博世界快速扩散开来：出席临时会议的华尔街分析师们呼吁提出新的内容，关于俄罗斯更为悲观的消息出现了。就在那个周四，卢布下跌。

星期五，官方权威不可避免地作出回应。"我确定并清楚地说过，" 鲍里斯 · 叶利钦在他的度假胜地说道，"不会出现货币贬值，所有的问题都已经解决。"彭博世界仍然按兵不动，根据彭博内部的数据判断，叶利钦的话并不可信。在同一天，比尔 · 克林顿中断他对于"性"这个词的思考（克林顿性丑闻）与叶利钦通话。内容可能是表示其对于俄罗斯改革的信心。同样，彭博世界并没有表示关注。

星期一，乔治 · 索罗斯一语成谶：俄罗斯中央银行宣布卢布贬值。从前卢布对美元比价固定在 6.2∶1 左右较小的幅度内，而现在卢布比价被允许在 6.0 至 9.5 之间浮动。鲍里斯 · 叶利钦中断休假回到莫斯科。罗伯特 · 罗宾最终利用一篇新闻稿跳出来宣称他赞同卢布的贬值，这场危机已经过去。但这仅仅是人造的、官方的对于危机的结论。当索罗斯于星期一下午出现在莫斯科电台时，他发布了他给出的非官方却更为可信的说法 。他提出俄罗斯"为自己争取到了一些时间，政府已经在阻止经济的崩溃"。

有趣的是，大多数民众对认为官方可以控制的事件作出的回应内容并不太在意。这并不是彭博世界对于比尔·克林顿或者鲍里斯·叶利钦没有兴趣，当关于克林顿性关系或叶利钦酗酒的新闻闪现的时候，商人们会立即贴到屏幕面前，但他们对比尔·克林顿和鲍里斯·叶利钦对于卢布或者其他金融事件的看法没有兴趣。在金融方面，他们更倾向于听从乔治·索罗斯的意见。想一想吧！如果美国总统希望操纵世界金融局势，更有效的方法是联络索罗斯让他说几句话。

这就是我们所生活的世界。

采访杰弗里·迪·塞克思

{PBS电视台前线系列报道《危机》，1999年春}

塞克思是哈佛大学国际贸易格兰·斯通教授（Galen L. Stone Professor）和哈佛大学国际发展研究所（HIID）主任。他一直作为经济顾问为拉丁美洲、东欧、俄罗斯、亚洲和非洲的国家提供服务。

如果一个国家，例如俄罗斯，不准备参与全球经济和国际竞争，情况会如何？

1991年发生了一件不可思议的事情，苏联顷刻土崩瓦解，这是按照当时苏联人民对变革的要求，建立并健全新世界秩序的绝好机会。但是对俄罗斯来说，真正实现变革是极为困难和复杂的，毕竟，那时的俄罗斯还是个刚刚结束帝国时代的崭新国家，是一个有着千年专制和集权历史，正在尝试驶向民主最初阶段的国家，一个有着高度集中的经济体制却正在初步着手建设市场经济的国家。

所以当时社会经历了大动荡，同时，不管是理论上还是财政上，政府都陷入破产，这正是苏联最后沉沦带来的恶果。当时的俄罗斯急需帮助，需要更巧妙的想法、更多的构思与创新。但他们最终得到的是什么样的帮助呢？是国际货币基金组织派出的一个由七八个人组成的代表团，这些援助者傲慢无比，给出的“建议”就是：“你们有什么好抱怨的？还是收拾自己的烂摊子吧。继续你们的改革，生活总会有出头之日。”

在这种过渡的前两三年，俄罗斯得到了华盛顿的诸多“教诲”，但却并未得到任何实质性的经济援助。当时我是叶利钦总统的经济顾问，不管是公开的还是私底下，我都很清楚并且我已经说过，如果有任何机会，俄罗斯肯定会争取大量的经济援助，但问题是这个机会从来没有降临。而当机会真正降临却已为时过晚，改革派已经被排挤出局。刚开始的几年里，人们对俄罗斯需要帮助这一想法总是嗤之以鼻。

当前，我们动辄给巴西或是其他地区数百亿的资金援助，但在那个年代，不管是我们的社会还是政府——老布什政府抑或是克林顿政府——都普遍认为，给俄罗斯哪怕是极少的资金援助都是一种诅咒，所以没有人想卷入其中。

华盛顿共识时代，即20世纪90年代的部分时期，解释了这种现象的原因。

20世纪80年代末90年代初，华盛顿兴起一种专业共识，当时被叫做全球共识，尽管现在很多人都认为这一共识仍需讨论。但在当时，至少在华盛顿内部，这个共识确定的是各个国家应该怎样从非市场经济转变成为市场经济。

现在人们普遍认为：如果一个国家能使其经济融入世界体系，它一定会受益，获得经济增长。我同意这种基本观点。华盛顿共识列出了10条或者说是12条促进经济发展的步骤，看起来相当的合理，但是它们只是一种建议的简单罗列，而不是一个真正能够使人们向前迈进的蓝图，所以更别指望当你陷入极大困境、急需找到一种好的出路时它能让你迈出一大步。当周围布满地雷陷阱时，简单的罗列该怎么做，简单地告诉人们应该做什么其实不是一种好的战略和战术。

所以一方面，华盛顿共识确实有很多优点，提供了一些合理的、广泛的构思，比如告知国际体系外的国家可以通过什么样的途径融入体系之内。但是另一方面它又代替了真正的思考，在某种意义上是一种咒语，代替了实际援助，因为这一共识认为："你不需要我们，也不需要任何帮助，在你收拾残局的过程中你甚至不必停下稍作思考，你所做的只是要学会忠于我们给出的这些神奇规则，然后逐条照做，最终你就一定会走出困境。"

所以，从这一点上讲，一切都过于简单化。国家货币基金组织和世界银行所采取的措施非常雷同，美国财政部有自己的一套模式，但不幸的是，正因为同样的简单化，所以根本行不通。

唯一的颂歌就是"敞开市场的大门"吗？

华盛顿共识的核心部分就是开放市场，因为对于发展中国家来说，孤立的发展意味着与世界最为先进的技术隔绝，而且由于不向外出口任何商品，所以你也不能从国外进口自己所需的商品。你必须成为世界体系的一部分。

这是华盛顿共识合理的部分当中非常重要的一点，但是怎样才能做到这一点，开放市场究竟是什么意思？是意味着一个国家应该迅速开放银行和企业，让它们在毫无阻力，毫无约束和监管的条件下就能从纽约银行借款吗？极具讽刺意味的是，很多国家正是这样理解的，它们放开金融市场，背负巨额的债务，最终不得不陷入极大的困境。

但是让发展中国家开放金融市场、让资本自由流动确实也是我们的主意。

我们建议发展中国家开放贸易体系，让商品可以自由流动；建议开放金融市场，让自己可以向这些国家放贷，投资他们的股份；建议他们的经济向自己的长期直接投资敞开大门，让美国的公司可以直接在海外投资建厂；我们还要强调其他国家要保护我们的想法，因为这些想法采取了知识产权的形式，能够给我们的经济创新以专利保护。

这些措施，我需要再次说明，也同样有诸多合理之处。但具体怎样操作却很关键。就像你不会在尚未见到病人之前就贸然开出万能会诊单一样，你也不会相信这个世界有包治百病的灵丹妙药，医治全球经济的真谛在于不仅掌握大的原则，也要了解具体细节，了解具体情况，同时认识到一个经济体的运行需要的是无微不至的细心，而不是所谓的硬性标准。

所谓的热钱……

依靠热钱而不是国外援助在短期内也许奏效，因为这样美国国会和政府就不需要去艰辛地游说美国人在某些地方施以援手，因为有了大量热钱作为资金，银行自然就能提供援助。但是过去两三年以来，我们真的十分后悔这种做法。银行向外大把的撒钱，导致经济崩溃，我们的外交和经济目标无法如愿完成。当然，遭受最大损失的还是那些购买他们金融产品的不发达国家和穷人。

今天的局面是谁的责任？

就像很多事物的发展一样，新技术和新观念也是全球化深入发展的重要推动力。深入推动力的背后一定有深层次因素，而将这些深层因素糅合到日常操作中的正是美国财政部、国际货币基金组织和世界银行，当然了，投行也是他们中的一分子。

这些糅合使得新兴国家十分脆弱。

如果一个国家开放贸易，通常就能从中获益。因为贸易开放可以使他们更多地销售本国商品，从而使进口能力变得更强。这样的贸易体系是一种双向受益的体系。而如果一个国家开放金融市场，它就可能吸引大量热钱。当我们的银行愿意向这个国家的银行提供短期借贷时，这个国家就有可能面临危险，因为不管出于什么原因，当我们的银行收回自己的钱时，就可能会引发一个由国际信贷做支撑的经济体的崩溃。

20 世纪 90 年代早期，很多发展中国家向国际资本敞开了大门，但却并未提供有效的管理环境，也不清楚自己在面对来自伦敦、纽约或者其他资本中心带来的混乱狂潮时有多么的脆弱，这些国家借了大量的短期外债用于投资收益好的长期项目，但这些项目通常需要很长的生产周期才能盈利偿还贷债款，5 年、10 年甚至是 20 年。

如果背负大量短期债务，这意味着……

如果借有短期贷款，那就意味着你需要在很短的周期内偿还它们。一般说来短期借贷的偿还期是一年，但期限为一个月到三个月的也很常见。

现在假设一个国家对外借了大量的债务，而且这笔债务的偿还期非常短，一旦债权人陷入困境，他们同时又被要求还贷，那么这个经济体不可避免将会崩溃，因为它无法在很短的时间内筹措到数量如此巨大的资金。

这也正是 1997 年亚洲金融危机波涛汹涌的缘由……

20 世纪 90 年代的时候，亚洲有一些原本依靠自己的存款运行得很成功的经济体，后来他们决定向国际资本开放金融市场。一些国家开始做得相当不错，后来决定放大借贷额，希望能做得更好，所以保持每年以占国内工资总额几个百分点的额度持续借贷，亚洲的印度尼西亚、韩国、马来西亚、菲律宾和泰国最终借了 1 750 亿美元的短期外债，而债权人却可以很快将这庞大的 1 750 亿美元抽走。

在 1997 年中期，这些债权人——主要是国际上的一些银行——开始担心亚洲的局势，银行间相互猜忌，不知道对方会采取什么样的措施，每一家都认为对手会抢先一步提款，后来他们又意识到这些国家的到期短期债务占到了其美元资产总量的 75%以上，于是恐慌四起，每一家银行都会说："我们不知道这个国家的长期发展会是怎么样，也不关心这个，我们要的就是立即抽回我们的资金。"

于是顷刻之间，亚洲遭挤兑，也就是说债权人要以最快的速度抽调资金。然而亚洲这些国家一时拿不出那么多钱，只好违约。于是引发各国货币大幅贬值，银行利率飙升，生产资本蒸发，生产陷入停滞，整个地区的经济陷入瘫痪。

糟糕的是，此次危机与国际货币基金组织本身的煽风点火也分不开。国际货币基金组织干预这场危机是采取一种煽动的策略，比如它坚称应该关闭这一地区的几十家大银行和大的金融机构，这些措施的不当很大程度上也是造成混乱的重要原因，一切都变得更为糟糕。

再来看看俄罗斯。当时美国财政部和国家货币基金组织的代表也来到了俄罗斯，只不过他们做的是冷眼旁观这个国家充满腐败的私有化过程。你能谈谈当时的情况吗?

俄罗斯人的危机于1991年底上演，苏联以和平的方式解体之后，俄罗斯和周边的十四个新的国家诞生。这十五个国家当中的每一个在历史、经济、社会和政治上都面临严峻的挑战。在它们刚刚诞生的第一年，几乎没有哪个国家向它们施以援手。

当时我是叶利钦总统的顾问，所以能有这样一个站在最前沿见证这一切的宝贵机会。当时国家货币基金组织对这里的一切仅仅是浅尝辄止，不愿过多涉入，大部分国家也只是在观望和等待，没有一个能以一种严肃和历史性的态度参与到这场历史变迁当中，尽管当时的局势迫切需要他们这样做。到1992年底，由于国际货币基金组织犯下的诸多错误，也由于当时争取不到任何外援，大部分俄罗斯改革派人士被踢出局。当时的俄罗斯面临高通胀，几乎走到了崩溃的边缘。

到了1993年和1994年间，残余的改革派中的大部分人士也遭淘汰。到了1994年，克林顿政府对这一地区的接触比1993年间稍稍多了一点。但是现在我们在和维多克·切尔诺梅尔金这样的人接触，维多克主持了一场人们尽情发挥想象力才能想得出来的腐败堕落的私有化实践。他本人来自垄断俄罗斯天然气生产的俄罗斯天然气工业股份公司，该公司是俄罗斯国家垄断企业，拥有的天然气储量接近全世界总储量的一半。由于维多克，这里的天然气生产很多都被私有化了，也就是说，分给了当时叶利钦政府人员的亲戚朋友们了。

见证这样一场灾难性的转变是很令人震惊的，当时我和国际货币基金组织、美国政府以及巴黎的经济合作与发展组织进行了接触，我对他们说：“我们看到了，这是我们所能想象出来的最为腐败的私有化，所以我们需要采取一些行动，至少也要发出警告，我们不能只是隔岸观火，而要在这个节骨眼上给予帮助。不然这种腐败一定会损害俄罗斯人建立新社会最基本的初衷。”

但是他们不想讨论这个，因为一方面大部分的俄罗斯改革派人士已经出局，另一方面他们也认为当时的俄罗斯政府已经是最好的了，所以就睁一只眼闭一只眼，得过且过，故意忽略了这场灾难。

这场灾难的后果之一就是俄罗斯政府不仅贪污腐败，毫无根据地建立了一种由富人控制的寡头政治，而且还基本上放弃使用其最具价值的金融资产，即对其境内丰富自然资源的所有权。

这些资源原本可以实实在在地变现用于支付养老金，减少财政赤字，保持低通胀率和支持改革，但是俄罗斯政府不利用这些资源，取而代之的却是严重依赖国际投机商和投资者的短期高息贷款。

谈谈短期政府债券市场GKOs的建立，为什么当时要建立这样的市场呢？

其中一个原因就是俄罗斯认为政府应该可以从国内外借到钱。这种想法并没有错，每一个功能完善的市场经济体都应该有政府债券市场。对于俄罗斯政府来说，如果它是因为财政收支仅能勉勉强强维持，而需要在市场原则的基础上从国内外借贷以满足需要才建立这种称为GKOs的政府债券市场的话，倒也无可厚非。

但是当政府在没有其他财政收入来源和国外实质性的援助作支撑，且面临巨大的政治压力以及——我还必须再加上一点——国内极为严重的腐败现象时，俄罗斯的问题就来了。当时的情况非常复杂，俄罗斯持续不断地疯狂借贷，很多钱都来自国外的短期投机资本。

最终，和许多其他国家一样，这些借贷成了俄罗斯陷入困境的最直接因素。但是俄罗斯当时为什么如此依赖短期借贷呢？首先，当时是西方主导的世界，作为西方国家，我们绝不会放弃这样一个让俄罗斯负债以牵制它的好机会，所以在早期他们的外汇储备耗干之前，我们必然会不断地提供信贷服务。但是我们提供的援助项目并无任何实质性的帮助。其次，在我看来，早期的改革派遭排挤，使得大批原来的党政官员有机会卷土重来，导致1994年和1995年间腐败问题突出。特别是在1996年叶利钦竞选连任时更为严重，当时，政府甚至用行贿的方法给企业塞钱，这些钱的一部分后来被返还用作竞选筹备金，支持叶利钦的再次竞选。

所以到1996年，俄罗斯的局势就是混乱和腐败。就像所有外交解冻政策里的措辞一样，美国当时表示："他（叶利钦）和我们站在同一条线上。"不管当时俄罗斯国内发生了什么，我们都乐于和他交往，并且根本也不想看关于其贪污腐败问题的报告。所以那时候俄罗斯越来越依靠短期外债，却并不想着利用自己的自然资源和自己的收入，不想着努力争取外援以在国内真正地推行改革。现在，人们觉得这是一种典型的"旋转木马"式做法，经济学家们也表示，这实质上就是"庞氏骗局"，意思就是："我要投资于你的项目，并且期待获得丰厚的回报，因为我知道，接下来会有一些更加愚蠢的人要投入他们的钱。"在这种骗局中，投资人认为他们最终一定会脱险，因为后来一定会有更多的钱投入进来。以美元折算，当时俄罗斯国库券支付50%的回报。实际上，在一年多的时间里，由于这种庞氏游戏，每一个投资者都认为"更愚蠢的人"一定会到来，甚至还有人更聪明，认为国际货币基金组织会最终涉入，给俄罗斯以资金援助，当上这个最终的"蠢者"，这样一来，自己就赚钱了，所以这些人坚信自己最终能够收回资金。这是1998年8月份之前投资者的游戏玩法。之后，由于坚持采用固定汇率，俄罗斯用完了外汇储备，投资者们就停止向俄提供借贷，似乎是意识到游戏要结束了。所以他们异口同声地向媒体表示："如果国际货币基金组织不能迅速为俄罗斯提供贷款，这个世界就要完蛋了！"国际货币基金组织后来也确实设立了一个200亿美元的援助项目，但是由于太多人要求撤出资金，这笔资金全部被吞掉，最终俄罗斯只好违约拖欠。

由于"庞氏计划"的采用，大批投资者和投机商赚疯了。

每一位投进钱的人都足够老练，他们赚了钱——比如说以美元计算的话，获得了50%的回报——然后就逍遥自在地度假去了。这是一种最棒的游戏，使得很多普通人（绝大部分真的是普通人，这是事实）沉迷于这种轻松赚钱的方式，并且认为他们自己是超级天才，是宇宙的主宰，所以他们愿意大量借贷，收回一次投资之后，接着再次投入，以为赔钱的傻瓜就在后面，或者说，国际货币基金组织就在后面给他们垫背，让他们的投资能够收回。

所以很多人赚了大笔的钱，从上述意义上说，是很多更聪明的人赚了大笔的钱，但是在8月17日，当国际货币基金组织表示无法再次提供救助计划时，这些聪明人大量亏损。国际货币基金组织甚至明确表示："要是我们能够再提供一次援助就好了，但是很遗憾……"但是这些投资者已经沉溺于轻松赚钱的游戏中不能自拔，他们喜欢这个"庞氏游戏"，但如果没有援款跟进，他们就会被推到风口浪尖上，推到了责任的中心，所以这些人最后大亏，相应的，有些人则大赚了一笔，当时每个人的账面利润都相当可观。这是个伟大的游戏。

我当时被这种状况吓坏了，不管是在媒体面前，演讲当中，还是我发表的文章和出的书里，我都不止一次这样问道："到底发生了什么事？基本的政策已经不管用了。贪污腐败之风盛行，汇率也被高估，发生混乱的概率非常大。"但是，热钱仍不断流动，直至最后无法支撑而一夜之间就全部撤资。国际货币基金组织做了最后的挽救努力，但杯水车薪，最终这个体系因为其内部的弊病轰然倒塌。

1997年，庞氏计划逐渐形成，债务也日渐积累，所以1997年中期，亚洲金融危机开始上演，这个过程是怎么影响俄罗斯的？

到1997年10月份的时候，随着危机的恶化，很多国家的货币遭受到投机资本的冲击。这也就意味着国际投资者会认为这些货币面临贬值，他们会开始撤资。因此，除非亚洲各国央行能及时补充大量美元保持币值稳定，否则这些货币只能贬值，当时有两个国家的情况最为严重，一个是俄罗斯，另外一个是巴西。最终，两个国家都陷于崩溃。

美国建议这两个国家："不要放弃。利用你们的储备金，保卫你们的货币，尽快把利率提得更高。"——华盛顿当然乐意给出这样的建议，因为华尔街能在他们那里得到高额的利息。——“所以不要放弃你们的货币，美国会提供一些资金，以供你们在需要时使用，比如在你们需要补充资金保持货币稳定时。”1997年10月份时，不管是俄罗斯还是巴西，都已经到了瘫痪的边缘，这一点非常明显。我的震惊之处不仅在于美国还能给出这样的馊主意，而且在于怎么能给当时的亚洲这样的建议，给俄罗斯和巴西这样的建议，而且世界各地的声音出乎意料的一致：“提高利率，及时履行与外商投资者的付款合约，因为这样才能树立信心，如果需要，我们能为你提供资金。”

所以借贷仍在俄罗斯继续，但是，当后来另外一件事发生即国际油价大跌时，俄罗斯的财政就无法履行对国际货币基金组织提供长达7年的援助时的承诺了。所有的一切都是骗局。俄罗斯面临巨额财政赤字，谁来为这种赤字埋单？油价大幅下跌，货币被严重高估，这样出口也处于不利地位，这是一方面。另一方面，华盛顿告诉你：“一切都很好，只管提高利率就可以了。”这可是教科书里教过的东西，一定会有办法补救的。但最终结果是直至俄罗斯陷入全面崩盘，什么也没做。

如果你发现在8月17日，俄罗斯不仅使卢布贬值，还欠了大量的卢布债务，你会吃惊吗？

我当时是非常震惊，现在我来解释一下原因。有时候你背负大量美元债务，是因为你用完了你所有的美元资产，然后就无法偿还债务了，比如像当时的俄罗斯、巴西还有其他一些国家，但是俄罗斯的情况确实让人很吃惊，这个国家竟然背负了大量的卢布债务！俄罗斯不缺卢布，它想要多少，那就印多少好了。一个国家能背负大量本国货币的债务真是十分罕见。

但是，用完别国货币的情况倒是十分常见。有时由于不可抗力，你不得不宣布负债违约，因为你确实没有外币了。但是宣布对本国货币负债真是不可理解。还有更让人无法理解的是，由于某些原因，甚至华盛顿在这方面的理解力也很迟钝，竟然没有对这种奇怪的现象提出任何反对意见，所以导致国际社会后来出现极度混乱的局面。但是我感觉，当时的俄罗斯人听到的是情况不会有那么糟糕，如果有人这样告诉他们，那在当时真是一个极大的错误。

知识分子如何破产

迈克尔·刘易斯
《纽约时报》，1999年1月24日

从长期资本管理公司宣布在去年夏天那次异乎寻常的金融危机中损失了40亿美元以来，4个月里发生了很多不寻常的事件，但更为奇怪的是那些还没有发生的事情。投资机构的180个员工没有一个人站出来解释、承认或者为自己申辩。其中甚至还有两位诺贝尔获奖者，他们可以轻易就沉浸在自己的荣誉之中假装什么都没有发生，然后继续平静地工作。主管约翰·梅里韦瑟很擅长隐藏自己。载着摄影师的直升机在他家上空盘旋，记者们不断地敲打大门，恐吓他的妻子。然而当需要知道"谁是约翰·梅里韦瑟"这个问题的答案时，提供答案的不是认识他或同他一起工作的人，而是那些毛遂自荐的泛泛之交和完全陌生的人。他们将梅里韦瑟和他的同事们描述成不值得信赖的华尔街老古董：自不量力、自欺欺人的投机者。

就在不久之前，我参观了位于康涅狄格州格林威治的对冲基金办事处，以便了解造成衰退的因素中内部原因的作用是否大于外部原因。被称为"对冲基金"的企业进行了大量不同的解读，以至于使得这个词变得更加令人费解而不是具有积极意义。总的来说，对冲基金吸收了来自富人和大型机构的资金，所以跟一般的资金管理者相比，监管的力度稍微有所降低。长期资本管理公司十分特别，不是传统意义上的基金经理而是经验丰富的华尔街债券交易公司。建于格林威治的交易所是华尔街交易大厅的微缩版本，二者差别不大。例如，交易大厅和研究部门之间的旧墙已经被推倒了。华尔街大多数的交易所都有独立的空间，但跟研究所相距较远。拿起电话下赌注的人（交易者们）都是高风险偏好者，而分析说明较为复杂的证券的人（研究者们）都是被美化的职员。追溯到1993年，当梅里韦瑟成立长期资本管理公司的时候，他也创立了一套新的身份系统。交易者这个头衔不再存在。在长期资本管理公司，任何与思考如何在金融市场获得利润有所关联的人都被称为“战略家”。

战略家们和我一起花了数天时间审查了他们失败的相关细节。他们从为损失资金的投资者准备的总计6个小时的演示说明开始，因为正如其中一位合伙人所说的：“事实上没有人要求或询问事情的真相，他们只相信报纸上所报道的。”然后他们向我展示了那个使战略家们失去财富，以及作为华尔街最优秀交易者名誉的赌局。有关这个惊人的亏损事件的说明介绍以约翰·梅里韦瑟的一段谈话为结尾。当事人及与之相关的事情为我们提供了关于人类局限性的巧妙说明。

我第一次近距离看到市场危机也就是我最后见到约翰·梅里韦瑟的那次——1987年10月19日股市崩盘。当时我在所罗门兄弟公司工作，后来其成为华尔街首屈一指的交易公司。在我一旁几码之外就坐着所罗门的CEO——约翰·古特弗罗因德，而另一边坐着的是梅里韦瑟——公司里最有魅力的人物。那天股票市场前所未见的暴跌和债券市场出人意料的上涨，都是由于这两个人做了不同寻常的事情。

那之后的很长时间我都并不赞同他们的做法。除非你知道你所寻找的是什么，否则你无法真正了解一件事，而我也不知道我想要的是什么。我迟迟未能领会身临其境的重要性，以至于后来我在针对华尔街经历所写的回忆录《说谎者的扑克牌》中没有充分利用它。但是这短短的几个小时内所发生的事情在许多方面体现出的重要程度是我在华尔街从未见过的。

那些在金融市场大约每十年就会发生的当权者更替也发生在这次股市崩盘中。处于恐慌中的市场如同面临政变的国家，回头看看那时正是如此。一小部分用陈腐守旧的眼光来看待这个世界的人们都被挤下台来，而另一部分用全新的方式看待这个世界的人们则被推上了权力的宝座。这一切都发生在几千平方英尺曼哈顿一座高层办公楼的顶层。

约翰·古特弗罗因德在他的办公桌和排成长队的国债交易者之间来回去动，在那里，他会见了所罗门公司政府债券交易部门的主管小克雷格·蔻兹。他们都认为金融市场正在走向谷底，正如1929年的崩盘一样。古特弗罗因德和蔻兹决定购买价值20亿美元新发行的30年期美国国债。他们看起来不同寻常，就像丛林中的两头雄狮。他们没有停下来问自己，为什么地球上所有的人都希望能够拥有预知未来的特权？他们相信自己的直觉。他们拥有胆量、勇气或者其他能够使他们在1987年华尔街的危机中脱颖而出成为胜利者的一切。

事实上，他们已经是20世纪80年代经济繁荣时的胜利者。《商务周刊》曾将古特弗罗因德称为华尔街之王，蔻兹则被认为是刚刚出版的小说《虚荣的焰火》中主人公的原型。蔻兹高大英俊，极具魅力，他拥有20世纪80年代一个债券交易者想要的一切。

但他的看法是错误的。金融界并没有进入谷底，债券价格没有像预期的那样上升，世界好像忽略了股市的崩盘。很快，蔻兹上班后发现他价值20亿美元的国债有了一个新的名称：鲸鱼。蔻兹周围的交易者开始向他打听鲸鱼的情况。比如，“鲸鱼今天怎么样？”或者“那鲸鱼还在岸上吗？”，最后购买鲸鱼的草率决定致使所罗门兄弟损失了7 500万美元。

与此同时，古特弗罗因德正在20码之外的地方。当我想到和他相似的美国式人物时，我想到的不是金融界的人物而是富有创造力的人们——老版《纽约客》的哈罗德·罗斯或者昆廷·塔兰堤诺。古特弗罗因德像是一个天才的编辑或者杰出的导演：他善于发现特别的人才并能够说服他们运用自己的智慧。在他右边的是他第一批门徒，四个刚刚毕业的年轻人——埃里克·罗森菲尔德、劳瑞·哈里邦德、格雷格·霍金斯和维克多·哈格哈尼。古特弗罗因德大胆地在最好的金融和数学工程专业的毕业生和所罗门兄弟公司交易所之间建立了一个直接的秘密通道。罗伯特·默顿后来成为所罗门兄弟公司顾问的经济学家，也成为长期资本管理公司的合伙人，他曾经抱怨说古特弗罗因德偷走了整个一代的学术天才。

当时没有人真正了解这些“年轻的教授”是来做什么的。他们和交易大厅里的人们完全不同，他们精力旺盛，他们的身体仅仅是维持大脑工作的生命系统，他们的大脑则是他们电脑的延伸。他们彬彬有礼，温文尔雅，深思熟虑。当你问他们一个很简单的问题的时候，他们会思考8个小时才会给出回答，而且他们的回答会复杂得让你后悔向他们提问，尤其是当你向他们提出关于他们业务上的问题的时候。例如像“为什么这种债券会比那种债券便宜？”这种浅显的问题他们都会引用论文的内容。他们不会像克雷格·蔻兹那样思考有关市场的问题，或者以华尔街的其他任何人那样的方式考虑这个问题。

最后有一个理由可以解释这些。表面上，随着普通人都涉足共同基金、抵押产品和信用卡债务，美国金融正在丧失它的魅力。但是深入内部会发现，在巨额融资和小额融资之间出现了一个全新的、更大的差异。古老的巨额融资仅仅是有些令人费解，而全新的巨额融资却是深不可测的。金融市场正在不断衍生极其复杂新颖的工具——期权、期货、掉期、抵押债券甚至更多。它们的复杂性使得外行人觉得困惑，但也的确给寻找投资机会的人们创造了机会。按照约翰·古特弗罗因德的要求，年轻的教授们正在重新改造金融学，重新定义债券交易者的含义。他们在交易大厅的出现标志着美国金融领域反理性主义的结束。

在危机发生的时候，年轻的教授们并不十分满意自己的权力。他们所有经过精心部署的计划曾经在1987年的前十个月里为他们带来了大约2亿美元的收益，却使他们在其他人的狂热到了最顶端的10月那天一蹶不振。他们损失了至少1.2亿美元，失去了整个公司四分之一的盈利。两年之前，他们向研究生们讲授《金融学101》（*Finance 101*）的时候报酬是29 000美元。现在他们亏损了1 .2亿美元！不仅仅是有钱人的1. 2亿！这1.2亿美元也有部分属于一些普通人。正如你能够想象到的，他们十分沮丧，直到古特弗罗因德说服他们不要泄气而应该积极面对，他告诉他们应该找出两三个最有希望的交易并将之增加到3倍。

他们当然这么做了，他们重点关注一笔大额交易。他们卖空了克雷格·蔻兹刚刚买进的20亿美元新发行的30年期国债，买进相同数额的3个月前发行的30年期国债——也就是29年期的债券（卖空一只股票或债券是指猜测它的价格会下降）。这些年轻人不是最早发现这两只债券走势大致相同的人，但他们却是最先一丝不苟地研究这两者之间关系的人。新发行国债转手的频率比过去发行的要高很多，它们获得了被称为“流动性溢价”的价格，就是指专业的债券交易者为其支付的价格更高只因为它们更容易被转手卖出。在危机发生时，30 年期债券的溢价会异常升高，年轻的教授们或者说他们的电脑发现了这一点。他们打赌当恐慌平息之后溢价会缩水。

但是也有一些事情的进行跟电脑没有任何关系。年轻的教授们获得利润时并不高兴，除非他们可以解释为什么能赚到钱，并且如果他们不能为市场失灵找到一个合理的解释，他们就会产生怀疑并拒绝下赌注。但在 1987 年 10 月 19 号他们站出来并用他们的电脑进行分析的时候，他们发现了原因：每个人都很困惑。所罗门公司内部的长期交易者，也是业务上最优秀的人都亏损了。有一个人注定会成为是国债市场最核心的人物，他看起来就像在实验室里的迷宫中走失的小白鼠。随着市场的变化，这个生性凶残贪婪的家伙最终会依靠骗人的裹尸布来掩盖前期发行的长期债券的价格。在危机期间，债券市场的运行使这些债券的价格都脱离了应有的范围。“他的做法已经偏离了原来的初衷，”一位年轻的教授认为，“他没有解决问题的工具。而如果他没有这些工具，谁会有呢？”他的困惑对于年轻的教授来说正是一个探索的机会。

以后要再次体验这个时候及许多类似时刻的激动场面就会很困难了。好像他们已形成了更进一步的意识体系和可以利用的第六感，同时他们有足够的胆量：他们愿意把钱投入自己的理论实践。1987 年崩盘的 3 个星期之后，市场已经稳定下来，他们将政府债券变现并获得了 5 000 万美元的利润。最重要的是，他们面对华尔街有史以来最严重的危机时所下的赌注却使他们获得了比其他任何一次赌博更多的收益，一共大约有 1.5 亿美元。与之相似的是，美林证券公司那一年盈利达到了 3.93 亿美元。年轻的教授们没有忽略这里的经验教训：危机对于企业是有益处的。人们在恐惧状态下处理财产时所做的蠢事对于更为理性的人来说却是开拓的机会。那些年轻的教授们已经知道在理论上的确如此，现在他们知道在现实中也是如此。这是他们在下一次大危机——1998 年 8 月危机发生时需要借鉴的教训，这次远比 1987 年 10 月危机规模更加庞大，更加不可思议。他们还是会合作，不过这次是在长期资本管理公司。

再一次去会见这些人让我感觉有些不安。所有那些意味深长的停顿！所有的解释！即使已经过去了10多年的时间，我还是能回想起我让他们向我演示一下交易过程时的可怕经历，那时我的大脑感觉就像一个筋疲力尽的后卫看着接球手像舞蹈一样轻松地到达球门区。处于最顶端的是他们斯波克式的分离手段，且仍笼罩在格林尼治的上空，并使得任何更深入的思考都黯然失色，就像精明的媒体管理方法一样。“如果一切顺利，”在我走下电梯不久以后，一位年轻的教授说道，“我们不会和你谈话。”但事情并非一切顺利，他们选择向那些他们已经准备好给出解释的人们作出解释。

当我听说长期资本管理公司破产的时候，我的第一反应是一个卑鄙的自我安慰：汉斯·哈夫斯可米德已经不值5 000万美元了。当你离开一种生活方式转换成另一种生活方式的时候，每个人都可以理解确保被你远远甩在背后的人都不会成功的重要性，就像提醒你曾经犯过一个重大错误。从1988年我离开所罗门兄弟转行成为一名作家开始，我也一直好奇如果我仍然留在华尔街的话我会有多少财富。我个人认为有些人拥有和我相似的能力，所以将他们标记为进一步观察的对象，正如同在野生动物实验中被放生的狼。

汉斯就是其中之一。回到1986年，汉斯和我离开了纽约培训机构到了伦敦同一家交易所，在那里我们最终接受了约翰·梅里韦瑟的管理。尽管我们都不是年轻的教授，我们却进入了同样神秘的行业。我们花了一半的时间飞遍了欧洲尝试劝诱无知的投资者购买复杂的美国新生金融工具，并花了另一半时间为不需要劝诱的人寻找投资机会。但这些只是我们表面的相似之处。深入下去会发现，汉斯和我都有一个不光彩的小秘密：我们无法跟上那些年轻的教授们。我们属于新的半见多识广的类型，在不要求获得正确理解的情况下可以充当新颖的复杂金融事物方面的“专家”。

无论如何，汉斯就是我如果继续留在华尔街将可能成为的人物之一。所以，在1993年年底，在我听说所罗门兄弟付给汉斯2 800万美元的红利之后，我花了至少3个小时思考为什么我没有这么做。2 800万美元只是刺激的开始。在1994年年底，汉斯离开所罗门加入长期资本管理公司伦敦办公区。这带给人的印象就是为约翰·梅里韦瑟工作是多么具有吸引力，以至于人们会辞去华尔街最好公司的职位，尽管在那里他们曾获得了2 800万美元的红利。传言汉斯不仅将他的 2 800 万奖金都投入了基金，还从一些银行贷款 1 500 万美元。

1995 年基金上涨了 43%，1996 年上涨 41%，1997 年上涨率是 17%。在每一年年底，汉斯又将获得的所有收益投资进去。这是关于长期资本管理公司职员的另一件奇怪的事情。他们并不按照华尔街的通常方式即根据拥有的物质财产来定义自己。他们的数亿美元的资产并没有被用于购买私人飞机或享受新的生活方式（如果那么做的话他们现在应该会生活得更好），他们引人注目的私人消费方式是越来越多地购买自己的基金。结果，在他们终止之前，长期资本管理公司的 16 位合伙人投入了大约 19 亿美元个人资产购买他们的基金。保守估计，其中属于汉斯的大概有 5 000 万美元。按照我的思维方式，这些比没有成为汉斯 · 哈夫斯可米德所应付出的代价要昂贵一些。

然后……扑哧……这也并不是多么昂贵的代价。没有成为汉斯无疑是一件令人愉快的事情。在 1997 年年末的时候，来自所罗门兄弟公司的一个朋友告诉我汉斯已经变得多么富有，而到了 1998 年底，同样是那个人告诉我他和他的所有合伙人都被辞退了。因为汉斯贷款投资自己的基金，可想而知，他的身家已经是负资产了。

这对于我来说已经满足了：我不要求进一步的补偿。我再一次满足于我以文字取得的报酬，但结果只有我一个人持有如此观点。许多人想拥有的不仅是汉斯的金钱还有地位，以及劳瑞 · 哈里邦德、维克多 · 哈格哈尼、埃里克 · 罗森菲尔德、格雷格 · 霍金斯和约翰 · 梅里韦瑟的地位。此外还加上罗伯特 · 默顿和迈伦斯 · 科尔斯，他们是加入梅里韦瑟团队的诺贝尔经济学奖获得者（他们因为对期权风险管理的研究赢得了 1997 年诺贝尔经济学奖）。汉斯和他的合伙人遭到所有人的谴责，因为他们的自负和不顾一切的行为使整个西方的经济陷入危机。

报纸上反复跳出的那个数字"1.2 万亿"就是汉斯和年轻的教授们曾经预想的赌注。这 1.2 万亿代表的是为人们所知的基金开放交易头寸。任何在华尔街工作的人都知道，一家公司的开放交易头寸包含可以互相抵消的各种内容。在任何一个特定时间，仅仅拥有长期资本管理公司两倍左右资金的高盛（投资）公司或者希尔森里曼公司，在账面上就可能持有 7 万亿或 8 万亿美元的头寸。重要的不是头寸的总量而是它们蕴含的风险。

那就是新闻报道中所说的“杠杆”。杠杆指的是借款购买你原本无法承受的东西，许多公共账户都毫无疑问地被视为“风险”的代名词。“在长期资本管理公司，”卡罗尔·J·卢米斯在《财富》杂志中写道，“最好的头脑也会被杠杆这个金融界最古老而又最著名的麻醉剂所毁掉。”杠杆在过去某段时间可能是风险最好的量度，但是金融市场中全新的复杂性使得任何简单的预测都无法实现。某个证券投资组合可能通过杠杆作用放大50倍后仍然几乎没有风险，而另一个证券投资组合可能通过杠杆作用放大5倍就变得极其疯狂。长期资本管理公司在同行业中有很多地方和华尔街投资银行相似，而华尔街的投资银行们同样利用了杠杆作用，大约放大25倍（但华尔街投资银行可以比对冲基金更快地控制资本）。

任何证券投资组合的关键问题不是它的杠杆而是它的波动情况：它的净资产每天上升和下降了多少？但没有人关注那个测量标准，与取出所有资本并简单地将所有的资本未经杠杆作用，而直接投入一种由美国股票构成的多样化证券投资组合相比，长期资本管理公司运作的面向整个华尔街的基金的风险要小得多。

接着不可避免的是寻找真相的过程。我曾在1989年提到过关于梅里韦瑟的一个故事，证明他的确是一个疯狂的人。这个故事的内容如下：约翰·古特弗罗因德通常会给年轻的教授们几万美元来玩一个名为说谎者的扑克牌的游戏，一个借助美钞上的序列号码同时需要运气和技巧的游戏，以一手100万美元的赌注去挑战梅里韦瑟（“一手，100万美元，出手无悔”据说就是他的名言）。当梅里韦瑟回答说他只玩1 000万美元一注时，古特弗罗因德退出了。故事到此结束。各种各样的人，包括古特弗罗因德在内，之后都否认发生过这件事，但无论如何这个插曲的关键意义恰恰是与现在所出现的版本相反的。这个故事说明，在这个世界上，当你面临金融风险时不应该退缩，梅里韦瑟已经找到了一个聪明的办法来避免那些明显错误的行为。

但是即使并不了解梅里韦瑟做了什么，或者他怎么做，或者他是什么样的人，至少，你都可以知道长期资本管理公司崩盘的公共账户是管理不善的。

从20世纪80年代中期直到去年夏季，华尔街上的年轻教授们成了被广泛模仿的人。如果他们是如此野蛮地不负责任，那为什么华尔街的每一家大公司还都会模仿他们？即使是在长期资本管理公司崩盘之后，许多聪明人还是贪得无厌地在他们的证券投资组合中间探寻。如果那个投资组合是如此鲁莽地投机，为什么在这些人中间连沃伦·巴菲特也试图购买呢？

这些故事的情节暗示了一个更为复杂的故事。去年夏天那场危机中最引人注意的喧闹声就是来自财政部内部的密室。财政部长罗伯特·罗宾曾经说过“这个世界正在经历50年来最严重的金融危机”。这些言论来自一个擅长抚慰投资者并且在1987年经济萧条时期供职于高盛投资公司交易部门的人。艾伦·格林斯潘是美国联邦储备局主席，曾说他在有生之年从未见过任何事情可以同1998年8月的恐慌相比。从华尔街的一端到另一端，所有的公司都在宣布创纪录的债券交易损失。高盛投资公司曾经比其他任何公司都更努力地模仿梅里韦瑟的成功，并以“我们的风险模式没有充分考虑抄袭的问题”来作为自己彻底失败的借口。这个评价正确但不充分，它没有提到原创者的名字。

如果你不知道梅里韦瑟是谁，你就不会对他产生一丝的好奇。他个头不大，相貌平凡，一头蓬乱的棕色头发孩子气地垂到额头，脸上带着可能意味着一无所知或者无所不知的茫然表情。他行动迅速，而且说话也是如此。他说话很少会出现完整的句子，并且会快速地从一个想法跳到另一个，留下一堆杂乱的想法。他分析别人比了解自己更加彻底。如果对一个人感到不满就会使他很难继续下去，特别是当他将要谈论自己的时候。有时候他说：“如果一个人想要针对其他人，并且剖析他们，他就可以做到。”他的意思是：“我知道人们已经开始摧毁我，并且成功了。”

当我到那儿的时候，他正弓着背坐在交易所的办公桌前，但这一次我是在他的办公室见到了他。这是一个象征性的办公室，宽敞空旷，明显没有人使用。这里有可以看到一些树木的美丽风景，但我肯定在这几个月里没有人看一眼。高高的书堆和一大篮新鲜的苹果占满了他办公桌周围的地方。梅里韦瑟给了我一本书和一个苹果。

那本书的名字是《第十七洞果岭的奇迹》，讲的是一个普通的中年人有一天突然被赋予了成为高尔夫球冠军的天赋，这是一个成年人的童话。书皮的背后写着："不寻常的事情发生在寻常的人身上。"我们很快就清楚地知道这反映了梅里韦瑟对于自己和他所处现状的感受。当我们在他的咖啡桌对面坐下之后他说的第一件事就是，"我不希望这个故事是关于我的"。

为了确保如此，他不允许我过多地引用他的话。另外他坚持要理查德·莱希——曾经雇用我进入所罗门交易所的人同时也是梅里韦瑟最老的生意伙伴——加入我们的谈话。

我自己的猜测是梅里韦瑟宁愿人们觉得他有些古怪，也不愿意被人知道他远离公众的真正原因，这个原因就是他对于别人的关注会感到极度不安，例如他有公开演讲的恐惧症。当你在所罗门交易所碰到他的时候，你会看到他在强迫自己看你的眼睛。在他应该掌控谈话时——例如和几个新员工喝酒的时候——他总会逃避责任。他就是要求谈话对于每一个人都是"平等"的那些人中的一员。奇怪的是，他经常用来描述他所欣赏的人的形容词却是"害羞"。他认为这是一种称赞，例如"害羞而礼貌"。在所罗门交易所的男性智囊团中害羞和礼貌是一个奇怪的组合。至少对于那些在普通公司模式下通过掌控大量员工来追求权力的人来说，这是一种阻碍。但梅里韦瑟追求权力的方式是与众不同的，他的方式是通过掌控市场。

在1987年崩盘后的5年里，梅里韦瑟和那些年轻的教授们为所罗门公司创造了数十亿的利润，同时也为自己赢得了上千万美元的收入。他们一开始被看做怪胎，但最后却成为公司的核心人物。从20世纪80年代中期到90年代初华尔街的其他公司，特别是高盛投资，从所罗门公司每一个主要的证券部门中都挖走了证券交易人才——包括公司债券、政府债券、抵押债券。乔恩·科赞是高盛的联席CEO，他在公司这个月初的改组中升职的部分原因是从所罗门公司交易所中引进了合适的人才。

对于这个犹太人唯一的例外就是约翰·梅里韦瑟的团队：不是被出售。最后，它被强制解散。1988年所罗门兄弟公司接替克雷格·蔻兹的一位名叫保罗·莫泽尔的政府债券交易者向梅里韦瑟提出报告，试图垄断美国政府债券市场。1990 年和 1991 年，他在财政部的季度拍卖中提交了虚假的投标从而使得其可以购买比合法份额更多的债券。梅里韦瑟发现之后，找到他的上司，包括古特弗罗因德，古特弗罗因德同样认为需要报告财政部。不知是什么原因，古特弗罗因德没有立即追究下去，直到几个月后所罗门公司才将这一情况报告政府部门。

公司的命运一直悬而未决，直到所罗门最大的股东沃伦 · 巴菲特介入并和政府达成协议。如果巴菲特能监督所罗门公司的文化改革，公司也许会生存下来，而古特弗罗因德最终也被劝离职。尽管包括巴菲特在内的每个人都知道梅里韦瑟并没有任何过错，但梅里韦瑟也被要求辞职。他离职并创办了一家新的公司。

在很多方面，长期资本管理公司对年轻教授们的管理比所罗门兄弟公司更好，只有一个不足之处被发觉。华尔街的其他公司可能已经意识到所罗门公司年轻教授们和他们的战略有多么成功，并努力模仿他们难以捉摸的工作方式，但他们可能无法真正了解这些工作方式。当年轻的教授离开所罗门兄弟公司的时候，他们向华尔街公开了自己的方式和他们的赌注。作为向长期资本管理公司提供贷款来达成交易的交换条件，一些大公司——摩根士丹利、美林以及高盛——要求告知这些行动的具体内容。这反过来却导致了高度逼真的模仿。

“其他人已经开始赶上我们，” 埃里克 · 罗森费尔德说道，“我们可以开展一项交易，但当我们开始小心谨慎对待的时候，这个机会就会消失。”每一次他们采取行动，其他人就会注意到并模仿他们，并且消除任何潜入市场的细微的非理性因素。

不知从什么时候起，梅里韦瑟丧失了对他秘密市场的控制。在我们的谈话中，我问他那些经历是如何改变他对于赚钱的想法的。他回答说他过去的方法已经奏效了 15 年，如今在某种程度上已经被淘汰了，因此他需要寻找一些新的方法。接着他继续解释原因。

在这些大致的描述中，长期资本管理公司的故事可以用两个饼状分析图来说明。第一个饼状图用来显示它的亏损。在 44 亿美元的总体亏损中，19 亿属于合伙者个人的财产，7 亿是来自瑞士联合银行，其余的 18 亿属于其他投资者，其中一半是欧洲的银行。但是因为大多数银行很早之前已经收回了原始投资，亏损主要来自它们的利润。第二个也更有趣的一个饼状图显示的是资产是如何损失的。公共账户表明亏损是由于那些年轻的教授们不负责任地引入各种各样的怪异投机方法导致的。当我翻阅他们的交易记录时，我唯一没有预想能够发现的事情是他们喜欢在公司收购上下赌注。当一个叫做泰乐的公司没有完成对西纳公司的收购计划，以至于长期资本管理公司持有的西纳公司股价从 56 美元跌到 31.25 美元的时候，长期资本管理损失了 1.55 亿美元。（“这是到现在为止我们最有争议的合作关系，”罗森费尔德说，“很多人觉得我们不应该进入风险套汇业务领域，因为它的信息敏感度极高，而且我们并没有试图用信息敏感的方式进行交易。”）当然，长期资本对于自己在风险仲裁方面的优势有一些复杂的概念，但那个概念现在看来是愚蠢的。即使考虑到在西纳的股票上的损失，长期资本的股票交易还是盈利的。

真正打垮长期资本管理公司的巨额亏损发生在多年来年轻教授们曾经精通的领域。致命的打击——大约 44 亿美元中的 30 亿——来自梅里韦瑟和他的团队两项从事了至少 10 年的业务：利率掉期和股市长期期权。现在没有理由要求每个人都必须理解利率掉期套利交易，但关键点在于其通常包含的风险的程度。

和长期资本管理公司大多数的交易一样，这些业务要求制定买进一种证券和卖空另一种的战略，使得他们在市场中保持瑞士式的中立。和他们大多数的交易一样，他们买进的和他们卖出的是相似的证券。（他们的天赋在于：当别人只能看到差异的时候，他们会注意到那些相似之处。）但是有一些交易，他们买进的会变得——或者说在一段时间之后，在一定的条件下应该变得——和他们卖出的一样。

理解这些和了解 1998 年 8 月的危机有多么异乎寻常关系的一种方法就是，想象世界上有两种美元，一种蓝色的和一种红色的。蓝色美元和红色美元都价值 1 美元，但是在五年内你都不可以消费它们。在五年内，你可以将它们都兑换成绿色美元。但由于各种原因——对蓝色的狂热，对红色感到反感——蓝色美元的价值高于红色美元，蓝色美元可以卖到 1.05 美元而红色美元只能卖到 95 美分。

如果你是一个头脑清楚的持有蓝色美元的普通人，你肯定是将它们换成更多的红色美元。就此而言，如果你是可以拿到便宜贷款的长期资本管理公司，或者是华尔街任何的大公司，你以自己的资产抵押借贷，买进大量的红色美元并卖出同样数量的蓝色美元。这样做的后果是迫使红色美元的价格和蓝色美元的价格再次回到原位。无论如何，你会等到蓝色美元和红色美元都达到它们各自 1 美元的最终价值。

最好的结局是，将红色和蓝色美元区别对待的奇怪感情会很快平息下来，你现在就可以获取你的利润。最差的就是你必须等上五年才能获得你的收益。这个“模型”告诉你，有一天你会因花费 95 美分买进的每一红色美元赚取 5 美分硬币，并因你以 1.05 美元卖出的每一蓝色美元赚取另一个 5 美分硬币。但是正如长期资本管理公司的战略决策者艾曼 · 海蒂所说：“模型可以告诉你五年里会发生什么事，但却无法告诉你在事情发生之前会发生什么。”

当红色美元和蓝色美元的价值分化到匪夷所思的极端时，又是什么将我们带入长期资本管理公司在 1998 年 8 月发生的事件呢。实际上，当你看到那些年轻教授们的著作时，你可以看到麻烦的第一个信号出现的时间比 7 月 17 日所罗门兄弟公司宣布其停止所有红色美元和蓝色美元交易的时候更早，而这些交易被证明和长期资本管理公司曾经开展的交易是一样的。由于所罗门兄弟卖出了持有的长期资本管理公司的所有债券，所以那个月的基金下跌了十个百分点。

接着，在 8 月 17 日，俄罗斯未能偿还贷款。在那时，其他大型金融公司的主管们宣布放弃对于蓝色和红色美元的信赖。恐慌取代了理性。一旦人们的恐惧达到了足够的程度，恐惧就会成为理所当然的事情。很快其他大型金融公司会按照长期资本管理公司的做法来开展他们自己的业务，实际上和长期资本管理公司的交易完全相似。红色美元会突然下跌到价值 25 美分，而蓝色美元上涨到 3 美元。红色美元和蓝色美元的故事发生的统计概率是五千万分之一。

“我们所做的事情依赖于经验，”维克多 · 哈格汉尼说道，“所有的科学都建立在实践的基础之上。如果你不愿意从实践中总结经验教训，你可能就会游手好闲，一事无成。”

1998年8月21日是年轻的金融学科历史上最糟糕的一天。仅仅在那一天的时间内，长期资本管理公司就损失了5.5亿美元。

只有在市场的非理性存在限制的时候，年轻教授们对于高度理性的偏爱才会成为明显的优势。但市场会骤然失去理性。艾伦·格林斯潘和罗伯特·罗宾曾说过他们从未见过这样的危机，也没有听其他人提起过。这一方面使那些普通的股市投资者感到恐慌，另一方面也使得那些全球最大的金融公司感到恐慌。全世界金融组织似乎建立了一家全球性运营的巨大规模的银行。“我们并没有把重心放在其他杠杆交易者所做的事情上，”哈格汉尼说，“因为我认为他们做事的方式和我们是相似的。”

长期资本管理公司假设有一种专业货币池将红色美元和蓝色美元都视为美元，因此需要保持两者之间的合理关系。但是在危机之中，年轻的教授们是那些仅有的坚持这种推理的人。

到同年8月底，长期资本管理公司已经耗费了48亿美元总资产中的20亿。即便如此，基金仍有可能保留并获得成功。但针对市场的行动最后变成了针对长期资本管理公司的行动，至少从长期资本管理公司的立场来看是如此。“好像有人对我们确切的证券投资组合了如指掌，只要达到我们3倍的规模，他们就会立刻清空所有头寸。”

最近的15年来，梅里韦瑟和那些年轻教授们都致力于一项实验，来证实只依靠人类的理性能使他们取得什么。但他们没有意识到他们惊人的成功已经使他们自己成为实验的一部分，他们已经变得非常不理性。他们不再是可以保持超然世外的心态、具有高度理性的人，他们变成了迷失在迷宫中的小白鼠。

在长期资本管理公司内部，崩盘被看为是分为两阶段的事件。首先，是和长期资本管理公司一样投入了许多相同业务的大型金融公司所造成的市场恐慌。其次，是一种社会恐慌。关于长期资本管理公司已经被削弱的传言已经扩散开来。这种弱势，用梅里韦瑟和其他人的话说，会迅速成为其他人掠夺的机会。

“我们在那个市场所不了解的为数不多的事件会很快重现，”梅里韦瑟说道，“恰恰是市场已经了解的交易使我们遭遇困境。”理查德·莱希是长期资本管理公司的合伙人之一，他也说：“已经不再感觉人们是在清算与我们持有的相似的头寸。突然之间，他们已经在清算我们的头寸。”

破产的第二阶段很明显给梅里韦瑟带来了困扰。随着我们的谈话进入正题，他的不自在也逐渐变成了悲痛，他的语调变得如此痛苦以至于和一切他所希望的一样，对我毫无意义。

到1998年8月底的时候，长期资本管理公司急需15亿美元的资金。决策者们进行的交易已经亏损，但如果可以得到资金支援他们还是可以挽回损失。梅里韦瑟指出，如果长期资本管理公司可以安然度过这次危机，它就可以赚取比以往更多的利润。“我们梦想有一天能够获得这样的机会。”埃里克·罗森菲尔德说道。

梅里韦瑟呼吁资金充裕的人们付清长期资本管理公司所需偿付的全部款项，在这些最有钱的美国人当中也包括沃伦·巴菲特。巴菲特对于投资组合很感兴趣，但对梅里韦瑟没什么兴趣。“巴菲特只在乎一件事，”一位基金合伙人说，“他的名誉。因为所罗门公司的丑闻，他看上去无法与约翰·梅里韦瑟合作。”

梅里韦瑟还拜访了高盛投资公司的乔恩·科赞。高盛同意提供资金，但希望作为交换得到的不仅仅是贷款利息，他希望得到长期资本管理公司一半的股份。梅里韦瑟和科赞从20世纪60年代后期就已经对彼此有所关注，那时他们一同就读于芝加哥大学。15年来，科赞不遗余力地琢磨着梅里韦瑟所从事的事业。这一次是他完全了解同学事业的大好机会。

但两个人都没有意识到拯救长期资本管理公司的游戏在还没开始的时候就已经结束了。首先是谣言。其他公司的交易员们已经开始用“长期资本公司事件”来解释他们所需要解释的一切现象——和天气预报员使用厄尔尼诺这个词一样。CNN的财经评论员也在节目中解释说，某些股票的下跌是因为长期资本管理公司将它们卖出了。而那些并没有卖出股票或者其他证券的年轻教授们则面面相觑。债券市场上传阅最广的杂志《国际金融评论》（*International Financing Review*）也报道说长期资本管理公司坐拥价值100亿美元的浮动利率债券，而年轻教授们辩解说他们并没有持有这些债券。

包含了一些真实情况的传言当然更加有害，现在真实的情况已经展现在高盛投资和其他公司面前。每天都有人发布关于他们的一些消息，这使得他们完全暴露在那些虎视眈眈的对手面前。“每一个关于我们头寸规模的传言总是真实情况的两倍，”理查德·莱希说道，“除了关于我们在丹麦抵押贷款的头寸的传言之外，大部分传言中的数目是我们实际数目的十倍。”

被召集来为长期资本管理公司的头寸投标的银行可能会如是说，“我们不可能买下我们听说的你们所有的头寸，但是我们希望能分一杯羹。”但接着，他们可能会要求买下长期资本管理公司实际拥有数目的两倍。据那些年轻教授说，华尔街的金融公司纷纷削减基金头寸：例如，如果一个其他地方的交易员知道长期资本管理公司拥有大量利率掉期，他就会卖出利率掉期，并进一步削弱长期资本管理公司现有头寸。意思是，如果你向长期资本管理公司施加足够的压力，长期资本管理公司就不得不在危机的时候卖出，而你就可以从中获取利益。而且，即使长期资本没有破产，仅仅是出现问题的谣言就可以使你发一笔横财。听说一位高盛投资公司的合伙人就曾经自夸其用这种方式大发横财。高盛的发言人说，根据高盛投资公司在同样的投资中亏损的数额来看，关于高盛从长期资本管理公司的不幸中牟利的说法是“荒唐的”。

当任何市场中的某一商家足够庞大却又存在薄弱之处时，它的规模和弱势就成为市场毁灭它的充足理由。关于长期资本管理公司的传言导致了更大的损失，反过来又带来更多的谣言。损失不断上升，也显得很怪异。8 月份的亏损是市场衰退的一部分，持续到 9 月份的亏损却成了长期资本管理公司溃败的一部分。

问题的严重性使得纽约联邦储备局将华尔街的银行和经纪公司协会联合起来参与救援行动。该协会的成员之一，高盛投资公司不满地发现自己也是当中的一员。人们希望借此控制长期资本管理公司并获得年轻教授们的智慧，因此在协会最后确定其计划之前，高盛投资公司和沃伦·巴菲特就试图以 40 亿美元买下长期资本管理公司。

长期资本管理公司陷入重压之中——因为那是他们所要求的，也是梅里韦瑟和年轻教授们所感受到的。在 9 月 21 日那个特别的日子，沃伦·巴菲特和高盛投资公司的出现使得长期资本管理公司有史以来第二次在一天内的损失超过了 5 亿美元。其中的一半是由于公司第二次损失惨重的交易，五年前股票期权的空头头寸。原本，公司已经卖出保险来应对股票市场的剧烈动荡，保险价格之高使得这个交易几乎确定无疑会获取暴利——从长远看来。但是在9月21日，在新的、更为贪婪的风气之下，短期运营将其取而代之。梅里韦瑟接到来自J·P·摩根和瑞士联合银行的电话，电话中他被告知，由于美国的保险公司——美国国际集团的出价，卖空的期权在交易呆滞的市场上飙升。站在梅里韦瑟立场上的经纪人都十分愤怒，因为他们认为美国国际集团试图从长期资本管理公司的衰退中获利，而美国国际集团的发言人拒绝发表任何评论。

然而，那位名叫梅里韦瑟的人还不知道的是，就在那个时候，美国国际集团正在同沃伦·巴菲特和高盛投资一起协商购买长期资本管理公司的投资组合。但国际集团的活动产生的一项结果就是迫使梅里韦瑟低价卖出他的公司和投资组合。梅里韦瑟确信国际集团正在试图使他破产，而国际集团也并没有对此发表任何看法。

如果仔细审视这些新闻信息并领会媒体在长期资本管理公司出售的过程中所扮演的角色，你会发现这是一件极为有趣的事情。在公司加入向高盛投资出售自己的投资组合的协商之后，关于其持有股票额的消息在金融媒体中逐渐传出，这向外部的抨击者暴露了长期资本管理公司的交易头寸。在高盛投资和沃伦·巴菲特与基金的谈判破裂之后，一股新的报道浪潮出现。卡洛尔·路米斯在《财富》杂志中写道，“沃伦·巴菲特是笔者终生的挚友”。然后继续讲述接下来的故事——长期资本管理公司已经拒绝了他的出价，因为约翰·梅里韦瑟不赞同他的条件。这篇文章贬低了纽约联邦储备银行的主席威廉·麦克多诺和梅里韦瑟得出了相同结论的事实——和巴菲特的看法不同——他也认为没有与投资者协商不可能合法地出售基金，而巴菲特只给了他们不到一个小时的时间去完成这件事。但巴菲特拒绝对此做出评论。

长期资本管理公司的决策者们坚持认为，《财富》杂志的报道和其他类似的消息给梅里韦瑟施加了更大的压力，迫使他下一次向出价更低的人出售。梅里韦瑟也认为国际集团的交易“跟我们所见过的那些相比只是小儿科”。但他拒绝说明那些交易究竟是什么，而这也不足为奇。9月23日，华尔街14家银行和经纪公司协会向长期资本管理公司提供了36亿美元，以交换公司90%的股份。梅里韦瑟“见过”的那些事情，恰好是那些现在拥有他的公司的金融公司所完成的，而他现在也在为这些公司效力。

梅里韦瑟的确描述了他在那些大型金融公司控制之下的待遇：“我喜欢维克多的风格，”——哈格汉尼，一位年轻的教授——“他认为，龙卷风几乎不大可能会造成冲击，因为已经承保了更多的飓风保险。但在金融市场上这是不正确的。越多的人承保金融保险，灾难发生的可能性就越大，因为人们知道你已经卖出保险的消息会导致灾难的发生。因此你必须监视其他人正在做什么。”

在1987年10月，市场的主动权已经从那些凭直觉进行交易的人们手中转移到那些根据他们的规则进行交易的人手里。到1998年8月，市场的权力又从那些遵循规则并希望继续远离市场的人们手中移交到总览全局的大型金融公司手中。一旦流言消失，这些公司将会进行和长期资本管理公司几乎同样复杂的交易，只不过可能是用稍微打了折扣的方式。的确，现在全球经济都将希望寄托在他们身上。没有他们，保险价格会下降，资金配置会失衡。但是无论如何，长期资本管理公司的股票已经复苏，到年底已上涨了大约10个百分点。

1998年8月和9月的事件已经将梅里韦瑟和那些年轻教授们带到了他们不想身处的境地，为那些华尔街的大公司工作。处于那些复杂的办公室政治之中，他们觉得自己已经远远落于人后了。相比他们曾经获得的数亿美元的收入，现在他们的薪水只有25万美元，或者是只能获得没有红利的新入行的债券经纪人那样的薪水。按照最好的方案设计，他们的股票将会带给他们所预期的收益，他们将会证实他们仍然是值得信赖的，他们会寻找其他资金雄厚的人来代替现在的股东。而最糟糕和可能性更大的结果则是他们这个团队将被解散。

当听到他们的理念被更多的人认为是荒谬的假设的时候，看这些人如何反应是一件很有趣的事情。显然，现在那些年轻教授们所面临的是要抛弃他们最珍视的超理性世界观的巨大社会压力。在接下来的几个月里，在那些国会委员们最后不得不向人们解释他们对这个自由世界的危害之前，他们会被及时拉回正确的方向。奇怪的是，真正困扰他们的问题不是他们是否继续他们的金融行为模式，而是如何根据那些已经发生的事情来改进他们的模式。“解决的方法，”罗伯特·默顿说道，“不是回到过去那些简单的老方法，那些从来都不管用，你不能固守陈规。世界已经发生了改变，解决的办法也极为复杂。”

“好像同时存在两种业务，”埃里克·罗森菲尔德指出，“老式的生意在通常的条件下会运营良好，而这种备用的业务则是在世界变得混乱时发挥作用。因为这样，你需要买保险或者有大量备用资金去利用这些机会。”

货币文化从来不善于区分糟糕的人物和糟糕的判断，以及糟糕的运气，而且长期资本管理公司的例子比通常情况更加糟糕：声誉扫地，人财两失，成为笑柄。因此，从长期资本公司使自己陷入困境以来发生的最有趣的事，也许就是那些还没有发生的。没有任何贪污自保的行为会经常伴随着巨大的金融崩盘，没有人会指责他的合伙人。已经有几位合伙人拒绝了为其他的基金经理或者金融公司工作的邀请。

可是在这15年中，约翰·梅里韦瑟和他那些年轻教授们第一次无法确定未来的方向在何方。他们希望接下来发生的与他们认为会发生的事情不再相同。换言之，15年来，他们第一次和其他人一样。

亚洲危机10年，我们仍未摆脱危险

约瑟夫·斯蒂格利茨①
《项目辛迪加》(*Project Syndicate*) 2007年7月

截至今年7月，距离1997年亚洲金融危机爆发已有10年。在1997年

① 约瑟夫·斯蒂格利茨在克林顿执政期间的1993年到1995年是经济顾问委员会的一员，从1995年到1997年是经济顾问委员会的主席。之后，从1997年到2000年他成为了世界银行的首席经济学家以及常务理事。他创办的《经济展望杂志》是最重要的经济刊物之一，此外他还出版了很多书，曾经与哈佛大学的琳达·比尔姆斯合作撰写过《三万亿美元之战：伊拉克战争的真正代价》。

6月，泰铢大幅度贬值。很快，经济恐慌蔓延到印度尼西亚和韩国，然后是马来西亚。仅仅一年多的时间，随着俄罗斯货币卢布和巴西货币雷亚尔的崩溃，亚洲金融危机衍变成为一场全球性的金融危机。

金融危机期间，没有人知道一个经济体会以多大幅度衰退或者是衰退多久。但从那时候开始，资本主义成了危机的代名词：危机爆发，经济复苏，如此反复，每次危机都会给我们带来不同的经验和教训。所以，在亚洲危机爆发十周年之后，人们很自然地就会问：亚洲金融危机的教训在哪里，全世界是否吸取了这一教训？类似的危机还会再次爆发吗？下一次危机是否即将到来？如今的形势跟当初有些相似：在1997年金融危机爆发前，发达国家流向发展中国家的资本剧增——在6年里增长了6倍。然而危机之后向发展中国家的资本流动就停滞了。

亚洲金融危机之前，一些经济观察家认为发展中国家的风险溢价低得不合理。事实证明他们是正确的：这次金融危机的一个特点就是风险溢价剧增。尽管对世界面临极大的风险（包括风险溢价回到相对正常水平所预示的风险）存在广泛的共识，但当今全球流动资金过剩已经再次导致风险溢价偏低，资本流动加快。

在1997年，国际货币基金组织和美国财政部谴责金融市场缺乏透明度而导致了金融危机。然而，当发展中国家一致指责秘密银行账户和对冲基金时，国际货币基金组织和美国对于提高透明度的呼声却逐渐消失了。自此以后，对冲基金和秘密银行账户的重要性得到重视。但今天的经济形势跟当初相比已大不相同，大部分发展中国家已经积累了大量的外汇储备，它们付出了巨大的代价才明白如果不这样做自己将会遭遇什么。当初国际货币基金组织和美国财政部介入亚洲金融危机，掌控经济主导权，对危机受害国提出附加政治要求以提高他们偿还西方债权国债券的能力，这直接导致了发展中国家经济的巨大衰退和萧条。

外汇储备的成本是昂贵的，因为这些钱本可以用在发展项目中来促进经济增长。然而，避免另一场类似的金融危机的爆发和经济主权的丧失所带来的好处要远超过其成本。外汇储备的增加在保护发展中国家的同时也催生了一个新的全球波动源。尤其是在布什总统执政期间，当美元丧失了作为外汇储备货币的神圣地位时，发展中国家为平衡上万亿的债券投资组合纷纷抛售美元，这让美元更为疲软。

发展中国家最近几年也在越来越多地使用本国货币，这样可以减少外汇风险。对于那些还欠有大量海外债务的发展中国家来说，风险溢价的增加必然会导致经济危机或经济混乱。但多数国家拥有大量外汇储备的事实也意味着，由少数几个国家的经济问题而导致全球金融危机的可能性将大幅降低。

世界对 1997 年金融危机的一致认识是全球金融体系需要改变：世界各国在阻止金融危机的爆发和处理金融危机方面需要做得更好。但是美国财政部和国际货币基金组织意识到，改革全球经济体系符合全世界的利益但不是它们的利益要求。

美国财政部和国际货币基金组织千方百计阻止全球金融体系在危机爆发期间进行任何实质性的改革，因为它们认为，危机过后改革的动力就会消失。事实证明，确实如此。毕竟，谁预测得到接任克林顿总统的会是一个在各方面都致力于削弱多边体系的人呢？例如，当国际货币基金组织在阿根廷危机之后正确指出国际债务重组方式（一种国际破产程序）需要改进时，美国立即予以否决。当经济合作与发展组织（OECD）提议加强银行保密管理时，布什政府同样对此予以否决。

实际上，世界并没有吸取此次金融危机中最重要的两个教训。第一，资本市场自由化是危险的。它打开了发展中国家的金融市场，导致热钱短时间内涌入。只有印度和中国这两个主要发展中国家幸免于 1997 年的金融危机，这一点儿也不意外，因为它们都拒绝开放资本市场。然而，现在这两个国家也被迫开放了资本市场。

第二个教训是，由于国家间高度依赖，我们需要一个可信赖的国际金融组织来制定通行的规则，以增强全球稳定和推动发展中国家经济发展。被美国（国际货币基金组织中唯一可以使用否决权的国家）和欧洲（通常指定为国际货币基金组织的领导者）操控的国际货币基金组织，长期以来在人们眼中都是国际债权国利益的代表。1997 年金融危机中其失败的表现进一步削弱了人们对国际货币基金组织的信任。另外，它在处理大型的全球经济失衡（当今世界稳定性的主要威胁）时的失败，也凸显出国际货币基金组织的局限性。

改革仍然是必要的，包括全面审视全球外汇储备体系。尽管1997年那样的金融危机可能不会再重来一次，但不管是从全球经济繁荣还是全球稳定来考虑，我们都不能再犯错误，全球金融体系的缺陷仍然有可能让我们付出巨大代价。

亚洲的漫长复苏路

凯斯 · 勃莱舍[1]
《纽约时报》，2007年6月28日

作为在炼油、塑料、钢制品和水泥方面积极扩张的石化工业帝国创始人的廖汉渲[2]（Prachai Leophairatana），曾经被列为亚洲首富之一。

但是10年前，也就是1997年7月2日，当泰国将其货币贬值的时候（带来了金融危机，波及几乎整个东南亚地区），廖汉渲先生的公司不能及时偿还接近30亿美元的债务，其中多数都是美元。今天，他的公司基本恢复了元气，但是他只掌管水泥业务部门，而且在过去的10年间还没有建立新工厂。

他的经历反映了自亚洲金融危机以来这里发生的很多事情，亚洲金融危机给全世界敲了一次警钟，并且很可能成为后冷战时期经济全球化道路上一

① 凯斯 · 勃莱舍从1996年到2001年是《纽约时报》底特律分社的社长。他曾经赢得过“乔治 · 波克奖”，而且是普利策奖的决赛人选者。自1989年开始他就一直是《纽约时报》的记者，现在是该报纸在中国香港分社的社长。

② 廖汉渲，广东潮安人，是泰国石化工业公司创始人和原控股者的华人富豪，但1997年金融危机对其影响很大。——译者注

段最具破坏性的曲折路程。在过去的10年里，受到危机影响的亚洲国家已经稳定下来，但是永远也没有再出现过20世纪90年代那样令人眩晕的经济增长。

回过头来看，亚洲银行对受金融危机影响最深的5个国家——泰国、印度尼西亚、马来西亚、韩国和菲律宾做了一个回顾，发现这些国家的个人平均收入全部都已经恢复到了1997年以前的水平。贸易平衡、外汇储备、公司管理、金融市场的深度以及政府监督的质量还有各类公共健康指标，所有这些现在都比从前更加强健了。

然而，在所有这5个国家都持续存在一种失落感，一种已经不再是外来投资商宠儿的失落感，一种最好的时光只存在于过去而非未来的失落感。这5个国家的经济从2000年到2006年的增长速度要比1990年到1996年的增长速度慢，年增长率要比前一时期平均低2.5个百分点。

亚洲发展银行的总经理拉雅·纳格说："我们所承受的失落感从那个意义上来说真的是永久的。"他把增长速度放缓归因于商业和政府对投资的更严厉警告。

这里以及该地区其他地方的许多人也都为危机的余波所困扰。富豪斯里瓦在1995年的时候借了800万美元在曼谷城外建了两所公寓大厦，但是在危机期间他破产了，然后开始在首都的街上卖起了三明治。他在1999年年初的时候预测他的三明治公司两年内将会在股票交易所出售公司股票。

现在他依旧认为距离上市只要两年的时间，但是他到现在只增加了2个咖啡店、2个信息亭和30个路边摊，因为他害怕借钱。"我怕我会再次失败，"他说，"我现在58岁了——我希望这能成为我孩子们长久的事业。"

政治不稳定以及持续存在的不良银行贷款问题也阻碍了一些国家的经济增长。去年泰国的军事政变以及政治暴乱也影响到了这里的投资；菲律宾面临共产党起义；印度尼西亚还没有完全从苏哈托政府的垮台（伴随着那里的金融危机）以及2002年巴厘岛的爆炸事件中复苏。

泰国财政部长查龙坡在一次采访中说，泰国已经解决了不良贷款的问题，并且到今年年末的时候经济会在选举过后有所好转。"再次出现金融危机的可能性现在是比较低的。”他说。

但是他警告说，那些像泰国这样的中等收入国家在处理全球资本市场大量货币流入的冲击方面依旧面临挑战。他表示，20 世纪 90 年代中期的两位数增长率从长远来说在泰国以及其他任何国家都是行不通的。他预测，即便是中国，当其出口产品开始充满世界市场的时候，它的经济在到了某个点的时候也会放缓。

认为金融危机正在过去的乐观主义态度在该地区已广泛蔓延，而更加缓慢的增长速度则有可能是严重警告后才产生的结果。

“韩国的经济政策在过去 10 年的时间里已经变得更加一致了，”韩国政府金融监管服务局的助理总监李阳勇说，“金融体系已经变得更加强健而合理了。”

的确，在这 5 个受危机影响最大的国家，最近几年 4%~7% 的年经济增长率依旧要比很多发展中国家的表现要好。

但是所有这五个国家的增长率都不及亚洲目前的三颗星：中国、印度和越南，这 3 个国家的年增长率为 9%~11%。这些国家有很好的政治和经济稳定性，而且现在还吸引了很多曾经冲击着东南亚的外汇资金。

越南曾经和老挝以及巴布亚新几内亚一样是个经济烂摊子，也几乎连国民的温饱问题都不能解决，而现在，越南在年水泥消耗（投资支出的一个关键指标）上已经超过了泰国。

中国现在是世界领先的钢铁生产商，印度在电脑软件开发以及其他外包方面成了全球领先的国家，而且现在在制造业方面的增长率也是两位数。

是否该地区的其他国家（部分地依据国际货币基金组织的建议行事）在向国际投资商们开放金融市场方面已经走得太远？亚洲的金融危机引发了不少此类讨论。

对冲基金、银行、跨国公司以及本国公司都开始争着抛售本国货币，并且买入美元以锁住利润或者偿还 1997 年的美元债务。结果是他们的货币大幅度贬值，从而使得一些公司，比如廖汉渲先生的企业，更加难以偿还他们已经借入的美元债务。该地区一些公司的情形甚至更加严重，这都要归咎于华尔街以及西方的投资商们。

“来自纽约的金融家们前来攻击泰国，他们的行为就如同恐怖分子一样。”廖汉渲先生说。

然而，最近的经济分析已经表明：对于经济的下滑，对冲基金和银行不应该负过多的责任，相比之下，该负更多责任的是那些突然抛售亚洲货币的公司：包括本国公司以及跨国公司比如戴尔，还有互惠基金比如托马斯·罗·普里斯的新亚洲基金（该基金试图限制他们的潜在损失）。

马来西亚比该区域其他国家更好地从危机中幸存下来，因为它对大量货币流出本国做了限制。这一成功举动对国际经济的正统教义——国家无论在什么时候都应该使他们的市场尽可能保持开放——提出了质疑，但是它还不能颠覆自由贸易与投资这一趋势。

中国、印度和越南这 3 个国家在亚洲金融危机之前的很长时间都对短期外汇投资的流入以及撤出有严格的限制。虽然中国的经济发展水平在出口减退的时候有所削弱，但相对其他国家，这 3 个国家在渡过危机方面的情况都要好一些。

这 3 国现在都转而放松了他们对货币流动的限制，但是采取的步骤是渐进式的，所以这有时候会使美国、欧洲的贸易和金融谈判受挫。

“我们已经将注意力集中在了保护工作之上，这样我们就可以做到在危机形成的时候及时刹车。”印度工商业部长卡迈勒·纳特在回复电子邮件时写道。

新近几个月受资本流动打击最大的国家又是泰国。在面临着去年 12 月份不断涌入的股票和债券投资（形成了抬高本国货币价值以及降低泰国在国外市场的出口竞争力的威胁）的压力下，泰国政府出台了限制政策来有效地对短期外汇投资进行征税。

当泰国的股票市场一天之内下跌 15 个百分点的时候，政府又迅速加大了对股票投资的限制力度。

然而，在一个不太引人注意的变化中，泰国政府在过去的几个月做了一系列调整，以对那些为了购买固定收益债券而将大笔货币引入国内的外汇投资商进行限制。

这些投资商们被要求在将钱引入国内的时候要在开放市场购买3个月的远期货币合约，这样就锁定了他们未来将这些钱从泰国转移出去的汇率。

这一规定在国际投资商中引起了抱怨，他们说该规定限制了他们从货币利率浮动中盈利的机会。但是，在最近的几个月，泰国的货币成了该区域汇率浮动较小的货币之一。

“有人抱怨说这样的规定付出了一些代价，但是结果证明，它基本上稳定了我们的货币。”财政部长查龙坡先生说。

除了金融瓦解，5个亚洲金融危机国家的另一个心头之患是：即使在他们对中国的出口增加的时候，他们依旧与美国的消费者密不可分。

很多亚洲国家过去常常直接将一些电子产品和其他产品通过船运至美国。今天，他们更倾向于将组件运至中国，然后在中国进行组装，最后再运往美国港口。

“亚洲有必要为未来做好准备，这个未来更多要依靠国内的增长力量，而不是世界其他地方的增长力量。”纽约联邦储备银行行长提摩西·盖特纳说。

一些执行总监包括斯里瓦先生现在正在做的事情就是这个。斯里瓦先生现在甚至提出一个观点：要在泰国买下所有的吞拿鱼和大米，为的是他卖三明治以及预制寿司卷，还有瓶装水果汁的生意。这一战略使得他和未来一切泰国货币单位的浮动都没有了关联。他说：“我不借钱，我不必偿还利息，这样我就可以一点点地攒钱。”他还补充道：“我的生意并未按照我所预期的那样快速增长。”

网络趋势追踪，通向毁灭之路

崔尚勋[1]
《纽约时报》，2007年3月

在六楼不起眼的一间办公室里，金何军和其他五位社会工作者正在浏览互联网，试图阻止目前正在韩国流行却让人极为苦恼一种趋势：人们通过互联网交流自杀的小窍门，在某种情况下甚至达成自杀协议。

“网络上有很多这样的人。”韩国预防自杀组织秘书长金先生说道。韩国预防自杀组织是一个私人的咨询组织，主要致力于减少自杀的数量。来自韩国政府的权威数据显示，韩国2000年的自杀数是6 440起，而2005年的自杀数翻了将近一番，达到1 2047起。

最近一起网络自杀协议案发生在首尔南部的一个单间公寓里，两名妇女死于一氧化碳中毒。

另一起网络自杀协议案，是通过网络达成协议的五名年轻男女在前两次自杀未遂的情况下驱车前往汽车旅馆一起讨论更多有效的自杀方式。当时，其中的一名成员临时改变了主意并溜出来报了警。

经济合作与发展组织的数据显示，韩国的自杀率从1985年的10万分之10.2上升到2002年的10万分之18.7。日本2002年的自杀率与韩国持平，而美国的自杀率只有10万分之10.2。

专家将自杀率上升的原因归结于快节奏的现代化生活所带来的压力以及田园生活的减少，但专家同时指出互联网也起了一定的推波助澜作用。韩国的宽带覆盖率世界最高，正如日本最近几年的情形一样，互联网已经变成了将拥有自杀念头的人聚在一起的一种致命性的方式。

---

① 崔尚勋在美联社工作11年之后，于2005年作为《国际先驱论坛报》驻韩国记者加入该报社。作为两本书的合作者，崔现在是美联社团队的一员（该团队在2000年赢得了普利策调查性新闻奖），居住在韩国首尔。

在仅仅一代人的时间内，韩国就从一个农业国转变成了一个极富竞争力且技术先进的经济体。人们期望在学业和工作上取得成功的压力非常大。

同时，家庭作为传统的支撑基础也面临着压力：离婚率达到创纪录的新高。终身雇用的担保在20世纪90年代亚洲金融危机的冲击下了变成了一张废纸。

2005年，在第一次此类的集会中，上百高中学生在首尔市中心示威，高喊："我们不是学习机器！"他们聚集在一起为全国15名由于学习压力而自杀的高中生深深默哀。

韩国政府没有具体统计受网络鼓动或协助的自杀数量。但通过对1998年6月至2006年5月期间新闻媒体报道的191起自杀事件进行分析，韩国拿撒勒大学（Korea Nazarene University）的社会学教授金政真发现，其中有近三分之一的案件的主人公曾经在网络聊天室里达成了自杀协议。

在韩国，互联网不仅成为帮助人们集体自杀的工具，也成为人们广泛分享个人自杀想法的工具。

韩国27岁的著名女演员郑多彬，在2月10日自杀的前一天将其自杀的想法公布在了个人网站上。

郑多彬在取名为"终点"的文章中写道："我无缘无故地就气得发疯，然后就像被闪电击中了一样，一切都安静了下来。此时，耶稣基督走过来对我说'你会没事的'，是的，我很好。"

首尔的咨询中心透露，郑多彬死后打电话寻求帮助的人大幅增加。

在韩国的网络BBS和论坛里，类似郑这样在临死前寻求帮助的人并不少见。

因无法忍受学校及父母逼他提高学习成绩，一个19岁的年轻人在雅虎韩国的网站上发布了一条匿名消息。消息内容是："我真想自杀。我现在只有30 000韩元（大约32美元），有谁能卖给我一种自杀药啊？我不想采取高空跳楼这样痛苦的死亡方式。"

今年3月，一名28岁的男士因涉嫌贩卖氰化钾给一名15岁男孩导致男孩自杀身亡而遭到拘留。该男孩曾通过互联网访问过他的与自杀相关的博客——天堂旅行。

2005年以来，各大门户网站在市民团体的压力下开始禁止在博客名中使用与自杀和死亡相关的字眼。如果用户输入关键词“自杀”进行搜索，搜索器会将心理咨询中心的地址链接放在最前头。

同样是在2005年，韩国政府网络空间监督机构——网络安全委员会，下令取缔了556个鼓动自杀的博客、聊天群及网页，一年前该类事件还只有93例。2006年，该数据上升到147例；到今年前4个月，数据再次攀升，达到161例。

韩国政府也正在采取或讨论用其他的方式来阻止自杀。由于自杀人群中有将近40%的人是采取服用农药或跳楼的方式，韩国政府正在考虑研制低毒性的农药以及在房顶和桥梁上安装更多的护栏。

交通部门官员表示，自2003年95人（其中部分人戴着黑色塑料袋）跳向迎面开来的地铁以来，首尔地铁系统开始在月台上安装玻璃墙，玻璃墙的门只有在列车进站后才会打开。

金何军的心理咨询小组平均每个月会发现并要求门户网站关闭100个与自杀相关的网点。有些网点的情况非常严重，以致小组成员不得不将可能违犯反协助自杀法的行为或危险品交易的行为报告给警方。

金先生说：“以前，自杀的人习惯用类似‘让我们一起死吧’这样的博客名，但现在他们变得小心起来。现在，当几个想自杀的人相遇之后，他们会立刻关闭网点然后通过e-mail和手机联系。你需要大量搜寻，靠直觉和运气去追踪他们。”

最近，金先生的团队发现了一个名叫“活着真苦”的博客，博客的主人宣称这是一个正在考虑自杀的人相互认识的地方。在该博客上，几个人留下了他们的手机号和e-mail地址，希望能跟那些想一起去死的人取得联系。

警方正在搜索该博客的创建人，并准备以协助自杀罪对其提出控告。犯有协助自杀罪的人一旦认罪就将被处以10年以上的有期徒刑。

首尔市民心理健康中心主任贾森·李先生说：“人都是社会性的动物，有些人即使是在自杀的时候也希望能有一个伴。”

PANIC

The Story of Modern Financial Insanity

第三部分

最新的新恐慌

PANIC
The Story of Modern Financial Insanity

引言

有关经济繁荣和经济萧条的文学作品倾向于以一种奥林匹克式的超然语气叙述，叙述者是某个被认为是无处不在的神，他有着叙述人类“荒唐事”的能力。这些历史的撰写者通常都很有趣、爱挖苦；他以为他的读者分享了他的知识，和他一样也明白市场一直都是如此，在华尔街太阳照耀之下也并没有什么和其他地方不同的事情。回顾一下，每件事都看似可以那么一目了然。但是，如果说每件事都能够一目了然，那么那些记录金融荒唐历史的作者们将会很富有，他们不会去以写金融错误以及开放式对冲基金这样的书和文章来谋生，他们将首先避免让自己陷入这样的麻烦。

经济繁荣的表象之下究竟发生了什么，人们永远都不会完全明白。不仅是金融历史很少重蹈自己的覆辙，即使是诗词中的押韵也很少重复自身。金融市场是以不受格律约束的自由体诗的方式进行的，而且不管你对它有多么深的研究（不管你读了多少遍查尔斯·麦基的《大癫狂：非同寻常的大众幻想和全民疯狂》），你依然处于被一时的激情冲昏头脑的危险中。因特网热潮和因特网萧条是很典型的例子。回过头来看，由那些26岁的年轻人创立的赔钱公司其真正价值似乎很明显永远都不值数十亿美元。但是同时，对于令人神往的“将来”，这些公司至少是努力尝试了在其中扮演一个极为重要的角色。在很多情况下，那样的美好“未来”并没有出现，但是，在当时的情况下又有谁会知道呢？谁能说这些新事物中哪一个是谷歌、微软，哪一个又是下一个Pets.com[①]呢？

恐慌前的幸福愉快感（当这一部分开始的时候）是从1995年8月9日开始的，伴随着一个几乎没有人听说过的名叫“网景通讯”的公司股票发售。很多人甚至不知道因特网浏览器的用途，我不确定华尔街有多少这样的人，但是网景公司告诉他们其浏览器的一个关键功能：它使人变得富有。一夜之间，网景的创立人吉姆·克拉克就变成了富翁，这即便是在华尔街也很让人敬畏。过渡到因特网恐慌（可以精确到具体日期）的部分也是很有趣的，于是，相对于其他部分，我在这里收录了更多的文章。（其中有一篇是我写的，内容是关于吉姆·克拉克的下一步行动，在网景之后，在这个为了创新他已经做了很多努

① Pets.com，一家上市的网络宠物用品零售店，2000年11月因资金短缺而倒闭。——译者注

力的世界，他即将会采取什么措施。）因特网热潮的不同寻常有诸多原因，其一就是因特网热潮引发了大量文章，而因特网的萧条引发的文章就更多了。正如约翰·卡西帝在他的著作《互联网经济：非理性的繁荣》（这里有节选）中所描述的，2000 年 3 月 10 日，技术股的纳斯达克指数达到了最高值。10 天之后，世界变了。

关于因特网热潮的另一件怪事是记者们所扮演的角色，很多记者都想从他们自己新成立的因特网公司发财致富。基于这一事实，华尔街那些对因特网股票态度谨慎的分析员们应该得到认可的，他们对网络股态度紧张不安。（见本部分选的一篇很不错的文章，该文章是由埃里克·舒诺费尔德写的，内容是关于分析员之间的利益之争，《财富》杂志转载了此文。）但事实是：在很多情况下，这些分析员们在评估方面要比记者谨慎得多。如果说生命中有一条规则的话，那么这条规则就是：不要依赖记者的忠诚。引发恐慌的不是别人，正是一个叫杰克·威洛比的记者，他的文章出现在 2000 年 3 月 20 日的《巴伦周刊》上，标题为《燃烧中》。通过一些仔细研究和冷静分析，他进一步指出：这些被认为是拥有美好“未来”的公司中有四分之一将会在明年花光他们的现金，因为他们看起来好像没有赚更多钱的能力。在华尔街，这篇文章类似于华盛顿“三陪服务”客户名单的发布：所有重要人物都会仔细查看以确保他们的名字不在榜上，因为一旦名字上榜，那么这个人的前途也就结束了。

这就是因特网成为“荒唐事”同义词的时刻。技术公司的股票崩溃了，突然间，每个人似乎都立刻看清楚了：所有参与创立并宣传这些网络公司的人不是傻子就是恶棍。一旦股价开始无约束地下跌，恐慌就接踵而至，那些为其他人创立并宣传这些网络公司并在这些公司投资的人自己也开始道歉，说自己多少是被忽悠了。令人汗颜的物质主义年代让位于反物质主义的年代，结果证明这些反物质主义年代是短暂的。截至10月份，《财富》杂志一位积极进取的记者杰瑞·尤西姆收集了很多有关“我的荒唐事”和“吸取教训”之类的文章，其中有一些被收入本书。这些文章中最有价值的部分来自于吉姆·克莱默，他当时是对冲基金经理人，手里还掌管着看似要倒闭的因特网公司。“下一步我该怎么办呢？”克莱默问自己，“啊，这个‘训练五级足球’计划，它真是令人难以置信，在那里我可以实现我生命中一切想要实现的。我可以让家里的所有人都幸福并且在生命终结的时候还可以有向世人展示的东西，我实在受够了物质的东西。”很幸运，这一超凡脱俗的转变是暂时性的，吉姆·克莱默后来又恢复到了从前的状态，继续在有线电视亚太财经频道的《有钱真好》节目中主持最物质主义的节目。

在这里，我要抵制住为“因特网癫狂”辩护的强烈欲望，因为我没能抵抗住另一个强烈欲望，就是把我在恐慌期间为《纽约时报》(该部分以此结束）所写的辩护收录到这里。但是我确实认为帮助掩饰此刻疯狂事件的正是那点燃这一事件的情绪，这种情绪不仅仅是贪婪，还有理想主义。十年之后，同样的冲动将会指向巴拉克·奥巴马的总统竞选。很多人（大多是年轻人）真的以为他们可以改变这个世界，他们太傻，太愚蠢，或者说太嫩了，但是他们也很有魅力，他们最后真的改变了世界。只是结果和他们预想的不同，而且他们也没能从这一经历中收获很多。

网景增加原始股发行量

{《纽约时报》，1995 年 8 月 8 日}

网景通讯公司将其公开发行的原始股数量增加到 500 万，参考发行价高达 24 美元，预计其星期二发行的原始股总价能达到 1.2 亿美元左右。公司最初计划以每股 13 美元的价格对外销售 350 万股，但最新的发行价是每股 21 到 24 美元。

承销商提高网景价格

{《纽约时报》，1995 年 8 月 9 日}

由于市场对网景公司发行的原始股存在惊人的需求，所以承销商昨天将网景公司原始股发行价提高到了每股 28 美元。这一价格是其最初发行价格的两倍多。

以摩根士丹利公司为首的承销商同时将网景公司原始股发行量从 350 万股提高到 500 万股。

网景公司主要致力于开发浏览互联网的浏览器软件，但尚未证明能从软件销售中获利，该公司确实一直在赠送其开发的浏览器软件——网景导航者来增加市场占有量，在连接到互联网的电脑中，有大约 75%的电脑使用的是导航者浏览器。

但是很显然，网络空间对于很多投资者来说具有特别的吸引力。

星期一，承销商将7月17号发行的招股说明书中每股12~14美元的目标价提高到了每股21~24美元。

互联网市场调查公司艾伦通讯（Arlen Communications）的分析师皮特·克拉斯洛维斯基说："华尔街现在对互联网很痴迷，问题是投资者试图在两年之内迅速找出其中的佼佼者。"

网景公司的财务报告显示，其半年内的亏损达到431万美元，分析师认为该公司两年内不可能盈利。坐落于加州山顶城的网景公司计划通过销售其服务器软件及签订包括安装在内的技术服务合同来赚钱。该服务器软件可以帮助公司在互联网上建立电子地址，交换信息。

如今股票已经在纳斯达克上市交易的网景公司，其预期的收益率仍然很高。

尚未盈利的网景通讯股受到华尔街追捧

劳伦斯·朱克曼[①]

《纽约时报》，1995年8月10日

昨天，当众多投资者蜂拥将钱投向网景通讯公司时，这个刚成立15个月的尚未盈利的公司来了一次华尔街历史上最惊人的亮相。

在美国股票交易所上市以后，网景通讯公司变成了最新最热的从事互联网业务的公司。该公司的股票价格在早上11点开始交易前还是每股28美元，开始交易后一下子就飙升到了每股71美元，后来又很快攀升到每股74.75美元。

到中午的时候，共同基金经理人及机构投资者停止交易，兴高采烈地开

① 劳伦斯·朱克曼是一名记者，他为《纽约时报》作航空、航天题材的报道。

始了午餐，他们很幸运获得了高达150%的盈利。

但是这也让其他投资者能进行更多的交易行为，在经过一个下午的买进卖出之后，有些投资者扭亏为盈。事实上，在已发行的可交易的575万股股票中，有13%的股票在昨天的交易中交易次数达到两次以上。昨天纳斯达克股票交易市场闭市时，网景公司股票总交易量达到1 388万股，其最终交易价格为每股58.25美元，比发行价高出了30.25美元。

拥有970万股企业股份的网景公司创始人兼总裁，其手中的股票价格总额也达到了5亿美元。

在同类发行规模的股票中，网景通讯公司股票的首日发行情况在华尔街历史上表现最好，其股票总市值达到了1.739亿美元。包括企业管理层和风险投资者手中持有的股票在内，网景公司的市场价值总额上升到了22亿美元。这使得网景公司资本规模瞬间超过了像博德邦这样的发展良好的软件公司。

更为重要的是，网景公司的这种繁荣更是一种信号，折射出人们对商业化运作全球电脑网络即人们熟知的因特网的狂热，这种狂热也导致了自10年前个人电脑产生以来在科技行业前所未有的投资热潮的出现。

《溢价股票服务》（*The Overpriced Stock Service*）杂志社编辑，加利福尼亚半月湾的时事分析师迈克尔·墨菲表示："投资者正在变得狂热。"

网景通讯公司成立于1994年4月，并开发出了一种流行的软件程序，它可以让个人电脑用户通过调制解调器快速访问万维网。该公司在成立的前六个月实现盈利1 660万美元，但年终报告却显示其亏损了431万美元。

在最新一轮成功发行上市的与互联网相关的公司当中，网景通讯公司并没能扭亏为盈。最受关注的公司还有Spyglass公司[①]和Uunet科技公司[②]，Spyglass是网景公司的直接竞争对手。该公司在6月份以每股17美元的价格发行了200万股股票，其昨天在纳斯达克交易市场的股票收盘价是每股43.25美元，下跌了6美元。Uunet科技公司是一家为大型公司和机构提供

① Spyglass，一家以开发Mosaic浏览器闻名的公司。——译者注

② Uunet，第一个Uuix网络商用业务供应商。——译者注

网络接入服务的公司。该公司今年 5 月以每股 14 美元的价格公开发行股票，昨天的收盘价为每股 43 美元，下跌了 3.25 美元。

上述这些公司的典型特点是，在承销商对外发行股票之前，公司都有过持续半年以上的盈利表现。但因特网跟其他有前景的技术有着很大的不同。

纽约标准普尔公司的分析师罗伯特 · S · 纳塔利长期跟踪研究新型股票的发行。他说："对于了解基本面的人来说，市场已经表现出了过度投机的迹象。"

实际情况是，大量投资者对网景公司股票的炒作迫使网景公司的两大承销商摩根士丹利和汉鼎投资公司以相当于原始价格两倍以上的价格扩大了其股票发行量。

大部分原始公开发行股都会被合理定价，这样在一天的交易结束之后它才能给投资者带来小额的收益。某些时候，股票价格定得过高，当天交易结束后其价格就要回落，这被认为是承销商的失败。如果一只股票的价格两倍于发行价格时仍存在新发行的需求，就像网景公司昨天的情况一样，那就表示市场对这支股票的价格严重低估。不过这种情况极少出现。

这种惊人需求的后果是，一些人在这波互联网浪潮中积累了惊人的财富，至少是数字上的。在网景公司最近的估价中，该公司的最大股东兼总裁，现年 50 岁的吉姆 · H · 克拉克手中持有的股票市值达 5.66 亿美元。作为计算机工作站主要制造企业——硅图公司——的创始人，克拉克早已成了超级富翁。

昨天对于马克 · L · 安德烈森来说是他开始赚钱的第一天。现年 24 岁的马克 · L · 安德烈森是网景公司技术部副主任，他是网景公司获奖软件的发明人。按照昨天的收盘价计算，他在网景公司的股份市值已超过 5 800 万美元。

在网络公司疯狂投资的背后是以英特尔和微软公司为主导的科技股的全面牛市。计算机领域的第二次革命将是网络化，它抛弃了传统的观念，将曾经孤立存在的上百万台计算机连接到了一个全球的信息娱乐平台。

高盛公司在线互联网服务分析师迈克尔 · K · 帕雷克认为："互联网的商业化与个人电脑初始阶段的发展非常类似。"

在投资者头脑中，他们仍然记得个人电脑、手机等其他科技奇观在繁荣时期所创造的财富。所以他们更渴望对那些在他们眼中能成为下一个微软的公司进行早期投资。

在所有与互联网相关的股票中，位于加利福尼亚山顶城的网景公司的股票成了投资者的首选。因为网景导航者软件据估计占据了75%的网页浏览器市场。

通过免费向个人用户赠送网景导航者软件，通过建立对企业用户进行收费的方式，网景公司正一步步努力将自己打造成为行业的标准。如果这一努力取得成功，投资者希望有一天能像微软控制操作系统市场一样获取垄断利润。

值得一提的是，人们认为网景公司总裁克拉克先生是一位值得信赖的管理者，这一点在他任职硅图公司的时候就已经表现出来。而安德烈森在人们眼中则是一位像比尔·盖茨那样的神童，他在伊利诺伊大学读书期间协助编写了第一个浏览器程序。

当然，网景公司的前景并非绝对光明。很多热门的新发行股票价格曾经也一度高涨，但很快又一泻千里。人们仍然认为互联网还处在发展的初期，这一领域仍然存在着许多资金雄厚又有实力的竞争者。

以微软为例，它已经批准采用竞争对手Spyglass公司的浏览器，并计划在今年晚些时候让这一浏览器与windows95软件一起发布。而像Uunet这样已经公开上市的网络接入提供商同样面临来自美国电报电话公司和MCI电讯公司这样的企业巨头的竞争。

网络热如何使公司股价一路狂升？

卡里克 · 莫林康普[1]和克伦 · 伦德佳[2]
《华尔街日报》，1998 年 12 月 9 日

在感恩节前一天，也就是星期三早上快 10 点的时候，一个不怎么引人注意的新闻轰动了在线聊天室：百万书店正在万维网上推出一个改良后的网站。

请别介意，这个伯明翰图书零售商在过去一年成绩平平，他经营百万书店网站（booksamillion.com）已有两年时间了。然而投资商们却开始买入这家网站的股票，使得其股价在短短 3 天的交易中上升了 973% 这一简直令人眩晕的数字，达到了 47 美元。凯特 · 戴哈根是马萨诸塞州剑桥福里斯特研究所一个研究公司的在线零售分析员，她说原因是“网站狂热”，“这很荒唐”。

据一些分析员称，当股票回到更合理的价格——15 美元每股的时候，狂热情绪就平息了。留下的是那些懊悔自己卖得太早的一些长期股东，还有傻了眼的分析员们。当股票价格上升到分析员所说的为真正所值价值的四倍时，公司的总监们不顾那些分析员的建议，纷纷售出股票。

这就是那起伏跌宕的故事——在聊天室和会议室所议论的故事，关于意外收获和短暂易逝的充满幸福愉悦感的故事。

11 月 20 日，星期五

百万书店的网站被网站设计人员克雷格 · 汉森称为“飞行员”，这一网站有两年历史了，之后，百万书店又悄悄地向公众公开了一个更炫目的网站。

① 卡里克 · 莫林康普是《华尔街日报》亚特兰大分社的记者，他负责一些金融机构的采访。莫林康普 1997 年加入《华尔街日报》。他也为其他报社工作：《玛理亚达日报》（佐治亚州）、位于北卡罗来纳州罗利城的《三角商业杂志》、《罗利新闻和观察家报》（北卡罗来纳州）以及彭博新闻社。他还是《人与大烟草》（关于烟草诉讼的书）一书的作者。

② 克伦 · 伦德佳作为《华尔街日报》的记者，在该报社工作了八年半。她现在受雇于明尼阿波利斯的《明星论坛报》，任财经助理编辑。

从本质上来说，它与之前的那个是一样的，只是新网站颜色更丰富、搜索功能更强了。最明显的区别就是：新网站上的书更便宜了。

汉森先生说，新的网络页面“可以与那里存在的一切事物竞争”。之前的网站也是汉森先生在纳什维尔的公司——网络中心公司（Net Central）设计的。

有这个必要。百万书店拒绝回复本文的采访电话，也没有公布访问他们网站的游客人数。但是据设在纽约的媒体部在线活动追踪机构称，游客访问人数并不是很多：11 月份百万书店网站页面的访问量没有 11 月份访问量的前 8 000 名。西雅图的亚马逊和纽约的巴诺是 11 月网站被访次数最多的公司，分别为 820 万次和 740 万次。

11 月 24 日，星期二

下午 2 点 01 分：游客们去雅虎！很明显百万书店的在线聊天室成员不清楚公司的新网站，对股票没有什么热情。“油水很高的——机会股将会突破首次公开发行股票的价格，”一个游客写道，“垃圾”。

百万书店有着 174 层高的楼房，是继巴诺和密歇根安 · 阿伯边际集团之后的全国第三大图书公开交易零售商。11 月 19 日，百万书店的财务报告说：书店第三季度销售量与上一年同比下降了 3.3%。在过去的一年里，其股票价格在 5 美元左右，而 1992 年上市的时候其价格是 13 美元每股。

抛开公司过去一年里的新闻报道不论，一些分析员们的确开始放弃这家公司了。纽约阿格斯研究公司的分析师大卫 · 东（David Toung）说：“看起来他们并不像是要有所作为。”

11 月 25 日，星期三

上午 9 点 57 分：百万书店的股票上升了 38 美分，达到 5 美元每股。

上午 9 点 58 分：该公司打破了感恩节前一天交易的寂静，在诸多媒体发布头条新闻——“百万书店推出新版本网站”，该告示承诺——网站“提供了网上售书的最优价格”。

虽然该公司已经有了一个网站，受该新闻以及在线聊天室激烈讨论的推动，公司股票价格开始上升了。

上午10点30分：基金经理德克·冯·迪克瞥了一眼他的交易终端机，在他惊奇地又看了一眼之后才恍然大悟：百万书店在纳斯达克股票市场的代码——BAMM是9美元。冯·迪克先生为俄亥俄州代顿的迪安联合投资公司工作，他起初觉得这是一个不好的报价，但是在他可以再次检查这一数据的时候，他又必须出席一个员工会议。他的小市值股票投资组合（在第二、三季度买了121 600股）将不得不暂时保持不变。

上午10点51分：在雅虎的留言板上，投资者们很高兴地看着股票上涨并计算着他们的利润。

“我爱死这只股票了，”一个投资者写道，“我以5.25美元的价格买入了1 500股，不到一小时之后就以7.75美元的价格全部卖出。”

下午12点40分：有一个投资者插话说；“如果你已经错失所有其他因特网的热门股，你的机会在这里。BAMM到圣诞节的时候将会达到100美元……快买啊！快买啊！”

下午1点11分：大卫·麦吉是依旧对该公司进行报道的三个分析员之一，他在家里迅速写出了一份报道。这位亚特兰大的罗宾森·汉弗莱公司（Robinson Humphrey）的分析员写道：“除了既有的网站的些许改观以外，看起来没有别的根本性原因能解释今天BAMM股票的强劲走势了。然而，没有人指望该网站在明年会成为BAMM业务一个有意义的部分。”

麦吉先生将股票从“买入”降级到长期“持有”。股价现在是11.50美元，这使得百万书店的市值从前一天的7 620万美元提升到了2亿美元。麦吉先生的报道是1点47分的时候公布的。

下午2点：冯·迪克先生开完会回来重新看了股票，现在是12美元每股。他迅速算出了它的市盈率与市净率，得出的结论是：股票价值被过度高估了。“它的价格应该在8美元、9美元，甚或10美元。”后来他说，“鉴于他们开发了一个网站——每个人都有了一个网站……这让我喘了口气。”

由于对股票的上涨感到紧张，基金经理告诉其交易商乔·古多夫，让他卖掉他们所有的百万书店的股票。

冯·迪克先生已经观察到股票在5美元左右的价格上挣扎好几个月了，他回想对自己所说的话："嗯，至少在感恩节的时候，除了火鸡，我还有别的东西可以感谢了。"

下午3点58分：交易结束前的两分钟，在线聊天室依旧气氛热烈，"砰！扣篮……为这一奇迹，我赌30美元。"

下午4点：百万书店以12.938美元的价格收盘，几乎是开盘价格的三倍，总成交量达到了3 300万股。

感恩节，11月26日

下午3点44分：聊天室没有因为感恩节而休假。一些在线赌徒认为股票还有上升的空间。"基于他们最近对（新网站改进）的理解，BAMM会升得更高的，我们等着瞧吧！"

下午7点至9点：彼得·维杜觉得很反胃，不是因为和家人吃火鸡的缘故才有这样的反应的。作为萨斯银行互惠基金家族在伯明翰的经理，维杜先生正在开会讨论19万股百万书店股份，明天门铃响起来的时候他就得做决定。

他已经在前一天的飙升中得出了一个令人苦恼的结论：大机构交易商对"（价格）很明显已经失去了控制"，"很明显，对价格的控制权已经落入了因特网交易商的手中"。

因特网交易商以及他们的同胞"日交易商们"，他们持有某只股票的状态通常不会超过一天，有时候仅仅持有几分钟的时间。

在他办公室的电脑里，维杜先生仔细阅读了聊天室的聊天记录，有一些评论"让我感到既惊奇又兴奋"，他回想起来，"就因为改进了网站，于是股票在一天之内上升了300%，这不太讲得通"。

接下来他查看了一下他喜欢的新网站，他注意到"图表要比亚马逊网站好"。但是他担心亚马逊会在减价方面与之竞争，他说那就意味着一场压缩利润的价格战。

"风险会出现在星期一，价格将会回落到6美元。"他说。他决定卖出股票，但是还没有决定以什么价格在什么时间卖。

11 月 27 日，星期五

上午 9 点 23 分：聊天室正在热烈讨论百万书店的股价走势，一个投资者预测说："我估计价格会达到 20 美元或者 21 美元，然后价格会暴跌到 9 美元或 10 美元的范围，并将以此价收盘。"

上午 9 点 30 分：股市开盘了。吉米·奥尼尔是罗宾森·汉弗莱公司资本市场部以及贸易部的负责人，他已经增加了一个交易商来帮助管理百万书店的股票交易。该公司是股票方面的顶级做市商，它的责任是维持股票的买卖和流动情况，但这一任务由于疯狂的日交易而变得更加困难。

上午 9 点 42 分：股票价格从 6.31 美元升到了 19.25 美元，成交量为 283 000 股。

上午 10 点 26 分：弗朗西斯·查德威克是亚特兰大的一位日交易商，他注意到财经频道提到了百万书店，他检查了自己电脑上的自动收报机。查德威克先生很自然地回避了网络股，他说："这多少有点儿吓人。"

查德威克先生对于图书公司业务也仅仅只有一个模糊的概念，但是这并未阻止查德威克先生以 23.875 美元的价格下订单购买百万书店 500 股股票。时间一分分地过去，在他的电脑屏幕上，他看到股票一直在飙升。

上午 10 点 39 分：查德威克先生已经赚得足够多了，他下了出售单，价格是 29.75 美元。他说："我只是太紧张了。"

13 分钟之后，凭借 6 美元的差价，他赚了 3 000 美元。他高兴地欢呼起来。"我只知道自己赚了 6 个点。"他后来对别人说，"我都不记得股票的名字了。"

中午：在伯明翰，萨斯银行互惠基金管理人维杜先生也一直想卖出股票，他和他的交易商艾尔·华莱士抛售了 9 万股。由于假期造成交易时间被缩短，所以还有一个小时市场就要关闭了，而这时候不少交易商希望卖出股票。

与此同时，虽然内部人士好几天都弄不清楚到底是什么价格，但他们也开始注册然后卖出股票。据 CDA 投资网的洛克维尔所言：首席执行官克莱德·安德森（他的爷爷创立了这个公司）提出出售价值 774 万美元的 258 000 股股票；他的叔叔约耳提议出售价值 513 万美元的 171 000 股股票。首席财务官桑德拉·科克伦提议出售价值360万美元的110 900股股票；副经理特伦斯·芬利提议出售价值113万美元的32 400股股票。安德森家族的其他三名成员以及很多家族信托持有人提议出售182 000股。

下午1点：百万书店的股票价格上涨26美元，以38.9375美元的价格收盘——比一个交易日之前该股票的开盘价格高了33美元，这太令人惊讶了。当天大约成交了3 300万股，这使百万书店的股票成为纳斯达克交易量最大的股票。

11月30日，星期一

上午9点47分：在交易开始的最初17分钟，百万书店的股票上涨7美元达到了46美元，正如它最初突然开始上涨那样，股票后来以自由落体的速度下跌。

上午11点33分：股票以30.25美元的价格进行交易。罗宾森·汉弗莱公司的分析员麦吉先生发表了另一个报告："我们不认为BAMM的股票价值现在超过7美元。"

中午：股价在35美元，维杜先生完全处于激动的状态。萨斯银行的管理者已经告诉过他的交易商华莱士先生，让他卖掉他手中最后的10万股股票。

百万书店的那些负责人继续着他们的出售计划：查尔斯·安德森主席计划出售价值1 190万美元的397 047股股票；他的儿子克莱德计划出售价值553万美元的184 300股股票；他的兄弟约耳计划出售价值543万美元的181 100股股票。其他家族成员、机构、托拉斯以及负责人计划出售累计价值950万美元的304 951股股票。两天累计售出价值为5 550万美元的182万股股票，一共是42笔交易。

下午4点：百万书店的股票以29.50美元收盘，一天之内下降24%。在接下来的几天，股票价格回到了15美元的波动范围，人们的热情已经消耗殆尽，日交易商转而寻找下一个游戏。

但是其他的人则去寻找解释。分析员麦吉先生依旧有点儿茫然，从总体上来看，一个举动就可以使股票跌到谷底。"我的评论真的没有那么大的关系。”他说，“很可能有两个或者三个分析员都不看好这只股票，但是我认为人们没有引起注意。”

他承认自己由于受到聊天室的影响而放松了警惕。“它的力量使我感到震惊。”他说。

和其他的分析员一样，由于百万书店所带来的激动心情而使麦吉先生对潜在危险看得很淡。

看到了亚马逊与巴诺已经和在线供货商以及因特网搜索引擎签订了排他经营协议，福利斯特研究公司的戴哈根女士说：“网络上所有书架最好的空间都已经分割完毕了。”

同时，一些交易商仍在追忆还有可能发生的事情。就在感恩节的前一天，基金管理人冯·迪克先生卖掉了股票，他承认说：“最后收手的价格如果不是12美元而是35美元就好了。”但是他还是会拿走他的利润。

那要比其他一些人期望的要多。

新新金钱观

迈克尔·刘易斯
摘自《新新事物》

那是一个夏天的下午，在与风险投资家面谈了关于健康门户网站的将来之后，克拉克钻进他的跑车，驶向旧金山方向。下坡的时候，汽车时速已经超过了100公里。为了发泄自己内心的感受，克拉克大声吼道：“我也开始感到穷困了！”

克拉克这样说既是开玩笑也算是一种抱怨。他觉得贫穷，但他也知道自己觉得贫穷多少有些滑稽或是无病呻吟。毕竟，他在网景公司还拥有价值6亿美元的股份。即使微软成功逼迫网景退出浏览器领域（克拉克坚信微软必定会那么做)，他也很快会变得比现在更富有。抛开所有的这些表面现象，克拉克坚信健康门户网站将取得很大成功，实际上，他上午与风险投资人会面的目的就是为了增加自己在该公司的股份。然而，与其说克拉克关心健康门户网站，还不如说他更关心那些可能出现的新新事物。不管出现的新新事物是什么，它都会更强大、更具吸引力的。克拉克对新生事物的态度就是：它们必然比旧事物强。他解释道："我的想法就是， 我要把所有的力量都聚集在一支蓄势待发的箭上，然而这样做的风险就是，当箭变得足够强大的时候，全世界都会关注它。到时这支箭也就不再是支简单的箭了，它就是一枚洲际导弹。即使我失败了，我的失败也会成为一个故事，一个非常具有影响力的故事。"

一个月之后，一批华尔街投资银行家拜访了健康门户网站。1986 年克拉克飞到纽约力劝华尔街银行家出售硅图公司的时候，在他们面前还十分谦恭，当时的银行家们没给他什么好脸色，所罗门兄弟公司的CEO起身站着，使得坐在那里的克拉克就像所罗门公司大厅里的一个乡下人。然而这些天，这些银行家们纷纷来到硅谷拜访他。这种变化仅仅是资本主义食物链上诸多变化当中的一个，华尔街投资者一下子从金钱文化中的社会名流变成了仆人。他们有些僵硬地挤进一个小型的会议室，随之上演的是极其完美的金钱芭蕾。

大约 1 个小时后，会议正式开始了。越是关系数十亿美元投资的时候，人们越是不能简简单单的只谈论钱。这一点相当重要。健康门户网站的首席执行官迈克 · 朗坐在会议桌的顶头，另外还有少数几个员工坐在靠墙的椅子上。让银行家们吃惊的是克拉克坐在靠近门口的椅子上，还把门开了个小缝。他们不明白其实紧关着的门后边并没发生什么重要的事情，只是克拉克感觉整个会议室都不通气，在整个会议过程中，他总是时不时地站起身向外面探探，似乎很想知道大厅外发生了什么。朗在介绍了健康门户网站的员工之后，转向会议室其他人，然后说道："克拉克，为什么不把你最初的想法跟大伙说说呢？"

吉姆 · 克拉克点头表示同意，并用典型的互联网术语说道："投资网景公司之后，我对纵向市场比较感兴趣。我一直认为互联网中最大的机遇就隐藏在纵向市场。"纵向市场指的是是单一商品或服务市场，如图书市场、旅行服务市场；横向市场是综合商品和服务的市场，如浏览器企业网景公司就是一个横向市场，而健康门户网站关注的是纵向市场。克拉克接着说道："我对保健行业一无所知，但是我正在寻找值得去做的事情和……"

克拉克讲了几分钟，阐述了他觉得1.5万亿美元的保健市场值得投资的原因，然后把椅子移到靠墙的位置，并向迈克·朗示意他的讲话到此为止。朗接着说："互联网改变了一切，我们每个人都可以通过互联网相互联系在一起，谢谢你的演讲，吉姆！"

银行家们发出了赞赏的笑声，他们的行为举止似乎让人感觉所有与这一新领域有关的人都集中到了这样一间小小会议室。在这里他们感到安全，现在硅谷要成为他们的投资游乐场了。当然，确切地说，在硅谷这种地方一位投资银行家并不能称为玩家，反而像是一位倒水的服务生，但至少他也算是在硅谷工作；相比之下，他们那些在纽约工作的同行们，只能算作是资本主义大体育场里廉价看台上的看客，这一点足以羞死他们。毕竟，如果不能比别人挣更多的钱，投资银行家的意义又在哪里呢？

但是，华尔街银行家相对于瑞士银行家来说，仍然处于资本主义食物链的更高层。他们直接参与创造了克拉克式奇迹，或者至少是自认为参与其中。当然，像克拉克这样的企业家和约翰·多尔这样的风险投资家也确实为这条食物链搭建过最初的一两步梯子。当摩根士丹利和高盛致电迈克·朗，并趾高气昂地表示，只有他们完全拥有健康门户网站的股权才会收购这家公司时，迈克·朗当时只是坚定地答道："把你们的要求写成书面材料"，之后，摩根士丹利和高盛妥协了，表示愿意按照迈克的意思去做。这两家投行在互联网发展繁荣时期已经赚了数十亿美元。至少在当时，他们可以声称自己是那场巨变的受益者而非所谓的受害者。公开发行类似健康门户网站公司的股票，他们就要收取公司募集资金总数7%的费用，另外还有其他的一些费用。如果一个公司向社会募集了5 000万美元的资金，那么投资银行经过几周的工作就能净赚350万美元，而且这些费用通常还只是首付。一旦某个网络公司的股票价格暴涨，它就有资金来收购股价低廉的公司。华尔街银行家就是进行这些收购的代理人。尽管他们收取的费用并不能让他们变得像克拉克、克拉克的下属、克拉克下属的下属、克拉克下属的下属的下属等人那样富有，但他们要比瑞士银行家富有得多。

与华尔街银行家的会议，从下午两点开始直到六点才结束，一直持续了四个小时。其间只有一次稍长时间的休会，用来喝点咖啡和打打电话。朗通过一张新的公司结构图对健康门户网站进行了介绍。这张新图表甚至比魔钻更让人印象深刻。这张图如下所示：

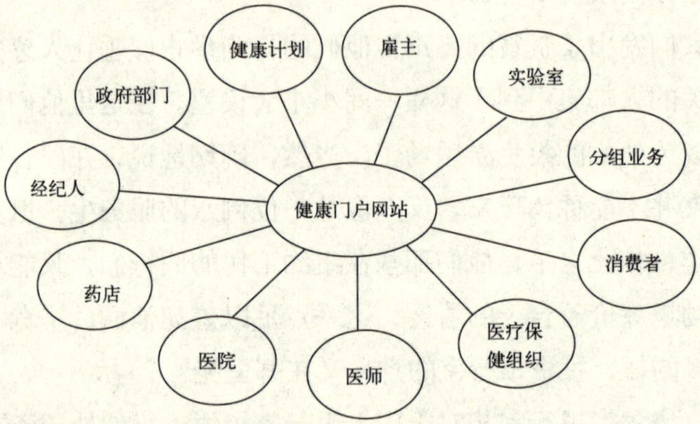

我们从这个有着11个小椭圆的图表可以看出，健康门户网站公司在中心，员工不足200人的小公司很显然处于复杂的环境中。这张图表至少可以说明，在决定从事保健行业之前，迈克·朗至少已经了解了组成这个行业各单元的名称。然而，摩根士丹利的银行家只是礼貌性地表示了对该图表的兴趣。会议的开始是纯程序性的，就如同在宰羊之前必定给羊洒上点圣水一样。从他们对会议桌上那部电话机的反应就能知道他们对会议的态度。当时有一位女性同事由于身体欠佳只能待在家里，但她仍要求通过电话筒来旁听此次会议。电话里时而传出婴儿的尖叫声，时而又传出咯吱的笑声，原来这位来自摩根士丹利的女银行家正抱着孩子在旁听。但她却没法让婴儿安静下来，每次传来婴儿的哭声时，会议室的人就以此为借口来转移自己对图表的注意力并会心一笑。

“如果你们打算投资保健领域，”迈克·朗说道，“就必须让你们公司的大部分员工都熟悉这一领域。”

“哇哇……”婴儿的声音再次传来。

会议室里的人都呵呵地笑了起来！

但是，这张图表突出了一个明显的问题，在座的银行家们同时也提出了这个问题：怎样才能让图表中的企业按照图表所示那样运作呢？朗给出了一个很冗长但是却让人感到满意的回答：“健康门户网站将逐步推进，做到神不知鬼不觉，并且将通过跟更大的企业达成合作伙伴关系来吸收2 500亿美元的闲置资金，这样就不会遭到那些过着挥霍生活的人的指责。各个领域的大企业都会利用健康门户网站提供的服务来扼杀小公司。但当这些大公司最后发现健康门户网站也不再需要他们的时候，一切都已经太晚了。”朗说这些话的方式让人感到很舒服，他并没有描述上百亿资本的重新分布和成千上万人需要寻找新工作所带来的巨大推动力。他的描述更像是一个友好的让步。

这是克拉克原始意图的简化版。以前，克拉克看待医疗领域就如同他看待这个世界一样，非白即黑。按照克拉克的想法，医疗领域应该有提供医疗服务的专业人士，他们都为实现一个目标而工作，他们都被称做医生；医疗领域还有需要特定医疗服务的对象，他们都被称做病人。处于这两类人之间的任何人——那些成万上亿的从事文书工作和占着岗位没什么实际作用的人等都是多余的。迈克·朗所说的一切关于“合作”或“与其他医疗保健公司的双赢关系”都只是一个烟雾弹，清理这种烟雾弹也正是当初克拉克创立健康门户网站的出发点所在。克拉克曾经告诉我说：“我们只是想要赋予医生和患者权利，让其他闲杂人等都靠边站。”然后他又笑道：“当然除了我们之外，尽管我们也是这些闲杂人群中的一分子。”

朗并没有谈到中间的“闲杂人阶层”，相反，他把图表分发给会议室里的医生和医疗领域的权威人士——这些人是新一轮口舌之战的先锋兵。他们轮流发言阐述了自己打算如何逐步实现图表中所示的角色并做好自己的本职工作。发言从制药公司开始（史克制药公司在健康门户网站董事会拥有一个席位），然后是保险公司（联合健康保险公司在该董事会同样拥有一个席位），接着是医疗保健组织、健康维护团体、医院、医生、患者等等。每一个椭圆都代表本领域内一个巨大的市场。在过去9个月，迈克·朗已经谈到过要将每一个椭圆所代表的大型实体企业变成健康门户网站软件的经济收入来源。本质上来说，健康门户网站的员工正在向华尔街银行家解释他们计划如何同时建立起11个相互独立的数十亿美元的业务领域。

轮流发言结束之后，一位银行家问道："那么，大家去年都一直在干什么呢？"听到这句话每个人都笑了。婴儿一哭，每个人又笑了起来。

"帕文·尼格拉姆现在将向大家解释为什么这一切将是可行的。"迈克·朗说道。

帕文——健康门户站点的首席技术运营官——一直很安静地坐在一边，貌似感兴趣的样子。现在他起身站在大屏幕前面，那一刻我在想，这位先生是不是把眼前的会议想象成了他在德里大酒店放下一份《今日美国》，然后决定成为一个互联网企业家时的那一幕呢。"3年前根本不可能推进这样一项计划"，接着是他对健康门户网站内部软件运行程序那令人困惑难解的陈述，非常抽象，似乎在做当代艺术点评。摩根士丹利的代表对帕文讲的内容没有表示异议。他们怎么可能有异议呢，对软件的理解，他们比你我好不了多少。如果他们也会编软件，就不会这样举步维艰维持生存了。但是最后，可能是为了消除人们对投资银行家的传统印象，即投资银行家之所以成为投资银行家是因为他们不具备软件工程师的大脑这一印象，他们当中的一个代表问道："在平台上是否还有什么主要模块尚未建立吗？"

"没有了。"帕文答道。

投资银行家们点点头，看似听明白了，但没人敢再深入追问下去。婴儿哇哇的哭着，每个人又都笑了。

在帕文进行工作报告的整个过程中，克拉克一直保持沉默。只有一次，当银行家都在询问健康门户网站的未来时，他说："健康门户网站将用更短的时间发展成为像微软这样的大公司。"其他时候，他都在后面坐着，看着窗外一名小男孩在山边玩他的玩具小分队，并将石头滚下山直到消失。他对此次会议做出的最大贡献就是他一直坐在那儿。他对商业的投入就如杰克·尼克尔森对剧本的痴迷——这增加了剧本变成电影的可能性。只是简单地附和并表示出兴趣，他就能让会议室里的人们感觉他们在参与一件很特别的事件。

“那相关的竞争对手呢？”一位银行家问道，“IBM 拥有一个叫做健康数据网的东西。”

克拉克一下子精神起来，简洁地答道：“他们没有掌握我们丝毫的信息。只要我们尽快聘用一位公关人，就能打倒他们。”

所有关于竞争的谈话到此就全部结束，接着话题转移到经济上来。银行家们敷衍地问了几个问题，如：迈克 · 朗认为公司需要多少资金？（4 000 万美元）这些资金的增值速度有多快？（他们想有多快的增值速度呢？）每股股票多少钱？（最大的单一市场的未来状况等。）“对于率先进入该领域的开拓者来说，利润是巨大的，”迈克 · 朗说道，“所以我们要有这么一个圈地战略。”银行家们非常同意这一说法。其中一位银行家说道：“在每一个互联网领域，这都是真的。亚马逊网络书店的业务额达到 8 700 万美元，占据了 1/4 的市场，而邦诺书店的业务额只有 900 万美元。其实面对来自网络书店的威胁，邦诺书店已经做得够好了。”

“这也是我们走出去在这一体系中求生存时，会感到极度恐慌的原因。”麦克 · 朗冷静地说道。“生存”对于医疗保健行业的商人来说就意味着顾客。迈克 · 朗是那种有资格声称自己经历过极度恐慌的人，但现在他给人的印象是，一切都在他的完美掌控之中，没有进一步讨论的必要。

“你们在评估这些交易时越来越有创造性了。”会议桌上的话筒里传来了一个女人的声音。投资银行家听着这种安慰人心的话语，似乎感觉会议室外面的世界又尽在掌控之中了。接着她所谈到的是让人眼花缭乱的繁荣景象，美国股票市场上有史以来最为繁荣的景象。

会议桌上一名银行家说道：“传统的多德式投资者都不会投资美国在线公司，因为他们投资的时间很短，最终会弄得一团糟，所以他们正在学习新的模式。”

迈克 · 朗说：“最主要的一点是目前尚没有人制订保健领域的盈利计划。”

“所以说这是一个令人兴奋的机会，”一位银行家说道，“这就像早期的美国在线公司或者雅虎公司。”

克拉克他们最终达到了此次会议的真正目的。这次会议的真正目的不是为了确定健康门户网站是否会引起华尔街的注意，而是为了确定银行家们对健康门户网站有多大热情。银行家的钱是廉价的，大量的资金都涌入了硅谷。迈克·朗有将近12种不同的方式从他们手中获得自己所需要的东西，硅谷只不过是有着大量资金的资本主义实验场，资本也可以在短暂而辉煌的一刹那就失去购买力。保守的资本家来到硅谷也只是蜻蜓点水式地走一遭，他所能做的也只是影响那些尚不清楚状况的投资者们的想法。投资银行家们不再推销钱，而是推销口才。

来自华尔街的银行家一个接一个地称赞健康门户网站的光明未来。其中一位说：“我们确实面对巨大的机遇。”另一位应声道：“唯一的问题就是找到一种方式解释清楚这种机遇。”第三个人说：“它将重现美国在线公司的辉煌。”第一次，人们对克拉克真正感兴趣。克拉克这时候说道：“健康门户网站面临的市场机遇会比网景通讯大、比亚马逊网络书店大、比美国在线公司大、比雅虎大，比它们四者合在一起的市场机遇还要大。这就是为什么当了解到你们的盈利预期时，我觉得你们的期望值低得可怜。”

健康门户网站的价值在哪里？一个理智的人该怎样去评估一个尚未盈利的公司呢？像沃伦·巴菲特那样的遵循格雷厄姆和多德投资方法论[①]的投资方式不再适用。按照他们的投资方式，健康门户网站一文不值，公司的资产负债表里各种指标都是负数，这表明公司的亏损已经失控。但是就像其他网络公司一样，这种状况向股市表明：公司目前的困境和未来的发展并不相关，因此，不能通过观察现状来决定一个公司的价值。你必须闭上你的眼睛想象一下一个新的世界。展望未来，前途是光明的！一定程度上，这种信念多半会自然实现——信念多半就是自然应验的。一旦股票价格飞涨，也就意

---

① 格雷厄姆（Benjamin Graham）和多德（David Dodd）是德高望重的股市圣贤，也是《聪明的投资者》（*The Intelligent Investor*）一书的作者，他们建议当股票相对于流动资产净值存在折价时买入。——译者注

味着公司成功了一半，竞争对手也会被远远地甩到后面，或者更有可能的是，竞争对手将自己卖给健康门户网站公司。迈克·朗谈到了一个“并购实现增长”战略，这一战略实质是想表明，只要有机会收购持有健康门户网站股票的竞争对手，他就会去并购。

互联网的成功模式与传统的成功模式背道而驰。传统的模式是：公司通过自己的盈利业绩来说服大公司对其进行投资。而现在变成了公司先说服大公司对其进行投资，然后再努力盈利。

克拉克从一开始就知道企业追逐利润的天性。企业的天性给了他很多战术上的优势，而他的战术之一就是：让健康门户网站成为经济市场内有着“经济奇迹”之称的保健行业的官方赞助商。这决定于人们是否将健康门户网站看做是一个网络公司，而不是保健公司，而这种看法和对门户网站的定性又取决于公共关系，良好的公共关系也在一定程度上决定了银行家们对站点的评价。但是由于银行家们迫切希望在运作中盈利，自然会说尽好话以取悦克拉克与迈克·朗。他们很清楚为什么要极尽奉承之能事，因为如果成功地说服了图表中以健康门户网站为中心的各个资本市场，那么门户网站很可能就扶摇而上。在这个新世界里，犹豫不决不是一种聪明的表现，而是一种罪过。

当你回过头再看的时候，你会发现支撑整个市场繁荣的只有一个简单的假设：未来一定会比过去好！健康门户网站只是以一种纯粹的可能性存在，这就像一个即将成年的金发男孩正在去往一个不确定的境地，股票市场只能去想象未来的那种最好的可能性，只能看低过去，不再讨论平常所说的创造纪录，而是倾尽所有去投资于一个未来可能实现的想法。

换一句话说，股票市场只能去接受克拉克的价值体系，而令人惊讶的是，人们已经接受了这一价值体系。

整个会议持续了两个多小时，在这段时间内，电话那头的婴儿一直自顾自地闹着，一会儿哭，一会儿笑，一会儿又说着一些可爱的婴儿语言，但是后来再也没有人对些产生反应了，我甚至怀疑这些人现在压根儿没听到婴儿发出的声音。从讨论的主题转到健康门户网站股票定价的那一刻起，婴儿的哭闹就被排除在了此次会议之外。

几天之后，健康门户站点选择摩根士丹利来负责其股票的发行。又过了几天，股票市场就崩溃了。表面上，直接导致股票市场崩溃的坏消息跟美国股票市场无关。1998年7月22日，星期五，一个关于俄罗斯有意推卸其所欠外债的流言从贸易桌上不胫而走，流言造成市场恐慌，而恐慌又使俄罗斯不得不推卸其所欠外债。一个大国推卸债务使得投资者怀疑其他国家也会采取同样的行为，这导致人们对各种经济风险的担忧，投资者将他们所持有的公司股票或债券变现或兑换成美国政府债券。在1998年7月1日至10月1日期间，道琼斯工业平均指数下跌了2 000点，跌了25%。风险更大的纳斯达克综合指数——衡量硅谷财富最好的方式——从2 900点跌到了1 450点，跌了50%。网景公司股票也从每股41美元跌至16美元，克拉克的6.4亿美元的财富也缩水为2.48亿美元。所以，这种估价模式的误差最多在5 000万美元以内。

这一时刻是对克拉克决心的考验，他有些担心游戏到此结束了。事实是他认为大部分网络股的股价都不可思议地被高估了。他认为，微软将迅速崛起并占有互联网行业大部分的利润，大部分处在经济奇迹中的企业即将破产。“可恶的雅虎根本不值300亿美元，”克拉克说道，“一旦微软控制了浏览器市场，他们就将控制雅虎的市场。”但问题是他无法对外公开他对微软的看法，这样会伤害健康门户网站自身的利益。他认为不久的将来微软将开始控制互联网行业的纵向市场。他说：“他们已经开始这样做了，他们将进入互联网行业的其他所有领域。”

然而，克拉克没有抛售网景公司的股票，也没有买美国长期国库券或者更多逻辑上属于微软的股票。似乎他已经决定，第一个进入该领域的人也必须最后一个退出。我想他肯定是宁愿再次变得贫穷也不会买微软的股份。

股票市场的崩溃彻底毁了克拉克针对健康门户网站的最新计划，它让摩根士丹利及其他华尔街银行家变得谨慎起来。在1998年的前8个月内，华尔街让370家公司上市发行，而在8月到10月期间，他们只让一家公司上市发行。5家新的网络公司（Earthweb、Theglobe.com、Interworld、Multex、Netgrocer）的首次公开募股被搁置，等待进一步通知。摩根士丹利取消了除两家公司之外的所有其他公司在秋季进行首次公开募股的计划，没被取消的两家公司中，健康门户网站就是其中一家。

在对这家公司的回顾中，令人奇怪的是，健康门户网站市值持续上涨。在1998年10月的第一天（这被广泛认为是自20世纪70年代早期以来公开募股市场中最糟糕的一天），健康门户网站被卖掉了，克拉克的钱包又鼓了起来。

降温：华尔街正在努力，防止网络狂热最终演变成灾难

丽贝卡 · 巴克曼[①]和亚伦 · 卢凯蒂[②]
《华尔街日报》，1999年2月24号

苏珊 · 莱昂斯是嘉信理财的一位高级经理，在她的办公室，有一件装饰品是佛罗里达州员工送给她的一件礼物：一面暴风预警旗。这面旗子代表着嘉信理财为了应对网络贸易危机在人员任用和技术方面所作的巨大努力，这场运动被嘉信理财称为“营销风暴”。

日前这一称谓引起了华尔街行政管理层的共鸣，尽管这次蕴含不同的意义。越来越多的人担心金融界的龙卷风很可能会扫荡市场。已经有了此种迹象：价格波动很大，以致让人感觉这似乎是来自外星球的不合理估价，完全不懂这一行业的人们在热情似火地进行着交易。

所以现在经纪公司和工业管理机构在制定相应的规则，以保护自己和客户在金融灾难发生时免受损失。某些情况下，有些公司因为悔不当初而转移

① 丽贝卡 · 巴克曼是《华尔街日报》旧金山分社的特别作家，现在她在该报纸负责风险投资业和区域新创公司的报道。从1992年年中到1996年4月加入道琼斯之前，她在《印第安纳波利斯星河新闻》做总编排和教育报道员。

② 亚伦 · 卢凯蒂报道的是股票、证券以及衍生品的兑换和贸易问题。从2003年到2005年，他负责信贷市场的报道，1996年到2003年，他为纽约和芝加哥的《华尔街日报》报道各种金融和华尔街的大小新闻，包括互惠基金、小股票和商品。

了业务。所罗门美邦证券公司（Salomon Smith Barney）公司的总经理兼增长股研究部一把手L · 基思 · 穆林斯惊叹道：“在网络股的世界里，华尔街有足够多的东西需要担忧和考虑，这压倒了他们的贪婪。”

美国联邦储备局主席格林斯潘一贯谨慎小心，但他在周二还是表示出对目前股票价格的担忧，他说股票市场的泡沫有时候是在破裂之后才被人们意识到的。

然而，还有一丝好的迹象，就是个人网络股票的泡沫在最近几周逐渐被挤干，这预示着即使价格高涨的股票确实被高估了，也能避免崩盘。但是华尔街最为担心的是：网络股票价格持续波动，初次投资者初次交易的热情过于高涨，很容易导致市场中其他领域的震荡，使得投资者们和一些小公司遭受损失。随着华尔街对美国经济的飘浮不定起推波助澜作用，那里的震荡很容易传递到其他正处于困境的国家或市场。

这样一来，控制的难度就增大了，即使华尔街管理层承认他们还能采取很多方法来规避风险：

• 纳斯达克股票市场股价一直上升，这很难阻止人们不去交易，所以目前正考虑是否要在某些情况下授权停止交易。

• 嘉信理财、所罗门美邦证券公司，道明证券有限公司（Waterhouse Securities Inc）等公司正在通过借贷基金的方法使得客户购买网络股票的难度增加。某些情况下，他们故意不设定上限价格，以阻止客户购买比较抢手的首次公开发售股票。

• 一些网络经纪公司，包括嘉信理财和电子交易集团有限公司（E*Trade Group Inc.），现在正努力升级自己的电脑系统，它们经常因为网上交易太频繁而导致电脑系统不堪重负。嘉信理财已经意识到，如果市场状况急转直下，那么，电脑网络崩溃所带来的结果是灾难性的，所以其现在通过两台主机支撑自己的电脑系统，而不是像原来一样只使用一台主机，这样就为永久性升级赢得了时间。

为什么一时间有这么多的举措？毕竟，去年很多时候，网络股票价格一路飙升，在华尔街网上交易预示着一股革命性的力量。但是从去年11月份一些不起眼的小事件当中表现出来的不稳定因素使得管理者和证券公司要采取行动。

那个时候，规模非常小的IPO，比如全球网有限公司（Theglobe.com Inc.）和票务在线城市搜寻公司（Ticketmaster Online CitySearch Inc.），在交易的头几分钟股价就直线上升，随后又暴跌，投资者们对此怨声载道。默默无闻的公司，像Books-A-Million Inc.，一宣布网络升级，交易量就很快达到原来的三倍。很多投资者在这样的价格起伏当中遭受损失，他们在某只股价上决定购买，但是经常发现再交易时价格变化已经相当大了。

因为这些不稳定因素，美国证券交易商协会主席弗兰克 · 扎比连忙召集纳斯达克管理层召开了一个电话会议，他告诉与会者，“这和我们以往的交易很不相同”，并且称网络股票波动的状况“很严重”。扎比之前是一位经纪公司主管，他告诉管理层的同事们要关注这些剧烈的波动，并且要扩大纳斯达克的权力以能够及时停止某些股票的交易。纳斯达克董事会计划下个月考虑这项建议。

证券交易商协会监管公司（NASD Regulation Inc.）主席玛丽 · 夏皮罗女士以及她的同事也开始呼吁，网络经纪公司要问问自己的客户在网络公司股票上的投资到底有多大。到底有多少顾客拥有股票？为了购买这些股票他们借贷了多少？之后，管理机构给 5 500 个经纪公司发去了一份备忘录，列出了这些公司能够采取的措施，比如向投资者解释投资的风险，如果投资者通过借债购买股票，就要限制他们的购买等。

当然这些措施执行起来并非易事，帕特里克 · 坎贝尔，这位活力过人的纳斯达克首席运营官，就一直反对停止交易的做法，他认为除了极为个别的状况，这种做法是不可取的。但是当他了解到有些股票价格飙升仅仅是因为投资者们混淆了公司之间的商标后，就改变了先前的看法。

无疑我们的投资者在投资中有无比愉悦的心情。“我们的市场井然有序。”坎贝尔先生谨慎地说道，同时他也在盯着桌上的显示器，他看到的是一个火爆的网络股票市场，即使是在艰难时期也仅仅下降了 7%。“这段时间真是非同寻常。”他最终总结道。

确实非同寻常。一个月前，扎比先生还致电自己的对手纽约证券交易所

主席理查德 · 格拉索，讨论网络股票市场是否应该有更高的管理要求，以及顾客通过借贷资本购买股票时他们所需要的最低资本量和普通股数量。格拉索先生称这样做太过激了，最终扎比先生放弃了这样的想法。

有些公司根本不会等到管理机构有所行动才出手。所罗门美邦证券公司（Salomon Smith Barney）的副董事贺拉斯 · 德里克先生负责证券交易中顾客的保证金账户，他在两篇有关风险分析的文章中问道，考虑到大的网络公司，比如亚马逊网络有限公司和雅虎，它们的客户有着庞大的130亿美元的差额贷款，如果这些公司的高价股票一下子跌掉30%或者更多，会有什么样的后果？

他做了一份测试，得出的结论让他很受打击：好几百位客户都是只承担股价的一部分，而剩余的款项都是从所罗门美邦证券公司借贷的，一旦股价大幅下跌，他们的账户就会很快被掏空。分析师科林布莱克达西 · 卡尼告诉自己的老板："情况真的非常危险。"德里克先生很同意这种观点，同时也说服公司提高18种股票的借贷要求，后来扩大到85种股票。

电子经纪子部门（DLJdirect）是唐纳森、卢弗金和简莱特公司（Donaldson、Lufkin & Jenrette Inc.）的一个网络交易部门，其总经理布莱克 · 达西先生去年11月份准备搭乘飞机去日本的时候，突然非常担心这种网络狂热。在纽瓦克机场的一家俱乐部，他打电话给公司的客服经理托尼 · 菲斯塔，"我们的状况怎么样？"他问道。他非常担心那些借贷额很大的客户。"到目前为止情况还好。" 托尼 · 菲斯塔回答，但是布莱克仍然很担心，并且制订了行动计划，给出一系列具体的措施，密切监视有可能存在风险的股票以及每天上午交易排行情况。两个人又另外挑出了15只股票，提高它们的借贷要求。

菲斯塔先生道别说："布莱克，不用担心，我们很好。"但是达西仍然有些担忧。对集中账户的监视原本已经很严密，而到了12月，电子经纪子部门更加强了监管以排查漏洞，因为存在这些漏洞，客户就会卖掉借贷过来的股票，以在股价下跌之前渔利。"如果有漏洞，那损失就是无限量的。"达西表示。

电子经纪子部门在风险规避上并非新手，它和其他一些公司一直在给那些从事高风险运作的公司写信，警示他们所存在的风险，并且要求他们对是否收到了风险警示信做出回复。

但是保证金规则的加强给出了非常明确的信号：管理部门非常关注市场波动。乔治城大学的金融学副教授詹姆斯·安格如是说，因为规则肯定会限制交易，“经纪公司自然不会愿意杀掉会生金蛋的鹅。”

这里第一个让人忧虑的因素就是不知道网络股票和网上交易到底吸引了多少交易者。在最大的网络中间商嘉信理财，有50%的客户被认为是没有这方面经验的新手。在美式交易控股公司（Ameritrade Holding Corp），一位来自印第安纳波利斯的毕业生拉伊勒·德斯蒙德于1997年下半年开通了一个保证金账户，但是他甚至不知道保证金账户是什么，27岁的他仅仅是听到姐姐说通过这样一个账户能赚很多的钱就去开通了，并且还承认根本没有阅读那些保证金条约。

但是8月份的时候他注意到——那个时候他已经身陷沉重的债务了——在亚马逊、Excite Inc.、戴尔和雅虎等公司的股票大跌之后，自己100 000美元的账户已经大跳水了。他的开户公司致电要求他补上美式交易所规定的差额。德斯蒙德匆匆忙忙通过四张信用卡借了大概12 000美元，尽管他也申请了仲裁诉讼反对美式交易控股公司的处理方式。美式交易控股公司表示到目前为止尚未收到诉讼的复印件，所以不对此事发表任何看法。

“我再也不会通过保证金交易了。”德斯蒙德宣布。他说自己原本以为保证金信贷和银行信贷差不多，只要定期付款就可以了。自从这件事之后，他还得在房贷里拿出一部分钱来还之前的信用卡借款。

同样，这种波动和交易还征服了另一位市场老手伯纳德·马多夫，他的公司本来应该停止交易四种波动较大的网络股票。“你可以看到数以十万计的这种股票的交易，”马多夫表示，“这让每个人都绷紧了神经，当股价下降时，情况将更加极端。”

1998年的整个下半年，马多夫通常都坐在他位于曼哈顿的交易台前，通过显示屏密切关注着诸如亚马逊、雅虎、Infoseek和Egghead.com等公司的股票。然后，他就会看到有些首次公开发行的股票股价一路飙升，但是对他比较有影响的是亚马逊公司中旬的一个行动。加拿大帝国商业银行奥本海默公司（CIBC Oppenheimer Corp）的一位分析师亨利 · 布洛杰特表示亚马逊的目标价是 400 美元，相当于今天的 3 : 1 分摊后的 133 美元，股价一天之内猛升了 19%。随后美林公司著名分析师乔纳森 · 科恩进行了还击，认为目标价应该为 50 美元，分摊后也就是 17 美元，股价又回落。

对马多夫来说，“这简直疯了，情况已经完全失控了”。在 1 月份的时候，他在纽约的公司，那个时候还是以他的名字命名的，还把亚马逊、雅虎、Infoseek公司和Egghead.com公司甩在后面，尽管那个时候购买他们的股票还是相当赚钱的。有意思的是，现在亚马逊每股的股价已经超过 115 美元，或者说，非常接近布洛杰特预测的股价。之后，科恩离开了美林公司，估计布洛杰特会接替他的位子。

马多夫经历过 1987 年 10 月的股市危机，那个时候他还是纳斯达克的主席，“当人们对纳斯达克经常关闭不满时候，我们必须处理很多的抱怨电话，”他说，“我的态度就是，我再也不想经历那样的事情了。”而现在，更多的个人参与了交易。

另外一个难题就是网络交易量上升的速度非常之快，据估计，网络交易量占到股票交易的 13%。在比较繁忙的时候，网络系统经常会堵塞。电子交易公司，道明证券有限公司和美式交易控股公司都经历过这样的尴尬局面，由于技术原因，网络将客户阻挡在系统之外，他们也无法使用账户里的钱。所以华尔街管理层担心的一个问题就是，如果市场发生骚动，到底会有什么样的后果。为了应对任何类似的交易危机，嘉信理财于 11 月份说服厂商交付了一台新的服务器，这比预期提前了一个月。

最近在迪士尼世界附近的一家宾馆召开的会议上，嘉信理财的采访记者马不停蹄，问了苏珊 · 莱昂斯很多技术上的问题。在一次接受采访时，她表示：“实际上每一个长期的项目都会有预留空间，以便提高我们整合每一种资源的综合能力。”

但是经纪人们仍然很警惕。最近有一天，一位投资者就用了电话而不是通过电脑向嘉信理财在奥兰多的经纪人艾米 · 荷马斯询问：“如果我用在全球数据电话公司的股份购买的话能买多少？如果纳斯达克将CyberGuard公司的股票从上市证券中除名的话，我要怎样做才能摆脱这家公司？在思科系统中有哪些市场选择？荷马斯女士对这些问题对答如流，她告诉这位想要摆脱经营状况不好的CyberGuard公司的投资者："通过电话交流，我不敢保证你能从该公司撤资。"

网络股票市场上几乎所有的电话都来自投资者。整整一小时的时间里，荷马斯女士处理了一位买卖传统蓝筹股的投资者的电话，即使这个过程无聊僵化，但荷马斯女士还是表示她会尽可能引导他们，并很耐心地询问他们是否在网络股票之外还有多样化的投资。

总之，这经些纪人的警惕度还是有限的。他们不知道自己在面对一场市场暴风雨时会怎样，即使真的知道，他们也不可能完全准备好。电子经纪子部门的达西说道："你不可能非常全面地预测即将发生的情况以及会以多快的速度发生……我们的计划也许只能保证不到40%的准确率。"

资金飞速消耗

杰克 · 威洛比[①]
《巴伦周刊》(*Barron's*) 2000 年 3 月 20 日

警报：网络公司的现金正飞速耗尽。

警钟响起

根据 1999 年底的数据，以下是 51 个极有可能面临现金断流的网络公司。其中一部分公司通过股票和债券募集资金，另外一部分将不得不面临合并或破产。

① 杰克 · 威洛比是《巴伦周刊》（道琼斯的金融周刊）的资深编辑。

2000 年	网络公司
3 月	Pilot Ntwk Services CDNow
4 月	Secure Computing
5 月	Peapod VerticalNet MarketWatch.com
6 月	drkoop.com Infonautics Medscape Intelligent Life Digital Island Splitrock Services VitaminShoppe.com
7 月	Intraware Interliant MyPoints.com Egghead.com MotherNature.com ImageX.com BigStar Entmt Mail.com
8 月	Cybercash Applied Theory WorldTalk Corp Primix Solutions Newsedge
9 月	FTD.com ShopNow.com Beyond.com Healtheon
10 月	E Loan Interactive Pictures Ask Jeeves LoisLaw.com PlanetRx.com

（续）

2000 年	网络公司
11 月	LifeMinders.com SmarterKids.com drugstore.com Ashford.com NorthPoint Comm.
12 月	EarthWeb NetObjects Tickets.com
2001 年	**网络公司**
1 月	Salon.com Amazon.com PurchasePro.com
2 月	Cobalt Group Multex.com eToys Kana Comms E-Stamp

来源：Pegasus Research International

网络泡沫什么时候才会破裂？对于新公司，有可能是今年年底。由于资金匮乏，很多公司想通过发行股票或者债券筹措资金，但是都行不通。因此，实力差的公司不得不卖给强大的竞争对手，或者面临倒闭破产。目前已经有很多资金受困的公司正在为融资苦苦挣扎。

网络股评估公司Pegasus Research International为《巴伦周刊》做了一项独家调查，结果表明，至少有 51 家网络公司会在未来 12 个月内面临资金匮乏导致的破产。这占到了我们调查的 207 家公司的四分之一。而其中的CDNow、Secure Computing、Drkoop.com、Medscape、Infonautics、Intraware和Peapod将很快面临资金断供。

为了评估这些网络公司的财务情况，Pegasus Research International先假设这些公司的收支将与去年第四季度的水平一致，尽管这种方法不能准确预测未来的情况，但还是有助于股市分析师们理解一个一直以来让他们感到头疼的问题：什么时候臃肿的网络行业才能实现大浪淘沙？

网络公司的影响相当广冷。最开始，美国371家公开交易的网络公司发展到现在已经达到总共1.3万亿美元的规模，占到美国整个股票市场的8%。如果这些公司的资金链上出现任何问题，将会影响到像金字塔公司这样的设备供应商，还包括思科和英特尔。另外的一个顾虑是，如果网络公司的股票在高位运行时突然崩盘，就会对整个市场和消费者信心产生严重的负面影响。这将进一步导致美国人觉得自己的财产缩水，从而减少在一般消费品如汽车、衣服和房产等上面的开支。

大部分的网络公司仍然在大把烧钱，这已经是个公开的秘密。根据Pegasus Research International的调查，74%的网络公司的现金流为负值，而且这些公司中的相当一部分，在近期似乎没有盈利的希望。并不是只有小公司面临资金匮乏，也有一些非常知名的公司，比如亚马逊公司就剩下只能支撑10个月的资金。

Pegasus Research International是根据从12月31日开始的最新数据做出的调查，所以这个表格并不能反映出今年早些时候亚马逊公司通过发行可兑换债券募集到6.9亿美元的情况，但是这笔钱也仅够公司维持21个月。另外，如果亚马逊公司的运营继续出现亏损，股价继续下降，那么想再次募集资金将十分困难。

有很多迹象都表明，股价下滑的时代已经来临。还以亚马逊为例，现在其股票交易价是65美元，与最高的113美元相比下降了很多。还有国际资本集团，最近的交易价为每股117美元，远低于最高价位时的212美元。很多新网络公司的状况更加糟糕，E-Loan的股价从最高时的74美元猛跌至10美元。网络行业整体的情况也不会好多少。道琼斯网络商业股指数在4月份达到历史最高点，现在已经缩水25%。

难怪很多网络公司跟风亚马逊，纷纷寻找融资渠道。位于纽约的Pegasus Research International的创立者格瑞格 · 凯尔表示：“当储备资金越来越少时，对资金的渴求将变成绝望。”

以排在我们调查表第一位的Pilot Network Services为例，之前其向

Primus Telecommunications融资1 500万美元时，还是列于调查表最后的，然而以现在的开支速度，这笔资金仅能维持其10个月的运行。

VerticalNet是一家通过网络进行交易的公司，现在却因为资金供应日益减少求助于微软，希望能实现再注资。为了得到微软1亿美元的投资，VerticalNet出让2%的股权，并且承诺使用微软的技术。

Medscape在表中名列第九，几周前该公司允许MedicalLogic Inc购买其价值7.33亿美元的股票，显然，现在资金问题已经得到解决。

并非所有的网络公司都如此幸运，位列第四的Peapod公司于上周宣布了资金吃紧的消息，由于健康原因，Peapod的总裁比尔·马洛伊估计将辞职，而这一辞职会使得原本已经答应投资1.2亿美元的投资者们现在纷纷退出。Peapod已经聘请瓦瑟尔斯坦·佩雷拉负责寻找新的投资人，但是公司目前仅持有300万美元的资金，一个月之内就会耗完。如此看来，其瘫痪的速度甚至要比Pegasus预测的还要快。

另外一个受困的公司就是网上音像制品零售商CDNow，在我们的排名中名列第二。CDNow的决策者们原本认为，在答应了由时代华纳集团和索尼共同拥有的Columbia House公司超过3亿美元的收购之后就能解决资金问题，但是现在的问题是Columbia House自己都找不到足够的资金来达成此项并购，CDNow还聘请投资银行Allen & Co.的总经理南希·佩雷茨曼评估公司的战略选择，这个任务并不简单。因为CDNow的资金维持不了一个月的运转，其股票价格与最高价时相比，下跌了80%，现在的交易价是每股64美元。

大的网络公司

总体上讲，大的网络公司仍然拥有大量的资本和相对容易的融资渠道。亚马逊已经通过发行可兑换债券增加了资本，这些资本至少可以维持其一年的运转。VerticalNet也通过向微软出售股票获得了1亿美元解决了自己的资金问题。然而即使是大公司，如果继续亏损或者业绩过快下滑，或者是华尔街的情况更加糟糕，那它们也会面临融资困难问题。现在我们正在密切关注Healtheon这个公司的状况。

公司	市值*10 亿	排名
Ariba	$24.3	143
Exodus Comm	24.1	181
Akamai Tech	23.6	117
Amazon.com	23.4	45
Inktomi	14.8	186
Commerce One	14.6	122
Vignette	13.5	202
InterNAP Ntwk Svs	13.0	130
Vitria Technology	11.6	163
Phone.com	9.0	195
Priceline.com	8.1	139
Healtheon	8.0	30
DoubleClick	8.0	203
VerticalNet	7.6	5
Ventro	7.3	79
Digital Island	7.0	11
E*Trade	6.0	158
E.piphany	6.0	135
HomeStore.com	5.1	69
China.com	5.0	141

*：as of 2/29

来源：Pegasus Research International

上文我已经说过，股票价格的疲软会限制公司再融资能力，让我们直面这一事实。现在由于大量投资者看到股市投资亏损，想要在市场上抛售更多的股票就会更加困难，其中一个很好的例子就是玩具零售商eToys公司，刚上市时该公司的股价为20美元，由于股民购买热情高涨，后来就很快飙升到80多美元，这很容易理解，也因此造就了大批富人，但是竞争并未消失，比如该公司就面对来自RUs公司的竞争，RUs玩具公司建立了自己的网站，消费者对eToy的热情冷却下来，现在eToy的股价在114美元的水平上徘徊不前。那些以20~80美元不等的价格买进的股民也不再急于增购，即使是以每股12美元的价格买进的股民也是如此。eToy公司现在还拥有维持11个多月运营的资金，所以还不是很着急。

即使是像埃弗雷特·库珀博士这样的名人也无法幸免，他创立的网站drkoop.com最初上市时每股9美元，后来涨到40多美元，最后又跌回9美元。该网站在我们的排名中位于第九位，只剩下维持3个月运营的现金。

另外一个让股票投资者很失望的网络玩家是鲜花零售商FTD.com，该公司的股价已经跌到目前的3.625美元，而其历史最高价是12.5美元，FTD.com只有6个月的运营资金。

“这就是首次公开募股发行后股价上涨所面临的问题。它们大肆炒作，掀起购买热潮，但是他们真正所需要的是股价稳定。” Hambrecht & Quist的创建者和W. R. Hambrecht公司的所有人威廉·布莱希特说道。他是通过网站向投资者进行首次公开募股的开创者，“新发行股票的价格波动太大会阻碍公司未来的融资能力，这相当具有破坏性”。

网络公司发现，现在通过发行可兑换债券的方式融资也更加困难。原因是：债券投资者之所以投资债券，是觉得债券发行公司的股票价格很有可能上涨，当他们在未来某天将债券兑换成股票时，就能有相当一笔收益。“慢慢地，单纯的网络兑换市场的大门也就关闭了。”纽约雷曼兄弟的可兑换研究部的主研究员拉维·瑟瑞亚表示。确实，E*Trade、Amazon.com和Ameritrade等公司就需要不定期的提供可观的利息和可兑换促进措施来卖掉新发行的可兑换债券。随着众多网络公司的股价由历史最高点急剧下跌，履行让债券兑换成股票的承诺似乎也越来越遥远，所以这种交易也更难以吸引投资者。

Egghead.com预计只有4.4个月的运行资金，最近该公司成功解决了资金缺乏问题，但是成功的代价似乎也很昂贵。尽管一个由巴哈马人建立的叫做Acqua Wellington的公司投资了1亿美元，但是Acqua计划分9个月完成投资，以Egghead.com目前股票市价的折扣价购买该公司的股票，折扣具体是多少并未公开。“毫无疑问，这里面的情况很复杂。”佩格萨斯·凯尔表示。但是这再一次表明网络公司融资难的困境。

当问题公司商业计划的完成单纯依靠能将商品卖给顾客这一条件时，投资者对网络公司就更加不感兴趣。“对于那些生产商品并直接卖给消费者的公司，投资者往往严格审视，因为不管是一般的投资者还是资本投机商都对公司的盈利潜力相当挑剔。”位于波士顿的Polaris Venture Partners公司的创建者乔恩·弗林特这样表示，他同时还是一个非常知名的网络公司Akamai Technologies的最初投资人之一。

受害者

下面是我们复审的207家互联网公司，它们是按照消耗资金大概的速度排列的。统计消耗速度的时间是3月1日。名称后带有星号的公司在最近第二次发行时，内部人员都持有超过25%的股份。这不是一个好信号。

排名	公司	代码	市值 2/29	收入	运营费用	营业亏损	资金耗尽的时间
1	Pilot Ntwk Services	PILT	$557.60	$8.47	$3.83	-4.62	-0.14
2	CDNow	CDNW	239.00	53.11	44.34	-34.69	0.37
3	Secure Computing	SCUR	367.40	6.90	11.43	-7.60	1.51
4	Peapod	PPOD	147.50	21.56	14.55	-9.07	2.01
5	VerticalNet	VERT	7,688.80	10.09	17.10	-10.18	2.20
6	MarketWatch.com	MKTW	595.70	10.00	28.70	-22.46	2.52
7	drkoop.com	KOOP	229.20	5.10	25.73	-20.63	3.34
8	Infonautics	INFO	114.90	5.85	7.93	-2.07	3.41
9	Medscape	MSCP	512.90	4.02	27.99	-23.97	3.42
10	Intelligent Life	ILIF	66.00	3.75	17.04	-13.29	3.51
11	Digital Island	ISLD	7,029.90	7.60	32.27	-24.67	3.54
12	Splitrock Services	SPLT	2,656.80	89.56	168.01	-78.45	3.75
13	VitaminShoppe.com	VSHP	119.60	5.59	21.42	-19.21	3.94
14	Intraware	ITRA	1,853.70	24.77	13.39	-6.66	4.21
15	Interfiant	INIT	1,872.60	19.00	24.25	-16.89	4.37
16	MyPoints.com*	MYPT	1,188.90	13.25	22.05	-12.05	4.41
17	Egghead.com	EGGS	338.40	146.14	97.95	-91.93	4.44
18	MotherNature.com	MTHR	82.00	3.18	20.61	-20.46	4.47
19	ImageX.com	IMGX	414.00	4.87	9.72	-8.43	4.50
20	BigStar Entertainment	BGST	43.80	5.23	9.36	-8.01	4.52

（续）

排名	公司	代码	市值 2/29	收入	运营费用	营业亏损	资金耗尽的时间
21	Mail.com	MAIL	672.90	6.12	22.02	-21.96	4.83
22	Cybercash	CYCH	228.10	6.16	13.04	-10.35	5.57
23	Applied Theory	ATHY	604.20	11.91	10.62	-6.99	5.58
24	WorldTalk	WTLK	126.60	2.15	5.04	-3.42	5.79
25	Primix Solutions	PMIX	175.10	3.80	3.13	-2.25	5.85
26	Newsedge	NEWZ	114.20	19.72	27.42	-7.70	5.90
27	FTD.com	EFTD	183.30	23.59	18.45	-11.82	6.45
28	ShopNow.com	SPNW	491.60	13.42	37.63	-32.05	6.45
29	Beyond.com	BYND	186.90	35.26	38.84	-34.06	6.87
30	Healtheon	HLTH	8,080.50	102.15	305.05	-291.48	6.88
31	E Loan	EELN	372.80	7.71	34.94	-27.23	7.35
32	Interactive Pictures	IPIX	1,493.10	5.32	26.93	-24.73	7.53
33	Ask Jeeves	ASKJ	2,137.70	10.90	29.55	-24.42	7.75
34	LoisLaw.com	LOIS	468.60	2.32	8.17	-5.86	7.88
35	PlanetRx.com	PLRX	612.00	5.10	53.01	-52.17	7.99
36	LifeMinders.com	LFMN	1,041.70	8.04	25.11	-17.56	8.02
37	SmarterKids.com	SKDS	105.30	4.31	22.14	-21.04	8.40
38	drugstore.com	DSCM	824.00	18.49	45.16	-45.50	8.57
39	Ashford.com	ASFD	290.30	20.10	23.79	-20.16	8.60
40	NorthPoint Comm.	NPNT	2,870.40	11.62	53.08	-66.53	8.70
41	EarthWeb	EWBX	263.00	11.47	17.57	-9.93	9.36
42	NetObjects	NETO	1,005.00	7.91	10.77	-6.04	9.82
43	Tickets.com	TIXX	748.40	12.83	30.10	-26.10	9.93
44	Salon.com	SALN	80.50	3.02	9.82	-6.80	10.06
45	Amazon.com	AMZN	23,423.80	676.04	361.63	-273.78	10.08
46	PurchasePro.com*	PPRO	3,412.20	2.67	60.79	-58.39	10.25
47	Cobalt Group	CBLT	201.10	8.38	11.72	-5.02	11.07
48	Multex.com	MLTX	784.10	13.47	18.71	-8.83	11.29
49	eToys	ETYS	1,691.60	106.75	96.64	-76.36	11.36
50	Kana Comms	KANA	4,109.80	6.46	93.85	-90.60	11.68
51	E-Stamp	ESTM	371.40	0.96	28.73	-29.43	11.82
52	Streamline.com	SLNE	137.90	5.14	12.57	-7.43	12.16
53	uBid	UBID	378.10	69.90	18.70	-12.08	12.20
54	Theglobe.com	TGLO	206.30	6.42	21.18	-18.10	12.41
55	Quokka Sports	QKKA	544.50	6.66	14.01	-15.72	12.46
56	Prodigy	PRGY	1,278.00	67.12	65.09	-28.47	12.55
57	eCollege.com	ECLG	131.30	1.74	5.74	-9.51	12.61
58	Online Resources	ORCC	190.90	2.67	4.23	-4.28	13.06
59	AutoWeb.com	AWEB	153.40	11.61	19.29	-8.84	13.11
60	Rhythms Net Connect	RTHM	2,733.70	5.47	86.19	-80.72	13.83
61	LookSmart	LOOK	3,689.30	18.51	38.08	-22.26	14.00
62	Barnes & Noble.com	BNBN	1,135.70	82.13	62.99	-46.34	14.02
63	Juno Online Svs	JWEB	805.40	18.01	24.42	-17.11	14.04
64	NetRadio	NETR	47.50	0.67	5.85	-5.43	14.35
65	Cylink	CYLK	581.60	17.47	18.15	-6.80	14.46
66	iVillage	IVIL	557.50	19.26	44.09	-31.68	14.62
67	Critical Path	CPTH	3,702.00	8.19	59.37	-58.88	14.67
68	Concentric Ntwk	CNCX	2,232.40	45.89	68.58	-22.69	14.78

（续）

排名	公司	代码	市值 2/29	收入	运营费用	营业亏损	资金耗尽的时间
69	HomeStore.com*	HOMS	5,105.50	27.37	50.45	-31.10	14.99
70	eGain Comms	EGAN	1,605.60	2.38	13.80	-14.52	15.33
71	Fogdog	FOGD	329.90	4.45	15.41	-14.79	15.34
72	Talk City	TCTY	262.10	3.33	12.87	-10.44	15.49
73	ZipLink	ZIPL	235.60	3.52	7.71	-4.19	15.58
74	TicketMaster-CitySearch	TMCS	2,867.40	36.39	59.26	-49.31	15.65
75	SilverStream Software*	SSSW	1,501.60	9.03	13.25	-8.34	15.86
76	Egreetings.com	EGRT	194.80	1.63	16.28	-14.65	16.31
77	TriZetto Group	TZIX	1,612.60	11.19	6.86	-5.39	16.43
78	Audible	ADBL	328.40	0.42	5.98	-5.93	16.65
79	Ventro	VNTR	7,377.80	19.28	17.75	-16.78	17.05
80	garden.com	GDEN	122.50	3.61	8.98	-8.00	17.13
81	VocalTec	VOCL	524.40	7.67	10.65	-5.26	17.20
82	Worldgate Comm.	WGAT	749.10	2.68	14.49	-11.82	17.21
83	NBCI	NBCI	2,676.90	15.68	81.09	-71.64	17.62
84	Quotesmith.com	QUOT	134.60	3.00	10.51	-7.51	17.83
85	Exactis.com	XACT	314.60	3.72	11.85	-8.63	17.93
86	Retek	RETK	2,752.80	11.40	20.72	-16.58	17.95
87	NetZero	NZRO	2,443.90	12.24	23.61	-26.51	18.24
88	MessageMedia	MESG	696.20	4.91	22.12	-19.01	18.43
89	Log On America	LOAX	127.80	1.66	5.20	-3.54	18.69
90	iGO	IGOC	174.20	8.00	9.82	-8.09	19.27
91	JFax.com	JFAX	168.40	2.63	6.42	-5.03	19.35
92	SportsLine	SPLN	1,079.30	21.04	22.95	-15.49	19.54
93	V-ONE	VONE	98.60	1.01	2.15	-1.29	19.71
94	VoxWare	VOXW	51.90	1.01	2.15	-1.29	19.71
95	USinterNetworking*	USIX	4,061.00	14.66	33.18	-32.72	19.75
96	DSL.net	DSLN	1,608.60	0.81	11.74	-10.93	19.81
97	Persistence Software	PRSW	321.46	4.71	7.82	-4.03	20.08
98	HealthCentral.com	HCEN	113.40	0.70	15.01	-14.31	20.32
99	Student Advantage	STAD	545.80	9.32	15.29	-5.97	20.35
100	CNET	CNET	4,895.30	38.31	62.88	-39.22	20.48
101	Lionbridge Tech.	LIOX	295.20	13.04	6.39	-2.57	20.97
102	Launch Media	LAUN	230.10	6.62	21.27	-15.71	21.16
103	Netcentives	NCNT	1,455.60	2.82	22.76	-19.94	22.88
104	OnDisplay	ONDS	1,771.00	11.10	23.75	-16.91	22.90
105	WatchGuard Tech*	WGRD	1,145.00	6.52	11.08	-6.96	23.54
106	yesmail.com	YESM	646.60	8.17	8.03	-4.91	23.90
107	InsWeb	INSW	524.40	2.02	12.29	-10.27	24.22
108	El Sitio	LCTO	870.30	5.34	21.41	-20.96	25.19
109	Ramp Ntwks	RAMP	360.10	4.81	6.40	-4.48	25.73
110	TheStreet.com	TSCM	285.10	5.12	16.11	-14.19	27.55
111	Viador	VIAD	432.00	4.20	8.08	-4.86	27.81
112	HealthExtras	HLEX	184.60	2.73	7.29	-4.71	27.93
113	Digital River	DRIV	754.50	27.46	13.00	-7.66	28.46
114	MedicaLogic	MDLI	1,131.40	6.62	17.58	-13.58	28.68
115	NextCard	NXCD	1,134.50	13.89	38.65	-24.75	28.69
116	Tumbleweed Comms	TMWD	1,559.80	2.39	7.65	-6.09	29.11

（续）

排名	公司	代码	市值 2/29	收入	运营费用	营业亏损	资金耗尽的时间
117	Akamai Tech	AKAM	23,609.20	2.70	30.82	-28.12	29.42
118	StarMedia Ntwk	STRM	3,040.50	9.00	39.87	-30.87	29.43
119	OneSource Info. Svs	ONES	86.40	10.31	7.60	-1.29	29.57
120	iXL Enterprises	IIXL	2,452.00	75.70	57.65	-24.38	29.73
121	Gric Communications	GRIC	1,222.90	4.18	11.61	-7.43	29.83
122	Commerce One	CMRC	14,698.90	16.89	22.04	-11.69	29.99
123	Stamps.com	STMP	1,143.40	0.36	32.72	-34.80	30.31
124	EDGAR Online	EDGR	140.00	2.05	3.82	-2.28	30.69
125	Onemain.com	ONEM	301.90	32.75	24.28	-37.19	30.78
126	OpenMarket	OMKT	2,212.10	25.27	24.69	-8.03	31.22
127	Calico Commerce	CLIC	1,448.50	8.72	11.92	-6.73	32.33
128	Mcafee	MCAF	1,425.90	8.40	12.00	-6.53	32.46
129	NetSpeak	NSPK	278.50	3.09	5.85	-2.92	33.21
130	InterNAP Ntwk Svs	INAP	13,059.90	5.50	14.92	-20.50	33.77
131	Silknet Software	SILK	3,710.00	7.86	10.17	-4.50	33.92
132	HearMe.co	HEAR	478.40	6.03	14.31	-9.75	34.08
133	NetPerceptions	NETP	1,077.50	6.31	8.34	-3.34	34.19
134	ZapMe!	IZAP	289.80	2.10	14.03	-11.93	34.44
135	E.piphany*	EPNY	6,049.10	8.71	12.15	-7.26	34.60
136	Mortgage.com	MDCM	166.60	13.92	11.07	-12.17	34.89
137	Interwoven*	IWOV	3,477.70	7.55	10.07	-5.59	35.44
138	GoTo.com	GOTO	2,840.10	13.30	20.25	-8.92	35.96
139	Priceline.com	PCLN	8,108.40	169.21	947.56	-923.83	36.52
140	Be Free	BFRE	2,359.60	2.62	7.78	-5.56	36.69
141	China.com*	CHINA	5,071.00	10.88	19.73	-16.05	37.06
142	FreeShop.com	FSHP	492.00	4.06	7.83	-4.17	39.00
143	Ariba	ARBA	24,332.10	23.48	32.36	-12.32	40.17
144	Web Street	WEBS	166.50	8.31	6.18	-2.77	40.43
145	autobytel.com	ABTL	198.10	12.44	18.66	-6.22	41.08
146	Bluestone Software*	BLSW	1,440.60	5.05	8.07	-4.59	42.09
147	ITXC	ITXC	2,929.20	11.11	18.25	-7.14	42.81
148	CommTouch Software	CTCH	698.00	2.24	9.04	-8.37	42.82
149	Knot	KNOT	90.80	2.49	5.38	-3.43	42.84
150	InterTrust Tech	ITRU	3,336.50	0.69	10.34	-10.20	43.35
151	Primus Knowledge	PKSI	1,709.30	8.61	11.52	-4.95	44.42
152	Mediaplex	MPLX	2,667.70	12.46	12.89	-9.90	44.89
153	Breakaway Solutions	BWAY	2,185.80	10.61	9.68	-3.85	45.80
154	About.com	BOUT	1,173.20	13.00	19.54	-11.18	49.66
155	Tut Systems	TUTS	491.40	10.64	9.32	-4.64	49.74
156	iBasis	IBAS	2,404.90	7.60	7.60	-8.19	50.40
157	S1 Corporation	SONE	3,830.20	40.42	136.17	-117.69	51.73
158	E*Trade	EGRP	6,095.60	246.01	199.18	-60.23	52.90
159	Preview Travel	PTVL	637.70	1.22	7.19	-5.97	53.76
160	CyberSource	CYBS	696.40	5.02	8.62	-7.61	54.40
161	Broadbase Software*	BBSW	2,955.40	4.14	9.71	-7.03	54.49
162	GetThere.com	GTHR	797.20	5.49	16.61	-14.94	54.69
163	Vitria Technology*	VITR	11,640.40	12.20	14.58	-4.61	54.99

（续）

排名	公司	代码	市值 2/29	收入	运营费用	营业亏损	资金耗尽的时间
164	AltiGen Comm	ATGN	267.70	2.49	3.45	-2.13	55.97
165	Webvan Group	WBVN	599.10	9.07	57.35	-55.66	56.64
166	Quintus	QNTS	1,261.50	13.51	18.38	-9.07	56.65
167	Liquid Audio	LQID	547.50	1.35	9.98	-9.20	57.12
168	Hoover's	HOOV	134.60	5.47	6.89	-3.37	57.21
169	Digital Impact	DIGI	662.30	4.01	8.91	-6.84	58.23
170	Women.com	WOMN	453.70	13.36	23.89	-10.53	60.80
171	Earthlink	ELNK	827.20	199.15	266.78	-67.64	60.85
172	Telemate.Net Software	TMNT	73.80	4.06	4.98	-1.91	65.19
173	Active Software	ASWX	2,523.40	11.61	11.05	-1.77	73.88
174	Media Metrix	MMXI	688.10	7.57	20.55	-16.47	73.99
175	Keynote Systems*	KEYN	3,824.70	4.80	7.59	-2.80	74.61
176	HotJobs.com	HOTJ	775.10	8.60	13.20	-5.90	74.83
177	@plan.inc	APLN	110.70	2.38	3.66	-1.28	79.88
178	U.S. Interactive	USIT	881.70	11.60	15.48	-3.87	88.13
179	pcOrder.com	PCOR	441.30	14.39	9.76	-2.94	91.25
180	Data Return	DRTN	2,269.90	3.41	8.26	-4.85	91.69
181	Exodus Comm.	EXDS	24,111.00	101.39	62.87	-39.88	96.37
182	BackWeb Tech.	BWEB	1,344.70	7.87	9.30	-3.02	96.53
183	Internet.com*	INTM	1,038.00	7.49	8.27	-4.21	99.76
184	USWeb/CKS	USWB	3,249.80	186.94	123.64	-79.92	105.83
185	MP3.com	MPPP	1,186.40	15.27	25.47	-16.71	118.86
186	Inktomi	INKT	14,863.00	36.13	46.36	-10.23	129.79
187	Ameritrade	AMTD	3,250.70	110.85	144.54	-33.70	130.11
188	Jupiter Comm	JPTR	463.50	11.05	8.73	-2.20	130.24
189	eBenX	EBNX	838.00	5.78	8.50	-2.72	144.38
190	Accrue Software	ACRU	1,174.50	4.62	5.72	-1.79	145.21
191	Art Tech Group	ARTG	4,722.80	13.28	12.37	-2.81	153.26
192	Wit Capital Group	WITC	1,170.70	21.04	28.62	-7.58	160.79
193	Software.com	SWCM	3,958.00	15.51	16.03	-4.65	180.66
194	Spyglass	SPYG	1,049.30	8.21	6.67	-2.06	185.63
195	Phone.com	PHCM	9,021.20	12.78	31.88	-23.26	187.55
196	NetRatings	NTRT	1,167.00	1.55	7.05	-8.15	192.34
197	Scient*	SCNT	4,974.90	42.68	47.55	-4.87	196.96
198	Agile Software	AGIL	3,262.70	8.56	22.17	-15.68	207.02
199	Pivotal	PVTL	1,008.60	11.54	10.04	-0.72	218.25
200	Marimba	MRBA	1,505.80	10.07	10.34	-1.40	227.69
201	Andover.Net	ANDN	598.10	2.06	5.35	-3.77	239.88
202	Vignette	VIGN	13,504.00	40.94	33.36	-7.31	271.13
203	DoubleClick	DCLK	8,000.30	93.69	96.08	-43.97	271.16
204	PSINet	PSIX	3,034.90	185.40	354.70	-169.30	309.61
205	Allaire	ALLR	1,694.00	18.33	16.61	-1.18	401.49
206	C-Bridge Internet	CBIS	910.60	8.83	10.88	-2.05	427.37
207	Radware*	RDWR	952.90	5.01	4.40	-0.20	1,024.07

注解：1. 表格仅仅包括1999年11月31日前上市的公司。2. 营业成本和亏损包含在非现金项。3. 以盈余公布为基础（没有经过调整）。4. 资金耗尽的时间经过调整延长了两个月（1999年11月31

日到2000年3月1日)。5. 资金耗尽排除非现金项。

所有货币数据单位为百万

来源：Pegasus Research International

以消费者为导向的网络公司的萧条是否会扩散到企业对企业部门呢？现在这个板块如此受欢迎，因此不太可能。举例来说，PurchasePro，一个商业性购物网站，其资金运转仅仅维持了10.2个月，然而在股市里却完全改头换面了。最近，PurchasePro股票达到了前所未有的175美元，比公司去年9月份8美元的发行价上涨了2 000%。

当然，如果在某些时候这种广受欢迎的企业对企业股票也走上了像易趣、FTD.com或者drkoop.com这样提供服务的公司同样的道路，但不用感到奇怪。“许多这种B2B（企业对企业）类型的公司制定了依靠持续获得资本的战略。”卡尔表示，“如果其中有任何公司不能增加他们的资金，那么内部的损耗当然会影响股票持有人的信心。我们知道B2B股票最终不得不下跌，问题是什么时候会发生：5个月还是5年之后？”

不要寄希望于后者。

问题的一部分是网络公司的创始人和早期的合作者都急于卖出他们的股份。直到今年，38家上市交易的互联网公司已经通过第二次发行开拓了价值16亿的市场。这代表着和去年同样的时间内，第二次发行的数量增加了五倍之多。另一个关键的区别就在于今年包括内部人员抛售的股票的第二轮交易的数量远远大于之前的数量。因为通过抛售股份来增加的资金都进入了这些持有人的腰包，而不是公司的保险箱，这严重伤害了处于困境中的公司。

当然，风险投资者和其他早期的投资者们最终都加入了有利可图的抛售行列，但当公司仍在报告亏损的时候，大规模的内部人员股票却可能会影响公司获得新资金的机会，因此也减少了生存的机会。在投资领域，这就像在一艘快要沉没的远洋定期客轮上，男人们把妇女和孩子推到一边霸占了救生艇。

“初次公开发行市场通常只对那些对内部人员的离开策略没有影响的、经验老到的公司起作用。”汉布雷克特说道。“当你使一家公司上市时，仍然需要资本来维持经营，你面临着巨大的风险，而内部抛售会使得增加资金变得更加困难。”

当他们的诚实遭遇责难时，风险投资者们理所当然地被激怒了。无论如何，他们都落后于去年大半年的501次初次公开发行。对于他们来说，抛售头寸以获得启动资金恰好成为一种商业策略。

一家互联网直销公司MyPoints.com的实例完美地阐释了风险投资者和公众之间的利益冲突。在只剩下维持4个月的现金时，MyPoints计划通过出售400万的股份来聚集1.85亿美元的资金。乍看上去，这次发行可能使MyPoints再次轻松地获得充足资金。但深入观察就会发现40%的股份都是内部人士出手的，因此看似注定由公司获得的资金实际上转入了公司员工的手中。

另一个著名的内部抛售发生在互联网实体销售商HomeStore.com，1999年年底，其拥有可以维持超过一年的充足资金。8月份其股票上市价格为20美元，最高上涨至138美元，而后又跌至50美元。1月份，HomeStore宣布再次发行9亿美元的股票，那一次内部人员获得了超过一半的总收益。

多半时候，一旦散户投资者急于买进，风险投资者就会卖出。正如上文提到过的PurchasePro，其最近卖出的300万股份中有1/3是内部人员所持有的。

有证据显示互联网公司之间退出市场的竞赛被给予了特别关注。直到今年，2/3的互联网公司股票的再次发行中，有25%或者更多的股份是内部人员抛售的。根据CommScan的报告，在非在线的交易中，只有大概四分之一的交易包含了超过25%的内部出售。

互联网投资的竞赛在很大程度上通过大量的资金流动保持活力，大量资金流出旧经济股票市场而流入新经济股票市场。上周纳斯达克市场的急剧下跌和道琼斯工业平均指数的飞速反弹可能标志着这个趋势的逆转。正如上个星期所说明的，一旦人们心理发生变化，资金匮乏的网络股发行势必下跌得最惨、最快。

寻找你的网络股票

下面根据字母顺序排列的是我们审查的207家互联网股票和他们的排

名。记住，排在第一位的可能是最快消耗完资金的，而排在 207 位的是速度最慢的。

排名	公司	排名	公司	排名	公司
177	@plan.inc	160	CyberSource	168	Hoover's
154	About.com	65	Cylink	176	HotJobs.com
190	Accrue Software	180	Data Return	156	iBasis
173	Active Software	169	Digital Impact	90	iGo
198	Agile Software	11	Digital Island	19	ImageX.com
117	Akamai Tech	113	Digital River	8	Infonautics
205	Allaire	203	DoubleClick	186	Inktomi
164	AltiGen Comm	7	drkoop.com	107	InsWeb
45	Amazon.com	38	drugstore.com	10	Intelligent Life
187	Ameritrade	96	DSL.net	32	Interactive Pictures
201	Andover.Net	31	E Loan	15	Interliant
23	Applied Theory	158	E*Trade	130	InterNAP Ntwk Svs
143	Ariba	135	E.piphany	183	Internet.com
191	Art Tech Group	171	Earthlink	150	InterIrust Tech
39	Ashford.com	41	EarthWeb	137	Interwoven
33	Ask Jeeves	189	eBenX	14	Intraware
78	Audible	57	eCollege.com	147	ITXC
145	autobytel.com	124	EDGAR Online	66	iVillage
59	AutoWeb.com	70	eGain Comms	120	iXL Enterprises
182	BackWeb Tech.	17	Egghead.com	91	JFax.com
62	Barnes & Noble.com	76	Egreetings.com	63	Juno Online Svs
140	Be Free	108	El Sitio	188	Jupiter Comm
29	Beyond.com	51	E-Stamp	50	Kana Comms
20	BigStar Entertainment	49	eToys	175	Keynote Systems
146	Bluestone Software	85	Exactis.com	149	Knot
153	Breakaway Solutions	181	Exodus Comm	102	Launch Media
161	Broadbase Software	71	Fogdog	36	LifeMinders.com
127	Calico Commerce	142	FreeShop.com	101	Lionbridge Tech
206	C-Bridge Internet	27	FTD.com	167	Liquid Audio
2	CDNow	80	garden.com	89	Log On America
141	China.com	162	GetThere.com	34	LoisLaw.com
100	CNET	138	GoTo.com	61	LookSmart
47	Cobalt Group	121	Gric Communications	21	Mail.com
122	Commerce One	98	HealthCentral.com	200	Marimba
148	CommTouch Software	30	Healtheon	6	MarketWatch.com
68	Concentric Ntwk	112	HealthExtras	128	Mcafee
67	Critical Path	132	HearMe.co	174	Media Metrix
22	Cybercash	69	HomeStore.com	152	Mediaplex

（续）

排名	公司	排名	公司	排名	公司
114	MedicaLogic	159	Preview Travel	172	Telemate.Net Software
9	Medscape	139	Priceline.com	54	Theglobe.com
88	MessageMedia	25	Primix Solutions	110	TheStreet.com
136	Mortgage.com	151	Primus Knowledge	74	TicketMstr-CitySearch
18	MotherNature.com	56	Prodigy	43	Tickets.com
185	MP3.com	204	PSINet	77	TriZetto Group
48	Multex.com	46	PurchasePro.com	116	Tumbleweed Comms
16	MyPoints.com	166	Quintus	155	Tut Systems
83	NBCi	55	Quokka Sports	178	U.S. Interactive
103	Netcentives	84	Quotesmith.com	53	uBid
42	NetObjects	207	Radware	95	USinterNetworking
133	NetPerceptions	109	Ramp Ntwks	184	USWeb/CKS
64	NetRadio	86	Retek	79	Ventro
196	NetRatings	60	Rhythms Net Connect	5	VerticalNet
129	NetSpeak	157	SI Corporation	111	Viador
87	NetZero	44	Salon.com	202	Vignette
26	Newsedge	197	Scient	13	VitaminShoppe.com
115	NextCard	3	Secure Computing	163	Vitria Technology
40	NorthPoint Comm	28	ShopNow.com	81	VocalTec
104	OnDisplay	131	Silknet Software	93	V-ONE
125	Onemain.com	75	SilverStream Software	94	VoxWare
119	OneSource Info Svs	37	SmarterKids.com	105	WatchGuard Tech
58	Online Resources	193	Software.com	144	Web Street
126	OpenMarket	12	Splitrock Services	165	Webvan Group
179	pcOrder.com	92	SportsLine	192	Wit Capital Group
4	Peapod	194	Spyglass	170	Women.com
97	Persistence Software	123	Stamps.com	82	Worldgate Comm.
195	Phone.com	118	StarMedia Ntwk	24	WorldTalk Corp
1	Pilot Ntwk Services	52	Streamline.com	106	yesmail.com
199	Pivotal	99	Student Advantage	134	ZapMe!
35	PlanetRx.com	72	Talk City	73	ZipLink

来源：Pegasus Research International

来自《互联网经济：卖出的最好故事》

约翰·卡什迪[①]

长期看来——几年到几十年——股市上涨和下跌与经济增长和企业利润一致。而在短期内——几天到几星期——市场随机地落下和反弹，就像水流中的木塞。一旦美联储实施提高利率的政策，就可以很明显预测到科技和因特网股票会上涨，尽管有迹象表明持续时间可能不会太久，但也无法知道具体是什么时候。除科技股以外，市场的大部分股票都已经处于熊市：去年一年之内，标准普尔500指数中超过80%的股票下跌了20%甚至更多。市场变得愈发不稳定。从1988年到1995年，纳斯达克指数一个交易日内上涨或下跌的幅度超过3%的现象出现的次数只有10次。从2000年开始，这种现象已经出现12次，涨幅达到6%，跌幅达到9%。人们甚至对一些长期处于牛市的市场也开始担忧。2000年3月10号，当纳斯达克指数以高于5 000点收盘时，以前曾表示不考虑价格，买股票是最佳投资计划的沃顿商学院经济学家杰瑞米·西格尔告诉CNN，“一次大衰退是很有可能的”。

3月13号，星期一，波动继续。在3天时间里，纳斯达克指数在周末适度反弹之前下跌了500点。有迹象表明科技股已经达到了顶峰。在两天内，3月15和3月16号，由于投资者重新发现像福特汽车、陶氏化学和家庭百货这样的旧经济股，因而使原本处于10 000点以下的道琼斯工业指数迅速上升了819点。在这个周末，道琼斯指数达到10 595.20，上升了大约7个百分点。纳斯达克指数本周以4 798.13收盘，下跌了5个百分点，而道琼斯互联网综合指数以466.5收盘，下跌8个百分点。在这种令人困惑的环境下，3月18号，星期六，《巴伦周刊》出版了标题为“资金飞速消耗”（见前文）

① 约翰·卡什迪是《纽约时报》的特派记者，也是“康泰纳仕投资组合”的特约编辑。同时他还是《互联网经济：卖出的最好故事》的作者。

的关于互联网股票的长篇评论，作者是记者杰克·威洛比。文中问到：

互联网泡沫什么时候破灭？对于大量的网络新秀公司来说，令人不快的爆破声可能会在今年年底之前出现。资金匮乏，许多这样的公司将会尝试通过发行更多的股票或债券来获得新的资金，但是他们中的大多数不会成功。结果是他们将会被迫出售给更强劲的对手或者一起退出。许多没有足够资本的互联网公司正在努力寻找投资。

通过调查公司Pegasus Research International的帮助，威洛比审阅了超过两百家互联网公司的财务报表。他计算了每家公司花费资金的速度，并将其资产负债表上的现金和有价证券做了比较。他的结论是：在12个月内，至少50家互联网公司不会有剩余资金，而且其中一些还可能会在更短的时间内耗光所有现金。在面临资金问题的公司中，包括被时代华纳和索尼接管的现代唱片（CDNOW），已经失败；还有豆荚公司（Peapod）、一家在线食品杂货店和一家由前卫生局局长C·埃弗里特·库普博士创办的医学网站库普博士网（drkoop.com）也失败了。许多其他公司的处境可能也只是稍微乐观一些。自然母亲网（MotherNature.com）可能在4个月内消耗完所有资金；药房网和星球处方网有足够的现金可以维持9个月；电子玩具公司将在11个月内破产。

《巴伦周刊》的文章是有关互联网泡沫方面最具冲击性的报道，但最具毁灭性的却是它预计的时间。投资者们已经心照不宣地认为互联网公司不论如何亏损，总是可以获得一些现款。长期看来，这曾经是一个合理的假设，但考虑到已经有许多互联网股票遭遇了打击，这种情况可能已经不再发生。《巴伦周刊》的文章指出如果资金龙头被永久性地关上时所发生的情况，互联网公司会被留下自己谋生。

3月20号，周一，《巴伦周刊》名单上的许多股票急剧下跌，这对所有科技股来说无疑是另一个悲惨的日子。纳斯达克指数下跌到4 610点，下跌了188点，跌幅将近4%。在接下来的几天里，可想而知出现了试图抹黑《巴伦周刊》的报道。“我没有获得《巴伦周刊》任何有关我生意中最好表现的记录。”拥有7亿美元的阿玛黎多科技基金的负责人阿尔贝·维拉尔（Albert Vilar）宣称。在下个五年或十年避开互联网股票的投资者可能会错过“前所未有的最大的爆发性利润和增长”，维拉尔继续表示。《巴伦周刊》提到的许多公司坚都持认为他们的耗费被过高估计了。在某些情况下，确实如此。杂志上的数字只指向1999年年底，从那之后，一些互联网公司赚到了更多钱。例如，亚马逊网站和数字岛，两者都已经发行了价值数千万美元的可转换证券。虽然文章中引用的一些数据已经过期，但对于其主张的总体推动作用是毋庸置疑的。

一些互联网公司已经面临财政短缺。现代唱片和豆荚公司看着它们的股票崩盘，但他们并没有选择发行更多股票。理论上说，他们可以出售一些债券，但考虑到市场情况，那可能是一个艰难的挑战。因为投资者中增加的紧张情绪，所以即使像亚马逊网和电子交易网这样的市场领导者都被迫为他们的贷款付出了更高的代价。对于那些努力奋斗的公司来说，唯一真实的希望就是寻找另一家公司给他们提供投资或者直接买下他们，但那不是一件容易的事情。潜在的买主会期望陷入困境的企业破，产然后以便宜的价格买下它的资产。考虑到这种环境，对于大多数资金短缺的互联网公司来说，唯一的选择就是缩减开支，而且相信结果总会是好的。

4月11号，星期二，纳斯达克指数下跌到4 055.90点，跌幅达132.30点，而道琼斯互联网综合指数为313.83点，下滑了7.1%。人们无休止地出售以前最爱的股票：甲骨文公司下跌到77.375点，跌幅为5.125；雅虎！下跌到133.5点，跌幅为8.5。从2月份以来，纳斯达克指数第一次在闭市时的负值范围在2 000点，唯一的好消息是它还没跌破4 000点。在一天的某个时候，它已经接近这个临界值，但随后又反弹回去，为这个点位的更久支撑增添了希望。

当第二天（4月12号星期三）再一次开市的时候，这些希望又变成了失望。里克·谢伦德，一个备受尊崇的高盛分析师，已经降低了他对微软利润的期望值，比引用的三月份的预期销售额更低，因此，美联储管制经济的措施不会对科技公司造成任何影响的幻想破灭了。微软的股票下滑了 4.5 美元，降至 79.375 美元。IBM 和惠普都急剧下跌，而这也加剧了道琼斯指数的下滑。纳斯达克的失败者还包括太阳计算机系统公司（Sun Microsystems），下跌了 7.875 美元，降至 80 美元；思科系统下跌到 65 美元，跌幅为 5 美元。纳斯达克指数收盘时是 3 769.63 点，下跌了 286.27 点也就是 7 个百分点。福雷斯特研究公司（Forrester Research）一改其通常的乐观态度，发布了一份报告，预测众多网上零售商最终会破产，这加速了互联网股票的跌势。公司的一名分析师指出："现在必须面对事实，在线销售商的蜜月已经结束了。"亚马逊网站暴跌了 7 美元，达到 56.375 美元，但并没有限制在线销售商的出售。美国在线下跌至 62.5 美元；易趣下跌了 12.0625 美元，跌至 142.375 美元；英特尔公司下跌了 12.0625 美元，跌至 123 美元。道琼斯互联网综合指数又下跌了 10 个百分点，跌至 283.33 点。现在的指数比 3 月 9 号的高峰值下降了 44%，而纳斯达克指数比 3 月 10 号的高峰值下跌了 25%，这意味着两个市场都处于熊市（高于 20% 的下跌通常被认为是熊市）。

相同的自我强化过程曾经推动股票价格到达最高点，现在却起到相反的作用，使股票回到谷底。一窝蜂的集体心理仍旧和过去一样坚定，投资者开始相互效仿着卖出股票。科技进步使得买进股票和卖出股票一样简单：所有这些都只需要简单的一个电话或者点击几下鼠标。当人们将他们的积蓄撤出科技基金和积极成长型基金时，基金经理们被迫卖出已经下跌的股票，这又导致它们下跌得更加猛烈。许多股票的急剧下跌使证券公司发出更多的补充保证金通知，其中一些可能无法实现，而这样的结果又导致了更进一步的出售。市场下滑时的，恰恰和市场上升时的过程如出一辙。

2000 年 4 月 14 号，周五的上午，投资者充满恐惧地收听 CNBC 和 CNN 金融频道，特别是那些有历史性倾向的人，他们会回想起 88 年前的那一天，就是泰坦尼克号沉没的那天。现在新的通胀数据显示物价上涨的速度比过去五年的任何时刻都要快，结合另一篇关于零售的有力报道来看，这种发展趋势，意味着更进一步的利率上涨实际上是不可避免的。一些分析师预测联邦公开市场操作委员在下一次会议上将会决定升息 50 个基点。上午 11 点之后不久，CNN的特里 · 基南报道："我们看见销售的波动对纳斯达克指数的即时冲击。雅虎！下跌了7%，甲骨文下跌5%，亚马逊下跌5%，思科下跌了2%。大屠杀还在继续——难以置信的股票下跌。现在下跌的百分比比1987年10月股票市场崩盘更大。和黑色星期一不同，当证券报价机上的价格直线下滑时，许多经纪人都拒绝接电话，这样就可以不必直面痛苦。从1987年以来，交易系统已经有了很大改进，追踪股市的下跌更加容易。下午12点45分，道琼斯指数下跌了320.56点，跌幅大约为3个百分点；纳斯达克指数下跌了245.21点，跌幅为6.7个百分点。亏损者和盈利者在纳斯达克的比例为7∶1，在纽约证券交易所的比例为4∶1。

如果投资者们将他们的希望寄托在10天前的下午那样的反弹上，他们将会很失望。下午2点，另一轮的补充保证金通知加剧了投资者出手的压力，这并没有因为艾伦 · 格林斯潘而减轻，虽然他曾经在华盛顿的美国企业研究所举行了一次午餐会，就是他在1996年发表"非理性亢奋"演讲的地方。这一次，格林斯潘没有提到股票或者利率。下午2点45分，道琼斯指数下跌超过500点，而纳斯达克指数下跌超过300点。在剩下的交易时间内，股票的出售仍在继续，轻微的反弹只出现在最后几分钟，那时候少数专门觅购便宜货的投资者进入市场。当纽约证券交易所的收盘铃声响起时，道琼斯指数收盘点数为10 305.66点，下跌了617.58点，前所未有的巨大下滑。纳斯达克指数收盘点数为3 321.29点，下跌了355.49点。这不仅仅是指数下跌的最高纪录，也是下跌百分比第二高的一次，仅比1987年10月19号黑色星期一要低。综合考虑这一个星期的情况，纳斯达克指数遭遇了史上最糟糕的一个星期。在连续五天的下跌之后，其一共下跌了1 125.14点，跌幅达到25.3个百分点，轻松地超过了黑色星期一那周的跌幅19.3个百分点。道琼斯指数的跌幅比历史记录稍好一些，但也在一周内下滑了7.3个百分点。

正如人们所知道的，黑色星期五的销售情况普遍一致。银行、航空和以消费者为导向的公司和新经济股票一起显著下降：花旗集团下跌了9.5美元；美国航空下跌了5美元；宝洁下跌了6.625美元。在科技板块中，所有的大品牌都遭遇打击：思科系统下跌1.125美元，跌至57美元；微软下跌

5.125 美元，跌至 74.125 美元；英特尔下跌 10.625 美元，跌至 110.5 美元。已经被连续打击的互联网股票又一次遭遇重创：雅虎！下落了 20.125 美元，跌至 116 美元；美国在线下落了 4.25 美元，跌至 55 美元；亚马逊网站下落了 1.125 美元，跌至 46.125 美元。（奇怪的是，易趣竟然维持了 0.75 美元的收益，涨至 139.5625 美元。）许多规模较小的互联网股票已经被打垮，下跌了 31.24 点，跌幅为 12%，跌至 236.72 美元，道琼斯互联网综合指数反映了这个事实。这一个星期，指数下滑了 37.1%。

在市场收盘之后，财政部长劳伦斯 · 萨默斯在CNN发言，呼吁大家镇定："我们正在关注市场的发展趋势，和我们经常所做的那样，但我们的关注点仍然是最重要的事情——美国经济的基础和他们对经济扩张的贡献。我相信过一段时间之后经济将会继续增长，波动一如既往地从一个部门扩到到另一个，但我们的基础是良好的。"莎默斯的话对他们来说是熟悉的。1929 年 10 月 25 号，黑色星期四之后的一天，总统赫伯特 · 胡佛表示："国家最基础的产业——就是消费品的生产和销售——是处于非常良好的繁荣的基础之上的。"

但不管他们怎么做，华尔街的股市已无法抹去已经发生的"正确修正"或者"安全投资转移"的痕迹。5 个星期的下跌已经达到了痛苦的极点。这已经是一次不同寻常的长期下跌，但依然还在一次次下跌。从 3 月 10 号的高峰以来，纳斯达克指数已经下跌了 1 727.33 点，跌幅为 34.2%。道琼斯互联网综合指数比 3 月 9 号的高峰值下跌了 53.6%。仅仅一个星期，2 万亿的股市财富消失了。仅仅微软就比其顶峰的市场资产流失了 2 400 亿美元。由于互联网泡沫完全破灭了，如表格 1，显示了从 3 月 10 号到 4 月 14 号这 5 个星期前 20 位的互联网股票，展示如下：

	3/10/00	4/14/00	% Fall
Akamai Technologies	296	64 7/8	78.1
Amazon.com	66 7/8	46 7/8	29.9
America Online	58 5/8	55	6.2
Ariba	305 3/8	62 1/4	79.6

（续）

	3/10/00	4/14/00	% Fall
CMGI	136 7/16	52 1/16	61.8
Commerce One	257 9/16	66	74.4
DoubleClick	117 5/8	60 9/16	48.5
eBay	193 1/4	139 5/16	27.9
Excite/At Home	28 9/16	21 3/4	23.9
Healtheon/WebMD	41	18 5/16	55.3
Inktomi	169 5/16	100 13/16	40.5
Internet Capital Group	143 9/16	40	72.1
iVillage	23 7/8	10 5/16	55.8
Priceline.com	94 1/2	58 9/16	38.0
Razorfish	36	15 5/8	56.6
TheGlobe.com	8	3	62.5
TheStreet.com	12 9/16	5 3/4	54.3
VeriSign	239 15/16	97 13/16	59.2
Webvan	11 13/16	7 1/2	36.5

任何事所依靠的看涨心理已经破灭，即使像亨利·布洛杰特这样的极端乐观主义者都承认再次恢复的可能性很小，至少现在是这样。“我们将会看到面临更多压力更缺乏抵抗能力的公司出现。”布洛杰特在《华盛顿邮报》上说。“没有理由要求所有事情都要在短期内立即复原。”摩根士丹利公司在发布的一篇针对其客户的报道中，玛丽·米克尔和她的同事们力劝投资者们将他们的资产集中用来持有像亚马逊、易趣和雅虎这些市场领军者的股票，并且持续持有：“也许我们还没看到底线，但作为领军者，我们应该更靠近低端而不是顶点。”对于仍旧持有米克所挑选的其他股票——Ariba、VerSign、Healtheon/WebMD、Priceline.com、Women.com、Tickets.com以及其他的投资者来说，这些话并没有起到任何安慰作用。

即使是牛市中最响亮和最刺耳的声音，詹姆斯·克拉默也向美国广播公司当红节目《今日》(*Today*)的主持人麦特 · 劳尔承认，泡沫已经破灭。“而且我可以告诉你，”他说，“那是一次重大而且屈辱的经历。你知道，我感觉我正从竞赛的优胜者走向极端的屈辱。”克拉默公司（TheStreet.com）的股票在大衰退时也进一步下跌，以5美元的价格交易。当问到企业家们以创意为基础花费数百万美元的时代是否已经结束时，他回答：“是的，已经结束了。发财梦已经结束了。”

高价研究！提醒投资者：股票及网络公司的研究分析师并不像你们想象的那样是独立的！

埃里克 · 舒诺费尔德[1]
《财富》，2000年3月20日

分析师对证券市场的分析应该具有客观性。世界上最为公正的分析师来自华尔街以及科技产业研究公司，这些分析师能够花时间给出关于企业、市场及行业动态的公正而专业的分析。但在这世界上，由于到处存在像网络公司这类花钱买通分析师的情况，客观性恐怕只是一种奢望！从摩根士丹利的玛丽·米克尔到服务于类似于阿伯丁集团的低层次研究员，各个层次的分析师直接或间接从他们研究的企业拿到的报酬都在逐渐增多。这虽然有利于使他们有压力来提高工作质量，但也在很大程度上同时激励他们带头吹捧那些企业，而不是做一个独立的观察员。

说实话，要知道一个分析师做到客观公正一直都是相当困难的，想想是谁在养活分析师的吧！华尔街的投资银行争先恐后地为他们的分析师研究过

① 埃里克 · 舒诺费尔德是硅谷IT博客（TechCrunch）的合作编辑，之前他是《财富》杂志的特约编辑，并在《商业2.0》从事“下一个网络博客”编辑工作。

的企业提供企业金融服务，例如梅塔集团和木星通讯公司就将他们的咨询服务及研究报告卖给很多他们的分析师服务的公司。这样的根本性的冲突已经存在很多年了。

互联网热潮加剧了这个问题。由于每年都有很多企业公开上市，可能其中有些企业只是为了追赶热潮，而投资者急需得到咨询和指导。然而，这么大的绝对数量使得分析师要真正成为任何一家企业的研究专家变得更加困难。Marvels的一名网络销售主管说："让人很惊讶的是，甚至在出版社都能看到一些所谓的专家！"拥有可靠声誉的分析名家们，例如Meeker、美林证券的亨利·布洛杰特或者是帝杰投资银行的杰米·凯根，他们也必须超负荷地工作。他们每一个人都要研究35只以上的股票。他们进行的这些研究都得到了他们的研究团队的帮助——就像17世纪的荷兰船长——签有他们名字的报告经常并不完全出自某一人之手。"管理状况的作用方式是相同的，"布洛杰特解释道，"我可能跟10家公司的接触比较密切，但我对所有的一切负责。"

除了负载过多的问题，研究的客观性正在被侵蚀的另一个理由是，华尔街分析师的服务对象不再清晰。按照惯例，他们的主要客户是那些要求提供公正、高质量建议的机构投资者。但现在分析师们越来越多地服务于另一类客户：企业银行。公开募股的网络公司日益增多，这种趋势所形成的竞争压力，使得分析师在达成那些利润丰厚的交易中所起的作用日益凸显。瑞士信贷第一波士顿的一位前互联网分析师比尔·伯纳姆，现在是日本软银的一位风险资本家。他直言不讳地说："在科技领域，没有分析师就没有银行业务关系。"当银行决定是否将一家公司列为自己的客户时，分析师就如同是法官、陪审团和刽子手，交易达成之后，分析师跟公司有着最紧密的关系。

伦敦商学院教授马修·黑瓦德先生警告说："这可能会出现这样一种情况——即分析师变成了其为之服务的公司的发言人。"他的研究显示，与分析师有银行业务关系的企业得到的评级更高。例如：在美国银行证券承诺负责theglobe股票的后续发行之后不久，它的分析师阿兰·布雷弗曼在第一时间将这只他新研究的股票评为买进等级，而这支股票现在以低于首次发行价的价格进行交易。

如果你是一名接受过训练并能读懂这些报告中隐含之意的机构投资者，或是那些可以拿起电话就直接咨询个中情况的人，要判断这些报告的正确性就会简单一点。但那些可能会看到这些报告（由于互联网的存在），却没法与分析师直接沟通的普通投资者又该怎么办呢？他们并不能得到一个类似于Cap'n Crunch解码器这样的东西来帮助他们理解分析师的真正意图。

基斯·本杰明原来是互联网分析师，后来转行做风险资本家，他对于普通投资者面临的这种状况表示同情。他解释说："散户们正在摸索有关这些新股票的任何信息。分析师的作用越来越重要，原来他们只是为投资机构提供建议，现在变成了《财富》杂志或CNBC等大众媒体的信号灯。"

这种情况在华尔街司空见惯。对于大多数网络经理人来说，获得公正的市场研究报告越来越困难。在许多信息技术研究公司，分析师们的报酬都是跟他们所能带来的咨询业务量挂钩。一个已经受够了的互联网公司的CEO报告说："如果你支付他们1万到3万美元，在我看来他们一定说过你好话，这有点像是在外国做生意。"现在已经是掌上电子产品软件公司AvantGo市场部副主管的斯图亚特·瑞德说："有些公司乐于花钱以得到好评，尽管这让我感到厌倦，但这是我所能知道的运作方式。"

由于从咨询服务中能够获得的收入越来越多，分析师在接见和评价他们的客户时面临着一定的压力。结果，"你不得不在你的每一页研究报告中有所保留。"国际数据集团的前分析师保罗·约翰逊说道，现在他是GMGI公司负责市场研究的经理。Zona研究所的主管哈雷·弗林克指出了一个更让人不安的趋势，他说："互联网已经制造了另一个魔鬼，看不见也控制不住——分析师们持有他们服务的多数公司的股票。"这让分析师对公司过度浮夸。弗林克试图使Zoan尽可能避免这种冲突，但是他不可能完全消除这种行为。因为如果他那样做，"就没有人会在这工作了。"他说道。（Zona的每一份研究报告都印有一个保留标记以提醒那些细心的读者这种冲突可能存在。）弗林克说，有纪录显示这种做法在其他地方更普遍，这简直就是一种自我安慰！

探索网：网络公司向超级杯橄榄球赛一掷万金，但他们仍旧声称自己触地得分

凯瑟琳·米耶史考斯基[1]
《沙龙》（*Salon*）[2]，2000年5月3号

假设你投入350万美元用仅仅90秒的3个电视广告宣传自己和炒作自己那并不知名的网站，那最令人印象深刻的事情不仅是你花了多少钱来宣传你的公司，使自己在超级杯橄榄球大赛上露脸，同时也包括你将总资本中的多少钱花在了比赛短暂的三次休息时间中。

如果只有580万美元的启动资金，你在比水煮鸡蛋更短的时间内挥霍了多于一半的资金。恭喜你！这个精心布置的闹剧使你的小公司荣登最快挥霍资金网络公司排行榜。现在是时候去清扫你的球场并增加更多的资金了！当你的公司不是因为其他任何原因——而是因为拥有以每秒钟38 889美元的速度花钱的天才（或者说傻瓜）而出名时，必须找到潜在的投资者是一件多么折磨人的事情。

或者不是。电脑网，一个为电脑新手提供手把手指导的网站，实际上的确为超级杯大赛的90秒钟投入了60%的资金。但迈克尔·J·福特作为梅德纳大众公司的合伙人和总裁，仍然嘲笑那些笑脸。我问到他关于他必须从投资者那里寻求更多资金时的窘迫反应，会不会有投资者愤怒地表示："孩子，你只是在不到两分钟的时间内花掉了350万美元。为什么我偏偏要在许多人中间选择给你钱呢！？"

福特向我保证说，他从来没有遇到这么公开的愤慨，"他们可能不会当面跟我说。"他说道。

---

① 凯瑟琳·米耶史考斯基是Salon.com的资深撰稿人，她写作关于技术、商业和环境方面的文章。米耶史考斯基还向其他报纸投稿：《女士》、《时事纵观》、《题名录》、《读者文摘》《旧金山编年史》以及《金融时报》。

② 《沙龙》，20世纪90年代美国著名电子杂志，现发展为著名网站。——译者注

此外，不只是电脑网（Computer.com），包括创业初期的公司和公开上市的企业在内的17家网络公司在超级杯大赛的最后赛季中发布数百万美元的电视广告——使30秒现场报道的价格提高到220万美元的新纪录。仅仅3个月之后，随着纳斯达克股票市场的剧烈波动，公共市场对网络公司热烈追捧的景象消失不见，那些已经上市的网络公司甚至在大量的啤酒泡沫、点心小吃和圣路易斯公羊队的胜利中将他们的名片悄悄放入投资者手里，现在其股票以低于2月底的价格进行交易。几乎没有哪家网站通过超级杯大赛的广告获得了可论证的流量增加，或者可以达成任何到达球门区的大笔交易。

对于那些已经满足于超级杯大赛效果的股东和投资者来说，这不是好消息。他们当然不会从硅谷的摩尔达维多夫风险投资公司的合伙人唐娜·诺维斯基那里获得友好的回应："超级杯大赛的广告是一件从一开始就十分荒唐的事情。"她轻蔑地说："这是一种无目标地吸引客户的方法。"因此，为什么这群大多毫无经验的无盈利的网络公司要这么做呢？诺维斯基的理论是："我认为这是一件自负的事情……这确实是过度挥霍的前兆。"

1月份的超级杯大赛广告也没有给21世纪网络投资公司合伙人尼尔·温特劳特留下印象。"今年，超级杯大赛的广告实际上是互相攀比。"他说道。他幻想一家公司可能做的所有更加"异端"的事情是以同样的预算做出更惊人的创举，例如分发100辆大众甲壳虫。"关键的问题是做其他人以前没有做到的事情。当你创建一家公司时想对客户说的关键的话就是，'我是一个改革者'，你不会和超级杯大赛有任何关系。"

1999年，只有3家网络公司在超级杯大赛打出了全国性的广告——因为这么做能赢得大量媒体的关注。但今年网络公司们像沙丁鱼一样挤进这个游戏：AutoTrader.com、Britannica.com、Computer.com、Epidemic.com、E-Trade.com、Hotjobs.com、kforce.com、LastMinuteTravel.com、LifeMinders.com、Monster.com、Netpliance.com、OnMoney.com、Oxygen.com、OurBeginning.com、Pets.com、Webex.com和WebMD.com。即使广告狂热者都无法记住所有为大肆提价的电视播出时段而相互争斗的公司。

米奇·戴维斯，大不列颠百科全书网站的市场部资深副总裁，他对于那些初出茅庐的网络公司的“非理性营销”的费用也感到吃惊。“在2到3年的时间里，我们将回顾过去并且惊讶于一家公司在不到两分钟的时间内花掉了600万资金中的一半，这真是活见鬼！”他表示。但那时候他承认，“我可以这么说是因为我们有自己的品牌”——这意味着，大不列颠认为花费数百万的广告费是情有可原的正是因为它有这方面的悠久历史——他听起来和那些继续坚持超级杯大赛是一个极佳投资的不知名新建公司的创始人一样充满幻想。

那么，那些网络公司到底通过什么来赢利呢？这些可能都是周一上午的四分卫，但回想起来，结果看上去是有些生搬硬套的新闻报道和网站流量的短暂上升，但没有任何长久可以被称作“品牌建构”的行为和任何不可否认的具有价值的事情——除了大概是无价的自我满足——不过，可能以此为所有那些花费高昂却不盈利的公司进行辩护。

“如果他们把花在超级杯大赛广告上的钱用到拉斯维加斯，他们可能已经获得了更好的结果。”南加利福尼亚州商业学院营销学教授大卫·斯图尔特表示，“我认为这种巨额花费带来的成功结果在拉斯维加斯出现的可能性比在超级杯大赛更大。”

对这些对股市比对拉斯维加斯更为青睐的赌博者而言，超级杯大赛的好回报可能不足以使所有打出广告的上市交易的网络公司满足。没有任何一家在超级杯大赛打广告的网络公司以他们比赛日的价格或比其更高的价格进行交易，其中许多公司市价甚至下跌了大约60%。如果你是私营企业和个人投资者——无论是什么原因——自我满足的超级杯大赛广告会使你和他们脱离开，但这些上市交易股票的股东似乎有理由质疑，这些公司到底怎么看待他们对投资者的储备金所做的处理。

在星期二的交易日结束时，热门工作网的股票跟1月31日（超级杯大赛后的第一个交易日）的交易价格相比下跌了60%——从大约28美元下跌到只有11美元。网络设备网从3个月前的报价22美元下跌到不到8美元，下跌了65%；而它的网络设备产品I-Opener也在以超低的折扣进行销售——“现在只要99美元（原价为199美元）”。而健康网/韦伯麦德公司（Healtheon/We bMD）也正在经历痛苦，股价从65美元下跌到20美元，跌幅为69%。即使是4月初经公司的创建人、硅谷先驱吉姆·克拉克和著名的风险投资家约翰·都尔批准的公司2.2亿美元的广告投入都无法给股市带来多久的反弹。

但其中最为悲惨的股票是宠物网，在网络公司崩盘后从1月31号的11美元跌到了3美元，下跌了73%。上周公司的雅虎信息板上的小丑敲出的公司信息标题是“这只死去的宠物”。

尽管宠物网高额的广告费用对于拉动公司的股票没有起到任何作用，却使得那个不受控制的袜子玩偶变成了家喻户晓的形象。所以宠物网现在正在寻求一个新计划收回据称为宣传那个耳朵耷拉的吉祥物所花费的2 000万美元，一个可能被证明会成为最有价值的资产的吉祥物。上个星期，宠物网宣布其打算在传统商店出售袜子布偶商品。可能在线下出售这个吉祥物形象会比在其主流业务——网站上贩卖喵喵混合猫粮，能更快速地获利。然而也许所有那些“品牌建构”的行为都会获益！好像为了保护公司重要的盈利渠道，宠物网正在起诉脱口秀节目《柯南·奥布莱恩深夜秀》(*Late Night with Conan O'Brein*)前主笔，因其诽谤和攻击公司的玩具产品“说话玩偶”(spokespuppet)。

参与超级杯大赛狂欢的上市网络公司最近的交易历史可能使像网讯这样的公司踌躇不前，这个在线约会公司将具有超级魅力的鲁·保罗[①]带到了数百万畅饮啤酒的超级杯大赛观众面前，花费了120万美元保住了在主要市场30秒的现场报道。在12月，公司宣布已经完成2 500万美元的一轮融资，并且已经“提交了新资金的大部分给营销活动。”4月份网讯申请上市，所以在不久之后我们应该可以看到市场对于这2 500万有多少传言以及一个男扮女装的名人可以赢得你多少兴趣。

我们知道股票价格可以变幻无常，尤其是现在。“那里只是市场在说话，而不是我们的消费者。”网络公司呼喊着。但可以计量一个网站品牌的成功的唯一指数就是流量。而且，除了比赛后几天的短暂反弹，所有花在超级杯

① 鲁·保罗(Rupaul)，美国演员、模特，喜欢男扮女装，被称为变装皇后。——译者注

大赛的钱都没有显示出任何拓宽公司受众的迹象。

以我们的起点网（OurBeginning.com）为例，这是佛罗里达州奥兰多市的一家在线文具商店，在比赛之前本来没有任何知名度。据媒体测量公司统计（尽管他们的缺陷明显，其数据仍然符合业内标准），该网站1月份获得了独一无二的362 000位访问者的访问量；2月份达到547 000位；3月份的流量不值得报告，经媒体测量公司统计，浏览网站的访问者不到250 000位。

我们的起点网的首席执行官迈克尔·布多斯基也为自己发布广告的决定辩护，广告的主角是为了文具而充满敌意地大打出手的美丽新娘，“超级杯大赛买了我们公司的信誉。”他极为严肃地解释说。他表示广告让公司迈进了一些大公司客户的门槛——“噢，是的。你们在超级杯打了广告。”——而且帮助公司吸引了至少一个资产为300万的消费者。他认为他们明年还会打出另一个广告。

对于像电子贸易网、猎头网或者宠物网那些进行了激烈广告大战的网站来说，超级杯大赛的效果更加难以计算。但猎头网的意图是利用罗伯特·弗罗斯特（Robert Frost）的诗《无名小路》，来劝诱找工作的人们去他们尚不具有明显说服力的分类工作广告网站。与此同时，一家追踪网络使用数据的公司电脑数据在线(PC Data Online)报道说，网站因为比赛日的广告立即增加了80%的流量，但没有明显的长期收益——媒体测量公司记录的网站流量1月份达到了独一无二的360万，2月份数据是350万，而3月份只有340万。

因此，如果超级杯的广告没有对投资者形成足够的吸引力来拉动你的股票价格，没有给消费者带来足够的刺激推动你的网站获得稳定的流量，那这些巨额花费的意图到底是什么呢？只是一个一年一度的古怪噱头么？

当然，对超过1亿的消费者进行品牌轰炸是赢得公司客户的不可思议的一种手段。南加州大学的斯图尔特冷冰冰地说：“典型的企业管理者不会因为寻找他的下一位卖主而观看超级杯大赛。”那么像网讯和健康网/韦伯麦德这样的公司首先做的是什么呢？也许是试图使他们的名字脱颖而出展现在投资者面前（日交易者），当然也包括消费者。

网讯的营销副总裁戴维·汤普森认为，因为网讯是一种“B2E”的业务，（嗯，一种企业对员工的服务，我说的）地点对于公司的“品牌宣传”的初步行动是很有意义的。“网络改变了传统广告模式中最为关键的部分。”他强调，（等等，难道不是这种电视广告吗？）“打动那些男人或女人的最好的方法可能是通过超级杯大赛的广告。他们首先是人，然后才是消费者，所以要要介入他们的生活才能打动他们。”

电脑网的福特预测他的公司因为广告获得的媒体覆盖率而价值 1 000 万美元，远远超过付出的 350 万美元。当然，美国广播公司《早安美国》的黛安·索耶那句温柔的“我喜欢电脑网的广告”的价值不能仅仅用数字来衡量。并且福特还提醒我，我其实也正在通过对他的报道而为他在超级杯大赛的投资回报作出了贡献。“我不知道你是否意识到，但你正在做与此相关的报道，所以你也是其中一员！”他得意洋洋地说。

至于这些广告的最高目标——一直高深莫测的品牌建构——在这些确实“打动”人心的广告中并不明显。那些关心这些生活物品的人，像圣路易斯的达美高广告公司（DMBB）的广告经理们，他们应付的都是像可口可乐、银河和美国环球航空这样的公司，他们在超级杯大赛之后的日子里都因为所有这些网络公司的广告而伤透脑筋。

“我们一起关注所有的超级杯大赛的广告。我们在第二天的分成小组进行观察，但我们几乎都没有印象。”一位高级会计师迈克·弗莱恩说道。

比赛后的一个月，圣路易斯的达美高广告公司调查了 1 000 位成年人，发现其中 357 人观看了至少 3/4 的超级杯大赛。其中只有 17%的人可以在没有任何提示的情况下说出一个在比赛中做过广告的网络公司的名称。没有一个人在不经提示的情况下记得看过来自 AutoTrader.com、Britannica.com、Computer.com、DowJones.com、Epidemic.com、kforce.com、LifeMinders、Netpliance、OnMoney.com、OurBeginning.com 或 Healtheon/WebMD 的广告。

有些公司在比赛前就已经打出了很多商业广告，比如宠物网、猎头网和电子交易网，它们经营得更好。有多达 6%的被调查者仍记得看过电子交易网的广告，它是个大赢家。即便及时给予了提示，也只有 4%的人能够回忆起流行病网那令人毛骨悚然的广告，他们设计了一个恶心的象征细菌的形象吸引观看者向朋友发送垃圾邮件。

问题可能不完全在于广告，这些广告因为那些异想天开的创意遭受无休止的批评和指责。

一家为网络公司服务的广告合伙公司Kirshenbaum Bond & Partners West总经理奈杰尔·卡尔说，今年的超级杯大赛中大批网络公司最基本的成功之处在于相互压制对方。“有些人在广告中做了与众不同的事情，获得了难以置信的成果，因为没有其他人做同样的事；然后每个人都争先恐后地模仿他，由于每个人都这么做，结果广告就失去了作用。简而言之，这基本就是广告的历史。”

南加州大学的斯图尔特认为网站的广告热潮——根据《竞争性媒体报道》(*Competitive Media Reporting*)发布的数据，仅仅在去年网络公司就花费了310万用于线下广告——和历史上铁路、电报、广播和电视等其他“过度投资的产业”相似，新事物的出现花费了大量金钱，接着是带有竞争性信息的泛滥的市场促销。“这确实不是个别现象，”他说道，“这些正和今天发生的事情一样。”

第一真理：克服混乱

我们中大多数人以前从未听说的，而且可能再也不会听说的公司，也像对待他们自己的事情一样在为超级杯辩护。“当人们收看比赛时，很有可能发生的唯一的事情，是人们不仅仅会观看比赛也会观看广告。我们知道自己可以克服混乱的局面。”LastMinuteTravel.com总裁戴维·米兰达表示。

一家帮助用户管理资金的网站OnMoney.com的总裁吉姆·布鲁门菲尔德也说了同样的话：“我们感觉自己已经从混乱中突围了。”

但市场没有按这些无畏的公司的计划那样运行。“许多公司可能也在思考这个问题，即使他们还没有撤出他们的营销费用，”布鲁门菲尔德高兴地说，“这减少了市场的混乱并且最终可以成为我们巨大的机会。”

第二真理：深入思考

我们的起点网（OurBeginning.com）的布多斯基同样对市场萧条十分关心。“这的确帮了我们，”布多斯基说，他计划今年年底实行一次公开募资。“人们将会变得更有选择性、开始深入思考并且会说——‘嘿，那里有什么？’我们认为自己拥有真实的公司。”

有趣的是，其他人也如此——那就是关于他们自己的公司。电脑网的福特表示：“这里有很多准商业模式，模拟公司的营销计划，我们正在扩大规模以便使企业获得长远发展。”电脑网是一家为新手提供电脑信息和购物信息的网站。

最后一分钟旅行网（LastMinuteTravel.com）的米兰达也计划在年底之前首次公开上市，她认为价格下降是不可避免的，但“我很高兴看到发生的这一切。如果深入这些公司的内部，你会看到一些极为可疑的商业模式。你不能只是将dot.com放在最后，你必须区分好的创意和恶意炒作。”

是否有人为这些人写了“深入后台”的脚本？也许有舞台指导带他们去超级杯大赛打广告。嗯，企业家们明年是否会想起——像超级杯网（SuperBowl.com）所做的那样重新命名第35届超级杯大赛吗？“那谁也说不准，看看股市——你不知道有多少网络公司明年会出现。”达美高广告公司的弗林表示。

这种言论当然不会招致今年的超级杯比赛参赛者的怨恨。一向镇定的电脑网总裁福特按照首次公开募股的途径稳步前进，并且对于一天数百万美元的广告狂欢没有任何后悔。尽管他没有任何东西展示他的金钱的光芒，除了自有媒体（当然，包括这篇文章）——他说道：“我们很满意这个结果，超级杯大赛是我们巨大的成功。以前没有人听说过我们，现在，我们不仅有一个国内品牌，而且也有国际品牌。”

Media Metrix①真是该受到指责。也许全世界数千万橄榄球狂热者都可以利用有特定网络资源的定位符（URL），但电脑网却无可避免地印在他们

① Media Metrix，一家纽约网络统计公司。——译者注

关于第34届超级杯大赛的模糊记忆中。

他们会更好。福特正忙着让他的下一笔资金增值，他承认短期内不会加入“大规模营销战斗”。“基于上两周股市所发生的事情，我们希望能做目的性更强的营销。”

世界上最笨的网络公司

马克·吉梅恩[①]
《财富》，2000年6月

这是一个完全变样的硅谷模式。斯坦福商业学院的两位应届毕业研究生，加上一位有过多家企业管理经验的自认为是成熟管理人的CEO，再加上像信息网站这样令人讨厌的流行词及安利风格的营销模式，这就是你所看到的位于加利福尼亚州海沃德市的AllAdvantage公司。

在一大堆可怕的网络公司商业计划中，这家公司拥有其中最为糟糕的一项：为上网的人付费。当人们在AllAdvantage注册之后，只要他们上网，他们的电脑就会自动下载一个广告，并显示在屏幕上。他们每隔一小时浏览一下广告，就能获得53美分。如果人们推荐新成员注册AllAdvantage，那么只要这些新成员每隔一小时浏览一下广告，推荐人就能获得10美分的分红。对于那些发展了很多下线的成员来说，他们每个月可以赚几千美元。

AllAdvantage预计大约会有30 000会员，但是4个月之后会员达到了上百万。在2000年一季度末，该公司每个月要支付其200万活跃会员平均每人6.49美元的薪水及分红。仅一个季度，该公司就支出了4 000万美元。

① 马克·吉梅恩曾经为《纽约杂志》、《商业周刊》以及《纽约时报》撰过稿，论题从对冲基金到过失诉讼再到广告业多种多样。在此之前，他是《财富》杂志的资深作家，他在该杂志社写了很多调查故事以及关于一些主要公众人物的简单介绍。

这一结果是毁灭性的。AllAdvantage的1.35亿美元投资花掉了近大半，仅一季度的损失就达6 000万美元。这一状况只会越来越糟，因为AllAdvantage不像其他网络公司那样可以削减营销成本，取消大型广告活动。相反，由于人们的口口相传，注册AllAdvantage并要求获取报酬的人越来越多，AllAdvantage的状况每况愈下。

“信息网站”——即公司收集并整理大量用户信息，这一概念在互联网领域已经流行了很长时间。AllAdvantage本打算通过向广告商销售关于会员上网习惯的信息来平衡业务支出，但这最终未能实现，该公司在2000年一季度通过这一方式只收入了900万美元。制作具有高度针对性的网络广告还只是一种假设，大量的信息存在AllAdvantage的数据库里，但只有一小部分对广告商是有用的。

AllAdvantage似乎也清楚公司的危险状况。在2000年冬季的晚些时候，该公司开始向那些不经常浏览网页的用户打广告。上个月，它又开始推迟会员薪酬的支付期。但这都只是一些暂时的解决办法。不管支付期是30天还是45天，会员的薪酬还是要支付。而广告商却并不是排着队等着做广告。

根据证券委员会的规定，凡是登记过首次公开募股的企业都不许向新闻界透露任何消息，所以AllAdvantage没有讨论它的计划。但是作为AllAdvantage的第一个外部投资者，风险资本家大卫·皮特韦尔坚持认为投资者们了解他们正在做什么。大卫·皮特韦尔是在斯坦福大学教授有关企业家精神的课程时结识AllAdvantage的创始人的。皮特韦尔说，投资者（包括投资了7 000万美元的软银资本合伙人）2月份对该公司的估价为7亿美元。他问道：“是他们笨还是你傻呢？”尽管这种说法不是很有说服力，但却是一个好问题。

AllAdvantage希望通过公开上市获得1.35亿美元，这看上去不太可能。公司在2月份进行了一次公开发行，但在4月份的网络股崩溃后就暂停了。现在AllAdvantage公司走到了最后关头。就像该公司自己说的那样，它还有5 000万到6 500万的资金，至少能撑到今年年底，这就让现在的投资者有足够的时间来考虑是否还要往这个无底洞里投钱。

这是对AllAdvantage所面临困境的最大讽刺。当AllAdvantage的会员正在大把大把赚钱的时候，风险投资家们却正焦头烂额。最后，因即将倒闭的AllAdvantage而引火上身的投资者们付出了代价。

金融专栏：如何从江湖骗子变成大人物

詹姆斯 · 索罗维基[①]
《纽约客》，2000 年 11 月 13 日

从现在开始十年之后，当我们都从亚马逊网站购买电钻或《相约星期二》（*Tuesdays with Morrie*）的年度增订本，并且从美国在线时代华纳公司的高速网络下载珍妮弗 · 洛芙 · 休伊特（Jennifer Love Hewitt）[②]的电影放入我们的数字图书馆时，我们可能不再记得那个由于听说某个公司的吸引人的故事而购买该公司股票的时代。那是一个怎样的时代？当商人们将甜言蜜语变成亿万金钱的艺术不断完善时，那些公司的主打产品不是服务器或者软件而变成了获得了广泛评价的新闻稿。那些足够精明、能在正确的时间进入和离开的人成了时代的巨富。

今天，我们可以更容易地回忆那个时代，因为它已经结束——官方的说法——只是两周之前，具体的日期是 10 月 25 日。其间发生了两件事。第一件事，北电网络公司（Nortel Networks）宣布其盈利少于华尔街的期望值之后，科技高潮的最后一个大泡泡——光联网部门破灭了。使用光缆的人们不

① 詹姆斯 · 索罗维基是《纽约客》杂志的特约撰稿人，他在该杂志社从事商业专栏金融版的写作。他的作品出现在很多出版物中，包括《纽约时报》、《华尔街日报》、《艺术论坛》、《电报》以及《题名录》，他还是《群体的智慧》（已由中信出版社出版）一书的作者。

② 珍妮弗 · 洛芙 · 休伊特，美国著名女演员，曾主演《奥黛丽 · 赫本》、《修女也疯狂 I》等电影。——译者注

再显得坚不可摧。

另一件事发生在美国电话电报公司的总裁C · 迈克尔 · 阿姆斯特朗身上，他通过分离出四只独立股票使公司“释放股东价值”的方案公之于众。股市在20世纪90年代的时候被大多数人欣然接受是一种幻想。但这一次华尔街不屑一顾，而电话电报公司的股票下跌了13个百分点。现在编这种荒诞不经的故事已经太晚了，20世纪90年代已经结束。突然之间，投资者已经回过头来阅读公司的10-Q表（季报）。

现在，价值评估已回归理性，媒体的作用常在管理中被忽略掉。但是，当你开始考虑它时，讲故事的人已经办到了那些不同寻常的事。有别于首先创建一项产业然后使股票上市的模式，他们告诉你可以用正好相反的方式。他们取出资金，然后开始创业。当然，许多企业已经意识到这个过程的第一步比第二步要容易很多。所以，与其费心真正去创业，他们宁愿支撑他们的股价，并尝试用股票购买或者虚张声势说要走向他们的成功之路。

正是这种虚张声势的道路出现，于是就有了CNBC的出现，招摇撞骗的新经济听起来不像是艾尔弗雷德 · 斯隆（Alfred Slon）[①]的理念更像是亚瑟 · 克拉克（Arthur C. clarke）[②]的作品。把股票初次公开发行作为一个“品牌事件”的想法，也许其信誉应该归功于斯蒂芬 · 派特诺（Stephan Paternot）和托德 · 克里兹曼（Todd Krizelman），这两位口才超群的年轻人创建了环球网（Theglobe. com），一个寻求“复制社会”的网站。当环球网于1998年11月上市时，其缩减了卖出股票的数额。因此，公司没有获取原本应得的资金，但因此换取的是人们对其股票的投机狂热，该股票在第一个交易日就上涨了600%。接着又为环球网的创始人赢得了大量媒体的关注，并且使他们的公司进入了日交易者的搜寻范围，虽然公司事实上并没有做任

① 艾尔弗雷德 · 斯隆，通用汽车公司第八任总裁，20世纪最伟大的CEO，企业事业部制组织结构的首创者。——译者注

② 亚瑟 · 克拉克，英国著名科幻作家，其作品《2001太空漫游》曾由著名导演斯坦利 · 库布里克搬上银幕。——译者注

何事情或者有什么盈利。

到目前为止，一切顺利。这两个人——或者说他们身后的银行家——似乎已经意识到他们的客户不是消费者，而是买进和卖出股票的人。他们的股票代号就是他们的商标。不仅仅是那些故弄玄虚的发起人，也包括那些蓝筹股公司，他们编织关于无线革命的详细说明，或者描绘网络世界的出现和个人电脑的消失。他们小心地引导华尔街的分析师们，以使他们的业绩总是比预期要好一些。

从长远看来，这不是企业运营的方法，而且那些对此不理解的人最终会看到他们珍爱的股票价格下跌。环球网最终将会证明这只是银样蜡枪头。但是那个爱吹嘘的人——“具有悲剧色彩的企业首席执行官”，正如风险投资家比尔·格利曾说过的——却有所发现。另一方面，一只上涨的股票可以成为一件强大的商业武器。一些公司可以用它购买其他公司，吸引能干的员工，而且增加额外的资本来扩展他们的业务。比如瑞士信贷第一波士顿的首席投资专家迈克尔·穆布逊所指出的，“股票价格不仅仅反映一家公司的基本面，实际上它会逐渐开始**影响**公司的基本面”。

但这是一个危险的游戏。如果你真能给自己的供应量制造烟幕——如果你真相信自己的炒作——而市场最终会意识到这种炒作而你也会被市场发觉。赢家是那些利用他们非理性的估价来扩大他们自己的产业而且获得具有真实价值的资产的人，例如派特诺和克里兹曼这些环球小子们。他们也许从开始就注定如此，但想象一下，如果他们一开始便利用他们高涨的股票去兼并一家现实世界中的公司，例如通信网络（CNet），如果那样，你就可以判断自己的业务什么时候变得正当合法，什么时候瓜熟蒂落——什么时候将一副庸医的成药增值为确有其事的饮料王国。你可以争辩说这就是美国在线公司和时代华纳接洽时所做的事情，但你不得不佩服思科公司使用股票的手段，它在惊人的多重复杂情况下交易，买到了占有市场统治地位一席之地的通行证，使那些复杂情况下的交易变得合理。聪明的商人们将黄铜矿变成了24k金。那么现在谁是被骗者呢？

网络公司：我们学到了什么？

杰里 · 尤西姆[①]
《财富》，2000 年 10 月 30 日

安娜 · 左拉桑，41 岁

曾担任过出版主管的左拉桑迄今已经在四家新成立的网络公司工作过，它们分别是PointCast、SmartAge、Women.com和Topica。她现在是Topica的董事长，该公司的主营业务是电子邮件业务。

我之所以加入Women.com，主要是想在一个比我曾经工作过的那些新公司更成熟、更稳定的网络公司工作，但是不久我就注意到我有额外的精力。每天工作结束后，我实际上还能完成更多的工作。回家之后，我希望在哄小孩上床睡觉之后，打开电脑还有堆积如山的事情要处理，这可能是我五年来第一次这么想。有一天早晨醒来之后，我就在想，我还是更适合在新成立的公司里工作。除非我起床之后说我想要第三个孩子，否则没什么能击垮我。但是我永远不会那样做。

所以，我加入了Topica。在新成立的网络公司工作跟在 1995 年新成立的网络公司工作，在很多方面是没有差别的。但是这一次，我和我的商业合伙人都有着三家网络公司的工作经历，我们的财务总监则有两家网络公司的工作经历。这些经历让我感觉我在追赶我自己。5 年前我开始工作的时候，感觉每一个单独的决定都至关重要。今天，我们对这一点有了更深入的感受。

我将告诉你我所领悟到的一个真理：如果什么事情看起来很愚蠢，它可能就是愚蠢的。如果说，因为你的竞争对手在一季度花了 1 000 万美元，

① 杰里 · 尤西姆是《财富》杂志的资深作家，负责撰写关于公司企业综合管理的文章，他的文章还在其他一些出版物如《波士顿环球报》、《电报》、《美国瞭望》以及《商业 2.0》中出现，而他的实况报道则能在国家公共电台中听到。

而你也要这样做就会显得很愚蠢，那这种做法很可能就是愚蠢的。如果说通过电子商务贸易和自己的客户们竞争看起来很愚蠢，那它就是愚蠢的，即使所有的风险资本家都说这是一种很明智的做法。如果下次我看到类似这样的情况发生，毫无疑问我会反对，我会这样说："如果它看起来是愚蠢的，那它就是愚蠢的。"

为了不让自己失去上进心，我给自己定了一条原则，但同时我总是通过问自己"如果这件事没发生，后果将是什么？"来调整一下我的激情。对我来说，只要能跟我喜欢和尊敬的人一同工作，只要我感觉薪酬合理，只要我学到了东西，我就感到高兴。在招聘新人的时候，我试图去建立一支渴望经济水平得到提升、个人能力得到发展的团队。如果胜利不在一个地方体现，我就会对我的团队承诺，它肯定能在某个地方体现。

重要的是，我能够如此疯狂地追求更大的胜利，是因为我现在的公司。如果我不认为在这里能够得到这种胜利，我肯定不会在这里工作。我是在寻求巨大的胜利，而不是在期待它。

大卫·墨瑞威萨，30岁

斯坦福大学MBA，现担任B2B软件公司ExchangeWave的公司发展主管。这是墨瑞威萨在新成立的网络公司的第二次工作经历。

1997年，我记得自己还在一家小的软件公司工作，我的一个银行家好友给我一个亚马逊公司的成立计划书。那时候，很多公司包括雅虎、eBay在内甚至都还不存在。我看了看计划书就走开了，当时觉得这个公司不会有什么发展。所以，对我来说，这相当有意思，因为我亲眼见证我认为不会发生的事情发生了。天啊，如果我很久以前就入股亚马逊，那股票都已经盈利了，我真希望我当时投资了。

接下来，AllAdvantage事件发生了。我当时作为斯坦福商学院的夏季实习生来这家公司工作。1999年夏天，AllAdvantage的心气很高。我们有一个相当有活力的首席执行官，而且我们在商业领域中发展速度很快。我们当然不希望很多人卷入那件事。所以处在风暴中心的我们，都小心翼翼地试着去弄清楚什么是最好的处理方式。我们的目标是整个世界。实习生在这个夏季得到了股票分红，于是退学后在该公司得到全职工作。那会儿我实际上也考虑过退学，我将成为一个百万富翁？是的，有可能，如果公司继续发展的话。但是，市场崩溃了。

我现在所在的公司叫ExchangWave，这家公司并不十分热衷疯狂式增长，它更注重的是战略性增长。我们会谨慎地看待我们的资本消耗速度以及资金分配，也会事先做足市场调研。如果一切都顺利，在未来就会有收益。但是这些并不意味着所有的运作都会有圆满结局，网络并非如人们想象中那样是一座大金矿。做这一行更像是这样一种模式：让我们一起出去做些匪夷所思的事情，去弄间办公室，里面弄些办公物品，布置个会议室，并为它们取一些搞笑的名字。网络正变得越来越商业化。

钱很烦人

大卫 · 温纳，45 岁

温纳是硅谷软件领域的资深人士，同时也是致力于开发网络出版工具的Userland Software公司的创立人。他在Scripting网站上创办了自己的电子报。

在我看来，我们一定程度上避开了互联网狂热。你也知道，我个人曾经有过很多机会成为那些迅速升起的网络新星中的某一家公司的首席执行官或首席技术官，并因此赚很多钱，得到任何东西。当互联网摇摇欲坠的时候，我想很多人正要开始变得富有。我幸好在这几年已经变得富有。所以，我认为我对钱的重要性有着相对成熟的看法，钱并不是生活中最重要的事。

说实话，去年夏天的网络狂热带来了很大破坏，它彻底摧毁了旧金山的社会面貌。过去几年的圣诞派对，人们大都在谈论如“噢，我们正打算进行首次公开募股”或者“噢，最让人兴奋的是，我们就准备首次公开募股了”这样的话题，这些都是有着美好愿望的想法，但是他们可能从没听说过墨菲定律[①]。

这种场面令人厌烦，钱令人厌烦，有关钱的派对谈话更令人厌烦。我想知道人们在想什么以及他们的激情来自哪里，我希望我的成功故事能够让他们高兴。

互联网是我讲述这些故事的一个很好的工具。去年对于我来说又是怎么样的呢？就如同入了地狱般让人绝望。我想表达的意思是，把一切都视为金钱就如同把一切都视为粪土。

足球教练

詹姆士·克拉姆，45岁

纽约对冲基金管理人克拉姆在与人合作创建TheStreet网络公司后，成了一个高曝光率的网络弄潮儿。TheStreet公司公开上市当天，它的股票价格达到了每股60美元；而在低谷期，它的股价不到每股4美元。

我要对你说的是，如果TheStreet公司是一家私营的杂志企业，人们将会对我们的成功感到很惊讶，但是，我们是一家公开上市的网络公司，所以人们认为我们是傻瓜。我认为我们所完成的事情成绩显著，但是我们没能完成的事情结局却是相当悲惨的。对我们公司来说，在混乱与嘈杂的环境中，我们看上去就像是不明白自己在做什么。

在公司成立的初期，公司并没有允许我参加运营。政府不让我那样做。所以我只是规划了公司的发展蓝图但没参与公司管理。我是公司的实际代言人却不是实际管理人，这完全是我的失败。如果我能够从一开始就挑选出正确的人选，这个公司可能会比现在取得更大的成功。

我为此每天都在自责。我应该早就认识到：仅出资而不参与管理是不能创办企业的，但是，我就是那样做的，这也是我每一天所付出的代价。

没有人真正关心互联网，除了那些靠网络广告生存的报纸、杂志以及那

① 墨菲定律，是指事情如果有变坏的可能，不管这种可能性有多小，它总会发生。——译者注

些不能入睡而需要找点事干的人。它带来了一种懒惰、愚蠢的散漫风气，这种风气现已演变成一种绝望文化。

我很抱歉，我曾经按照我对互联网的理解来称呼它。你也知道，曾经有那么一段时间，互联网因为人们做事的方式不同，带给他们的价值也差异巨大。但是现在所有的事情看起来都是那么令人厌烦， 它不再那么有趣。只有当我们的孩子成为社会的主导力量之后，网络才会被正确对待。我希望在有生之年能看到这一幕。

开发一种网络产品并让它商业化运转的想法是疯狂的。AOL时代华纳和雅虎已经占据了90%的产品和资本市场，至少在它们的市场没饱和之前，进入互联网市场要比进入电视市场还要难。让我感到惊讶的是，这一切在如此短时期内就发生了。如果我想做一些吸引人们注意力的事情，我将会通过电视来进行，因为这样做更容易、更便宜也更有趣。

说来让人感到羞愧，因为互联网曾经有段时间很有趣，这段时间持续了三四年，在这三四年中，它有趣，也很酷，真的是个很时尚的东西。而现在我却希望互联网没有出现在我面前，那样我就可以不用看见它。

TheStreet接下来该怎么走呢？很抱歉，我一点也不清楚。这不是我说了算，永远都不是我能决定的事情。尽管我希望自己能决定，但那是不可能的。这就是这个公司的悲剧。

那我下一步该干什么呢？噢，我将让人难以置信地开始着手一项“五年级足球训练计划”（Coaching Fifth-Grade Soccer）①。在这一计划中，我能完成我生命中想做的每一件事。我能让每个人在家都快快乐乐的，并在最后可以得到炫耀的东西。我将成为有关从一夜暴富到一贫如洗的题材故事的原型。我在TheStreet的业余职业让我认识到自己是一个很好的对冲基金管理人，同时也是一个很好的父亲。除了完成这些角色，我其他什么也不想做。

---

① 五年级足球训练计划，针对小孩的足球训练级别。五年级足球训练要求掌握足球基本技巧，包括合作观念、灵活性等。——译者注

为经济繁荣辩护

迈克尔·刘易斯
《纽约时报》，2002 年 12 月 27 日

华尔街没有这么干

几个星期之前，CNN的《钱线》（*Moneyline*）栏目有一位嘉宾，他没有完全理解时代已经发生了很大变化这一点，进而鼓动一些公司去削弱华尔街季度收入预报的权威性。节目主持人卢·道布斯说：在你可以开口讲“市场操作”之前，“你真的以为还有人关注预测这种蠢事吗”？在他看来，预测早已是“20 世纪 90 年代末的游戏”了。他自己有一个的观点：多年来，华尔街的分析员一直都在对他们的预期收入虚报低值，这样一来，他们的公司客户到时候就可以向新闻媒体说他们已经“击败”那些预测了。这种特别游戏在 20 世纪 90 年代末，被刚刚兴起的网站所揭露。通常这些网站会公开一些甚至比华尔街商业圈公布的还要精确的数据。截止到 1998 年年中，股票市场不再关注华尔街的评估数据了，而是更倾向于权衡考虑这些网站上所公布的预测数据。这就告诉你一个信息：在经济热尚未到达世纪之交最高点之时，人们就已经对季度预报这一游戏理解得很透彻了。

但是只要股市上升，卢·道布斯还是很高兴能听到华尔街及公司大腕们胡侃一通，夸耀自己是如何完成并超过之前的预期盈利额的。卢·道布斯并没有责备他们；和其他所有严肃的记者们一样，他视这些人为有用的提醒人（提醒自己去完成自己的使命而不要分心，他的使命是在一个叫做Space.com的注定要失败的新公司靠网络发一笔财）。然而现在，卢·道布斯和其他每一个严肃的记者一样明白了很多，当有人提到预期收入的时候，他也会扬起脸来说一些不客气的话。3 年前他还总是睁大眼睛，而现在的他却总是眯着眼睛，凡事都仔细打量揣摩一番。你是骗不了卢·道布斯了！

在某种程度上这正是一语切中要害。如果你骗不了卢·道布斯，那么

你可以骗谁？

已经尝过怀疑论这种药剂的市场现在正开始变得用药过度、怀疑过头。经济大萧条总喜欢把自己想象成一个与经济繁荣格格不入的特立个体，但是二者之间有一个很大的共同点：哗众心态。当市场处于上升状况，每个人都变得更加有钱的时候，你很少会听到反对这一体系的言辞——或者诋毁人们从中挣了很多钱的事情；现在市场正在走低，每个人都觉得囊中羞涩或者说不那么富有了，这时候你几乎很少能听到维护这一体系或者维护富人的言论。刺激经济繁荣的群体本能也同样能加剧经济的萧条，并且经济萧条已经导致市场扭曲，这一扭曲和任何与经济繁荣相关联的事物一样奇怪，甚至可能比那些事物更加有害。

最近，人们对华尔街行为愤怒的浪潮开始了，或许你会回想起此前的一件事：纽约州的司法部长艾略特 · 斯皮策运用了一项含糊的州法律将美林银行员工们曾经发过的关于网络热的每一封邮件都调了出来。你很容易就会明白为什么斯皮策将自己的目标定在美林。斯皮策是个有政治野心的人（他的目标是至少也要当纽约州的州长），此外，和高盛或者摩根士丹利或者其他任何一个与因特网泡沫联系更为密切的大的投资银行都不同，事实上美林的服务对象是很多小客户，它是一个选举人可以与之产生关联的公司。

我所不明白的是，为什么斯皮策对于美林以前的邮件会有如此大的胃口。如果纽约市的检察长想要证明公司的分析员们对于因特网已经近乎疯狂的乐观，并且如果他们的这种乐观主义精神有助于公司的投资银行招揽因特网上的生意，那么假设以后华尔街出现深层冲突时，他所需要的就只是一个因特网搜索引擎。

如果你再回过头去读一读公共记录，你就会很清楚地看到人们在1995年4月[此时，网景公司造就了因特网股票的初次公开上市到2000年春天(此时网络股崩溃)那段时间在做些什么。这个故事永远都不是什么秘密，因为华尔街也从未试图隐瞒此事。事实上你甚至可以知道美林公司加入这一热潮的具体时刻以及他们加入时是什么样的情绪。

直到1998年年末的时候，也就是进入这一热潮大概3个年头的时候，美林及其经纪人事实上还在与网络股进行着无望取胜的战斗。因特网看起来好像就差快要清除所有投资者支付的佣金，并搅乱美林本来已经被削弱了的核心业务似的。美林股票经纪部门的总负责人约翰·斯蒂芬斯说：因特网事实上是"对美国金融生命的严重威胁"。这一自私粗暴的行为一定程度上导致的结果是：美林通过网络股上市聚敛大量财富的能力要落后于高盛和摩根士丹利以及其他上市公司。同时，对于那些将钱存在美林接近500万人次的账户持有人来说，美林也变得越来越滑稽可笑了，这也是较为关键的一点。你不能一边在电视广告上说你"看好美国"，一边又告诉你的客户说他们应该不去理会或者直接抛售美国股市曾经最受青睐的宠儿。

最后，在1998年12月16日，美林终于忍受不了这一不断上升的矛盾了。就在那天，亚马逊网站的股价达到了242美元。美林的因特网分析员约翰·科恩宣称说股票最多值50美元，是时候出售了。在城镇的另一端，32岁的亨利·布洛杰特曾经是杂志的自由撰稿人，现在转行为一个叫做加拿大帝国商业银行奥本海默控股公司（CIBC Oppenheimer）的名不见经传的第二级公司当因特网分析员。他说：亚马逊的股票将会达到400美元每股，果然不出所料，亚马逊的股票随即就升高到了678美元。科恩错了，布洛杰特是对的，美林公司成了市场上的笑柄。于是美林解雇了科恩，雇用了布洛杰特，并且以400美元每股的实际价格买进了亚马逊网站。

那时候任何人都没有想到美林正在预谋抬高网络股的价格，美林只是给他们的经纪客户想要的。网络股很长一段时间以来都上升得太快以至于美林公司除了说它还会继续上升之外也很难再说什么了。美林的投资银行家们在那以前是因特网分析员熊市观点的附带受害者，然后就变成了该公司新牛市的附带受益者了。他们对此态度很开放，他们很乐意把艾略特·斯皮策之后宣布的那些在研究以前的电子邮件过程中的发现告诉记者们。例如，在1999年4月13日，美林公司技术银行部门的老板斯科特·赖尔斯将他的新成功归因于彭博社，"当你的分析员认为当前一些最大的公司持有的观点缺乏建设性的时候，你想让公司上市是很难的。"赖尔斯说。布洛杰特能和我们在同一条船上真是太好了，他说，因为布洛杰特"特别乐观，而且结果证明他的乐观是对的……网络股很明显已经成了绩效最好的股票了，而且个人投资者以及机构投资者也想要那些产品”。

之前的电子邮件没有必要去揭示华尔街的银行家和分析员之间缺少防火墙这一情况，他们之间隐藏着相互重叠的利益。斯皮策的调查并没有暴露华尔街在经济繁荣中更清晰的内部操作图景，他真正向投资商们暴露的是，在股市沉没之后投资商们应该去责备哪些恶棍，这些投资商在股市猛涨的时候对与银行分析员间的利益之争没有一点异议。斯皮策还利用这一邮件向愤怒的投资公众们暗示，他已经发现了一些之前不为人知的真相：他说的话亨利·布洛杰特一个字也没相信过。

但是对于任何一个对亨利·布洛杰特进行实时跟进的人来说，这显然不是很正确。回头去读一读布洛杰特说了什么以及什么时间说的吧。从最初那令人羡慕不已的华尔街职业生涯开始，他就已经对因特网的未来有了一个非常具体的信念，他认为因特网公司将会取代他们在现实中的对应公司，他发现那些有着较高固定成本的公司是极度危险的，比如巴诺集团，他觉得一个网络竞争对手哪怕是偷走巴诺20%的财政收入，巴诺也会破产的。

即使是回到1997年年初，当布洛杰特第一次表达这些观点的时候，他们也并不是如同开天辟般地有创意。各类有身价的人们都以为因特网将会以飞快的速度促进美国商业转型，在这种激动人心的信念支持下，布洛杰特却表现得近乎审慎。他多次拒绝抬高股价；多次告诫投资商不要对电子商务预期的财政收入过于乐观；他多次申明，人们对他如何谋生的说法大多只是猜测。在他名声高涨的时候，在他做出对亚马逊股票价格将会上升到400美元每股的正确预测时，一个广播记者问他如何看待那些对美林持悲观态度的看法。“我们都在观察未来，”他说，“我们都获得了同样的信息，我们只是对未来情形下了不同的结论。”但是投资商想从中听到什么呢？到了亨利·布洛杰特去美林公司工作的时候，市场行情已经比他的预测更好；到了网络热潮的尾声，亨利已经从引领市场变成努力与市场保持统一步伐。

与亨利·布洛杰特有关的最令人尴尬的事情并不是他在撒谎，而是他说出了自己的真实想法。事实上，他相信每股400元的亚马逊是不错的长期买进选择，事实上，他也认为因特网将会成为公司盈利的一个引擎。

不管怎样，在华尔街，丑闻总是供不应求，斯皮策也找到了他一直在寻找的东西。从数以万计的美林公司的电子邮件信息中，他挑出了一封亨利·布洛杰特写于2000年年末的邮件，当斯皮策把这一邮件向媒体公开时，他达到了自己想要达到的目的。在该邮件中，布洛杰特回复了美林一位银行家的邮件，这位银行家想让布洛杰特对一些因特网公司前景做一个更加乐观的展望。布洛杰特写道：

我越是深入读这些，越是坚定不能轻易放过这些公司，尽管这不可避免地会有人发怒，受到威胁或破坏双方的关系。如果没有来自（美林管理层）的新邮件说明如何将下列指示运用在那些敏感的金融客户身上或金融情境中，我们就只能开始回购股票了……就如我们所见到的，不管辅助业务的后果如何。

如果脱离上下文看，在崩溃期间，这些听起来很让人讨厌，听起来就像亨利·布洛杰特在经历这一崩溃的时候从未回购过股票；但是在上下文语境中，在造就了小股神亨利·布洛杰特的互联网热的尾声，谁会知道呢？在华尔街，分析员和他们公司的银行家以及经纪人玩智力游戏是很正常的。对我来说，由于我知道布洛杰特的历史，这些话听起来就好像是某位年轻的分析员在展示他的肌肉。他说：如果你把我的草地破坏得一团糟，我也会破坏你的草地。这很难说，而且这也是问题的要害：不要说华尔街的公司了，任何公司的动机都不单纯，以至于不能诚实地与一堆精挑细选的电子邮件信息区分开来。如果说这些邮件要比公共记录更能反映布洛杰特的真实感觉，那就太滑稽可笑了。

斯皮策的调查是一个新奇的尝试，它对历史的澄清还不如对历史的扭曲多呢。它把无数的疯狂、贪婪而又聪明的投机商们的金融损失描绘成是遭到一群诈骗分子偷窃的结果。只是20世纪90年代的金融结构多半被人（恰合时宜地）遗忘了，才产生出这种对于网络热的新的怪诞解释。无论如何，据报纸和法庭文件判断，很多人都开始慢慢相信这个故事，而且不难看出个中原因。它是有偿的，比如艾略特·斯皮策，他因为清理华尔街混乱局面而得到信贷，他不能再这么做了，也不会再有人这么做了。（只好等到下一次网络热吧。）那些赔钱的投资者以及他们疯狂的律师们（现在这些律师对美林的法律诉讼有了新的攻击弹药）也获得了报酬。很奇怪，就连美林也得到了一笔费用。艾略特·斯皮策迫使美林承认其建议是不负责任的，他帮助美林说出这样的逆耳忠言——“美林公司对股价走势的建议都是无稽之谈”。斯皮策引导美林公司承认其误导了美国的投资商，从而帮助美林避免了一个更加令人难堪的结论——美国的投资商误导了美林。

整个丑闻揭发过程的目的都是为了使这个简单的转换变得更简单：20世纪90年代的肇事者、鲁莽的投机商们现在正在被重新塑造为受害者。各种各样的调查看起来正在做的，是清扫市场并且使其看起来对那些稳重的投资商来说更安全。事实上他们正在做的事情是歪曲刚刚过去的事实并且维护投资商的尊严，以及为了在下一次机会出现的时候能随心所欲地花钱。这一热潮的重述者们能做得和从前一样好，出于法律和政治原因，所有可能会反对这一歪曲事实的解释的人都被劝阻要守口如瓶。华尔街当然没有人能够做到既为自己辩护，同时又不触犯更多的法律条文。当然也没有公众人物会站起来，主张不要找富人（他们会使自己暴露于公众的目光下并且被纽约的检察长抓来抓去）的麻烦。因此，检察长事实上也有他自己的舞台。

此时此刻，美林的表现和此前网络热的时候差不多：争着跑到民众最前面。它不情愿地交了艾略特·斯皮策要求的100万美元的罚金，做了大型广告来为自己的行为所造成的影响而向美国投资商道歉，还在公共场合羞辱亨利·布洛杰特，并且说永远也不会再推荐那种自己并不真正信任的股票了。很可惜，美林没有更努力地去为自己辩护。要说的还有很多，如果说不为华尔街辩护，至少也要为华尔街最近帮助催生的网络热说几句吧。

硅谷不是泡沫

关于网络热要说的一件好事是，它给那些平庸的商业傻瓜带来了甜头。网络热将他们从抱怨自己所在公司的人变成了有想法的人，虽然这种机会不多，但这也或者是因为他们对于该如何做事其实也没有什么更好的想法吧。如果真有，那么他就去硅谷了。硅谷和这个星球上的其他地方所不同的是：a)它有很多启动资本；b)控制这些资本的人明白：如果你想赚大钱，你就必须输得起。在华尔街，失败总是被说成是犯罪；而在硅谷，失败通常都会被诚实勇敢地理解成是成功的铁哥们。

很奇怪，他们对正义的诉求已经将各种各样的监管人和起诉人引向了华尔街的大公司。随着事情的发生，关于网络热的最显著事实是，大的华尔街公司其实也是无足轻重的，大的华尔街公司永远都没有胆量。那些在20世纪90年代使股市上升的人，他们不是在华尔街工作，他们是以风险资本家为职业，他们创立公司。如果你在1998年对一个风险资本家说人们最终将会要求亨利 · 布洛杰特（或者其他哪个华尔街的分析员）对某事负责，那么亨利 · 布洛杰特就会想：你是不是脑子有病？你或许还会冲着服务生责备饭店太小：怎能这样呢？华尔街的人们可都是救星。华尔街颠覆了传统金融的结构和地位，这或许是网络热最令人高兴的一面了。各种各样原本不太可能成功的人（比例似乎占到了比如印度这样的国家人口的一半）现在都小有名气和富有了。

安然、世界电信、环球电讯、阿德尔菲亚通讯、泰科，这些公司内部发生了一些不好的事情，这是毋庸置疑的，但是这些是后事了：即便没有网络热，它们也一样很容易出现。这一热潮的象征性人物既不是肯尼斯 · 雷、伯尼 · 埃伯斯，也不是丹尼斯 · 科兹洛夫斯基，而是杰夫 · 贝佐斯。亚马逊的创始人贝佐斯是最早的一位一流的因特网企业家，他广为人知的一件事就是辞去华尔街的工作，把他的东西扔进自己的车里然后穿越美国去了西雅图，怀揣着改变整个图书市场的梦想。他原以为这会花去他10年的时间，事实上只花了他3年时间，很大一部分原因是由于硅谷的一个叫做约翰 · 多尔的风险资本家向贝佐斯提供了足够的资本让他做这件事情。

3年前，贝佐斯是个英雄，而多尔是最直言不讳、能说会道的因特网企业家的拥护者。事实上直到1999年，硅谷的人们都穿着印有“2004，戈尔和多尔”字样的竞选衫。今天，戈尔已经退出公共舞台了——“我们找不到他来发表评论”，他们经常这么写，就在几年前，你到处都能看到他的影子。贝佐斯已经变得像是一个反英雄人物了，他是因特网热中的一个追风者，约翰·多尔给了比贝佐斯远远超出其所需的资本让他去创立因特网商业公司。但整整八年过去了，贝佐斯也只赢得一点点利润。

很多投资商现在正在试图忘记他们曾经把钱扔进过亚马逊，并且试图忘记自己为什么要这么做。各位编辑们也正试图忘记他们曾经将贝佐斯作为他们的年度人物或者是因特网最具影响力人物。华尔街任何曾经参与过亚马逊网站建设的人，包括贝佐斯和多尔，现在都成了法律诉讼中的被告，这一诉讼是由在亚马逊股票投资中赔钱的一些小的股票持有人提起的。现在甚至还有一个叫做《21个狗年：在亚马逊打工的日子》舞台剧，这不是百老汇的戏剧，剧中一个叫迈克·戴西的前亚马逊员工，充分利用了其他人乐于相信关于网络热最愚蠢的陈词滥调的心理。“在被有关股票期权和执行价格的谈论蒙蔽了双眼，并且随着期权到期，自己便开始相信无数房地产神话，戴西担心自己会失去自己的灵魂。”该演出的广告说，“他害怕如果自己也变得不再真实该怎么办。”（只有在钱被榨干的时候人们才会发现做“真实的人”的必要性。）

对于所有这一切，有两点要说，很可能还不止两点，但是我会控制住自己不要太啰嗦。第一，看杰夫·贝佐斯所做的。一个有着光明前途的普林斯顿大学研究生辞去他那既有钱途又有名望但是没有社会意义的工作，然后去创立一家公司——好吧，那是一种奇迹。他的公司同事事实上会意识到他的最初抱负：怎么会发生那样的事情？但是确实就是发生了。现在有价值将近25亿美元的书是在网上卖，而这其中又有一大部分是通过亚马逊网售出的。即使是不相信奇迹的人也懂得这些数据只是大趋势的一个开始而已。但是在1996年的时候又有谁听说过亚马逊网呢？它只不过是西雅图偏僻街区一间小屋挂的匾额上一个傻傻的名字而已。在1996年，一个理智的人所期盼的最好事情可能就是希望亚马逊网这个奇怪的网站能够被巴诺收购，然后毁掉，这样就可以避免与巴诺的竞争。然而亚马逊并没有这么做，它降低了书价，读者们买书也变得更方便，这样作者谋生的几率也更大了。这难道是坏事吗？（没有人觉得巴诺经营不善，但是你更愿意拥有谁的未来呢，巴诺还是亚马逊网？）

关于亚马逊网站的勃勃野心，另一点要说的是：杰夫·贝佐斯（或者和这相关的一切，比如其他任何一个因特网企业家）的表现就是如此完全没有理智吗？回过头来想想，这么说是很容易的，但是在当时他还能怎么做呢？他以最快的速度进行扩张，因为a)市场向他提供资本，并且b)他相信如果不这么做的话，他就会在竞争中被吃掉，他这么想是对的。企业家的工作不是表现得谨小慎微以免在警戒线的边缘犯错，他们的工作可能在雄心勃勃大干一场的时候犯错，他们是要去冒市场允许他冒的险。像我们这样充满生机的市场与其他缺乏生机的市场（比如法国的市场）的区别是：有生机的市场鼓励有激情、有野心的人去冒险，而这些人也真的会去冒险。有生机的市场激发人的勇气，勇气是个美丽的东西，正如商业作家乔治·安德斯所说："允许你成为杰夫·贝佐斯的个性特征最开始的时候并没有外力抑制。"要是真有，那么亚马逊网站就不会存在了。

2002年6月3日，美林发表了修改后的有关因特网产业的研究报告。正如你会估计到的，这一报告的目的是为了揭露美林在两年前所说的关于因特网的所有事情。除了通常的免责声明，这一报告还在封面标出了一个小框，里面写着，"投资商会发现：美林正在寻求或今后将会寻求投资银行业务，或其他与该报告中所出现公司的商业合作关系。"报告许诺要"在各种各样的因特网神话中"寻找漏洞，这一报告把重点放在安德鲁·奥德林克博士（之前在美国电话电报公司实验室研究机构工作，现在是明尼苏达大学数字技术中心的负责人）的学术著作上。该报告不无讥讽地引用了联邦交流委员会前主席里德·亨特在《商业周刊》所讲的话，说（《商业周刊》的话）"网络通信量每3个月就增加一倍。"根据奥德林克博士所说，因特网讨论的所有问题都可以归结为一点："结论背后没有任何确凿的证据。"信息量每三个月增加一倍？"每次我试图做调查，总是以'世界电信优网'负责UUNa的人所做的陈述为结尾……我没有听到过其他任何人做什么权威性的陈述，称他们的信息量正在以这个速度增长。我在美国电话电报公司的管理人员经常谈论这样的增长速度，但是他们一般都很谨慎地说‘因特网通信量’，而不说‘我们的因特网通信量’。”

因此可以认为：各种看似可靠的信息都暗示——因特网通信量似乎正在以高达每年1 000%甚至更快的速度增长，但事实上它的年增长率大概在70%到150%之间（现在也是这个速度）。这就是支撑着亚马逊疯狂扩张的臆测，并且同样也是对整个网络热的臆测。如果有更多的顾客在线的话，很多失败的互联网业务本来一定会成功，而那些成功的互联网业务本来可以做得更好、发展更快。回到1996年，如果因特网的普及速度和人们所说的速度保持一致的话，所有由环球电讯和世界电信铺设的、没有使用过的管道看起来将会供不应求。如果越来越多的人纷纷上网，使得网络普及速度达到上述1 000%的速度的话，那么亚马逊可能在最初那几年就把巴诺打败了。

所以奥德林克博士本来有一个有趣的观点，但是在实施过程中，他又产生了另一个观点，这个观点更加有趣。虽然并非刻意，但这一观点帮助解释了20世纪90年代末的繁盛。那种直到1997年初每个人似乎都有的、对未来的美妙设想并不是只是凭空创造。从1994年12月到1996年12月，因特网通信量以不可想象的速度飞速增长。“在那两年期间，”奥德林克博士说，“每年的年增长率大约都是1 000%，大约每一百天就增加一倍……那段时间真是疯涨期啊。”直到1997年年末的时候，增速才开始放慢，但没有人注意到。

总而言之，在疯涨减速之后，金融大气候对因特网的疯狂运用已经持续好几年了，回想起来，这一点也不奇怪。截止到1997年，所有的社会收益和财务利润都与前两年的增长率保持一致。并且，从1994年到1996年，美国在技术上发生的变化可以说是一种奇迹。那时谁能很清楚地遇见未来呢？每个人都在猜测；即使是艾伦·格林斯潘也不能具体说出未来将要发生什么，所以你我这样的凡夫俗子缺乏先见之明也就情有可原。这不是该技术是否能改变美国商业诸多方面的问题，而是它将以多快的速度改变的问题。

大约一年前，《华尔街日报》一位采访硅谷的记者参加了一个由新技术公司组织的电话会议。过去人们还很渴望成功的时候，他们经常这么做：去找做事情的感觉，去写一个“彩色”卡片邀请那些对“首次公开募股”感兴趣的投资商。这位《华尔街日报》的记者给该公司成立人的印象就是：她对他们的公司真的很感兴趣，但是有一个前提，就是他们的其中一个投资商得加入讨论，这个人便是吉姆·克拉克——硅谷、网景和健康网/韦伯麦德的创始人。（透露一下：我的书《将世界甩在身后》写的就是关于克拉克的。）这位记者很机敏，她知道，如果自己直呼克拉克，那么克拉克无疑会避开她的。和硅谷的每一个人一样，克拉克似乎已经明白：媒体很乐意将因特网的疯狂归因于除媒体自身以外的任何人，因此，在这一黑暗的时期最明智的做法就是躲在某个储备丰富的地窖里。果然，小克拉克上线了，这位《华尔街日报》的记者很快就将话题从手中的事情转移到了拷问克拉克在20世纪90年代的行为上。

当然，同样是这名记者，就在今年以前她还是因特网公司的狂热崇拜者呢。和其他新闻报纸一样，《华尔街日报》曾经主要对那些令人难以置信的“成功”感兴趣，并且还增加了对网络热报道的比重。现在，和其他报纸一样，该报纸主要对“失败”感兴趣，即使是在硅谷，失败也突然成了某种形式的堕落，这真是可怜，因为其实那些早期的文章所体现的立场反而能产生一些真正可观的回报。

彻底告别网络热

如果你是以公司的盈利作为社会进步的衡量标准的话，那么你很容易就会对网络热产生消极的看法。如果你稍微后退一点再看整个大经济背景的话，就不那么容易得出这个看法。

关于股市走低很显然的一点似乎总是：在出现这一情况后要立刻赚回自己的损失。股市上的损失不是对社会的损失，它们是从一个人转移到另一个人身上的损失。比如，在1999年年末的时候，我向一个叫做“爱克德斯”（Exodus Communications）的因特网公司投了一笔钱，我这么做简直就是一个贪婪的大傻瓜，但是我曾经出席过美林的一个以“爱克德斯”为主要讨论对象的会议（又遇到他们了！），而且亨利·布洛杰特以及其他一些人所讲述的故事是如此容易得出结论，以至于我在想：如果“爱克德斯”没有获得巨大成功的话，那很多人就都会相信股市还会升得更高，然后我可以迅速赚更多的钱收手走人。其他每一个人都无需工作就可以变得富有：我为什么不呢？我本应该觉察到：在我最终认定网络股该买入的那一刻，它事实上已经成了该卖出的股票。但我陷入了"爱克德斯"，购买了每股价格高达160美元的股票，然后看着它稍稍上升了几个点之后就开始暴跌。

我的钱去哪儿了呢？它并没有凭空消失，而是进了向我卖股票的人口袋里了。根据可能性有以下对象：a)"爱克德斯"的某个员工；b)一个管理良好的、以"首次公开募股"的价格早早买进的互惠基金；或者c)一个以150美元价格买下它的日交易商。

对于在过去两年半从股市剥离的数万亿的钱，更笼统的问题是：它来自谁，又流向了谁？即将出版的由社会学家约瑟夫·布拉西以及经济学家道格拉斯·克鲁斯还有《商业周刊》的记者亚伦·伯恩斯坦所写的《人人拥有公司股权》（*In the Company of Owners*）一书巧妙地回答了这一问题。专家们通过100家最大的新经济类公司普通员工梳理了认股权销售的记录，然后他们发现，当这些公司的执行官们携巨额现金离开的时候，由普通员工成立的运营团队却要好得多。在网络热的前后过程中，投资商们很不情愿地向100家新新公司的正式员工支付了780亿美元。例如破产的Excite@Home公司的普通工作人员，他们在公司变得不景气之前就已经卷走约6.6亿美元。

让作者感到惊讶的是这些繁荣公司的平等主义结构。他们写道，"没有其他任何行业可以像这些公司一样有深度、广度地进行财富分享，他们甚至连想都没想过。"当然，对于这一美梦破碎的指责暗示了一点："财富分享"基本是一个大骗局。但是，对于任何一个对此哪怕是稍作思考的人来说，财富分享很明显是假的。为这些公司工作的人自己大多都问心无愧，并且通过行动也证明了这一点：他们在形势变得很惨之前一直紧紧抓住手中表现还很好的股票。"爱克德斯"公司将要倒闭的那一刻，员工们还持有该公司的大量股份。

回到1984年，一个叫做马丁·韦茨曼的经济学家撰写了一本堪称是改变世界的书，叫做《共有经济体系》（*The Share Economy*）。作为一种经济乌托邦，他在书中描述了20世纪90年代的创新型公司的结构将是什么样子。韦茨曼指出衰退可能是不可避免的，但是他们最悲剧性的后果——失业——却是没有必要的。衰退之后会出现裁员，因为工资的支付变得有些“棘手”，也就是：公司不能说服他们的员工在不景气的时候接受低工资，既然无法改变工资额，那公司就只好裁员。

事实上，在不景气的时候，劳动力的服务索价有些过高了。韦茨曼提出的解决办法非常简单：使工人挣得的一部分劳动报酬成为公司财富的一个函数——给他们股票而不是现金。在经济良好的时候股票的价值要更多，相当于涨工资；在经济不景气的时候股票价值就会缩水，也就相当于减工资了。

韦茨曼的方法十多年来一直都被他的同行们高呼太聪明了，但是却被更广大的世界忽视了。那时候，突然间，这个更加合理的做法赢得了广泛的认可——工人们可以持有他们公司的股份；而现在，同样是突然之间，人们却认为这一结构并不足信。这是为什么呢？

我从没想过股票市场的创伤本身会是经济的一件好事，但最近这次却并不那么坏，正如广告宣传的，无论是在经济上还是在道德上都不是那么坏。美国最具前瞻性的公司尝试了一种基于员工所有权的公司结构，这比旧有的公司结构要合理得多。像我一样在一些炙热的股票上下赌注的人们，得到了如何在股市上下赌注的一个昂贵的教训。我们的惩罚是迅速而公正的。这便是网络热的回报，回想起来似乎显得怪异并且无法控制。

但是它们真是如此吗？正如现在很多业余史学家似乎想要做的，他们将网络热与17世纪早期荷兰的郁金香热相比较，如果投机商们将郁金香根茎的价格抬高到了一个荒谬的高度，那么结果就是很多郁金香根茎会烂掉；但是如果投机商们将高科技股票的价格抬高到一个可笑的高度，结果就是：会出现很多受过技术训练、创业欲望更强的年轻人；企业家的社会地位更高；一定还会产生很多有趣的商业想法，这些想法在此时是超前的，但是有一天很可能就是与时代一致的。在这一例子中，还有这样一个结果：会出现数百万英里长的多余的光学纤维。这有一点浪费，因为我们现在还不需要，但是它们也不是完全没有用，很快有一天我们就会需要了。另外还有一个结果：最终，之前很多活在地狱的沉睡着的大公司会被新新公司吓出来，并且会努力让自己变得更加有效率。不管你怎么说网络热，有一点是肯定的：它使人们处于警觉状态。

大量美元转移到了美国社会的技术部门，这会产生一些有用的副作用。如果你想争辩说没有什么副作用的话，你就得做一些解释。比如你需要解释在网络热中创立的公司为什么可以持续保持高速增长。“从1999年年末到2001年年末”，《人人拥有公司股权》一书的作者们写道，在100家顶级网络热时期创立的公司中，就业率上升了26个百分点，也就是多了17.7万个职位。这些公司有真正的消费者和真正的销售额，这一数据在高技术产业变得萧条、网络公司消亡之后继续上升。在今年的7月份，这100家顶级公司当中只有8家失败了，除此以外仅有3家经历了收入逐渐减少的遭遇。据作者们说，其余的都在增长，并且在过去的整整3年时间里，合并销售额累计增加了590亿美元。

从1995年开始生产率出现了大幅上扬，并且一直持续到现在，这些数据是如何统计获得的呢？“生产率”是对每个工人单位小时内产出的一个度量，是到目前为止对经济健康状况的最好度量，它是反映国家财富的最准确经济学统计数字。由耶鲁大学的教授威廉·诺德豪斯（William Nordhaus）撰写、即将由布鲁斯金学会出版的论文表明，从1995年开始，工人的生产率有一个神秘波动。说它神秘是因为始终没有人可以精确说出这一波动或者其他波动是来自何方，或者说为什么会有波动。但是最终，诺德豪斯还是认为：“它来自于技术变化，人们找到了做事情的更好办法。”

如果不是因为使用新工具使得做同样事情有新的、更好的办法的话，那么20世纪90年代末所发生的一切又是因为什么呢？事实上，考察这一整个金融时期会发现：由于创新从长远看将会不可避免地带来更大利润，因此市场该努力依靠创新而不仅仅是利润去向人们支付报酬。

公司利润和经济生产率间脱节的地方暗示了好些有趣问题的存在。第一个问题是：公司利润被高估了吗？不久前诺德豪斯教授（我应该说，他更多的是一个新经济的不可知论者而不是辩护者）问了一个类似的问题：生产率增长更高的行业在公司利润上也有同样快的增长率吗？不，刚好相反。也就是说，未来发展最快的产业，即生产率提高最快的行业反而属于利润空间最小的行业。美国的经济状况通常都是和投资商的利益保持一致，但是那并不是说它应该永远与投资商们的利益保持一致。一项非常有用的技术也可能不能为公司盈利，这样的例子很多，因特网—电信热就是其一。提高获得信息的速度有着巨大的、无法估量的社会利益和经济利益；然而，说得婉转些，通过加速信息或者使之变得为大多数公司所有已经使得公司盈利出现了困难。

但是很多其他的新技术同样可以遭到这样的指控。比如从飞机开始说起吧，沃伦·巴菲特由于唱多美国航空集团（Us Airways）的股票而变得应者寥寥，因为他喜欢介绍航空旅行，而以此为例则可说明技术通常都不能让投资商挣钱。但是不利于沃伦·巴菲特的并不一定就不利于美国。没有航空旅行我们就不可能变得更富有，投资商们只要绕开卖它的公司就会变得更加富有。对于投资商，令人不快的事实似乎是新技术的大部分利益都被免费提供给了消费者。（微软是一大例外，还多亏了它的垄断力量。）

因为这个原因，像沃伦·巴菲特这样谨慎的投资商特别注意避免高科技投资，也是出于这个原因，一个健全的、理性的股票市场投入了低于社会理想数量的资本到创新之中。好的新技术与好的新路段有一点相像：它们所产生的社会利益要远远超过任何一个个人或者公司有能力支付的成本价值。甚至是主张自由放任政策的经济学教授们也一直以来都同意这样的做法：例如通过为大学的工程技术系融资，政府可能会有力地资助创新。很明显，虽然政府并未特别认真地当它是一回事，但事实上却已经这么做了。在技术进步上的最合适投资量以及我们为了达成这一目的通常投资的量，这二者之间依旧存在巨大差异。在这一方面，20世纪90年代末的情况属于例外。

那就表明还有另外一个有趣的问题。这问题不是：20世纪90年代末对于美国经济是一个大灾难吗？而是：作为一个社会政策，我们有可能重建一个20世纪90年代末吗？

陈年旧事回来了

几个月前，对于我们所付出的代价有一段生动的描述，它不是关于网络热的描述，而是关于不理智网络热的描述，这与一名叫比尔·格罗斯（Bill Gross）的短期资本经营者有关。在过去的30年里，格罗斯在加利福尼亚南部一个叫“太平洋投资”(Pimco)的公司经营了一只非常保守的债券型基金，最近他还每个月都在在线投资专栏撰稿写文章。这一专栏是格罗斯文学梦的释放场所，他的文章写得很好，读起来很有意思，但是也为大多数人所忽略了，直到最近才引起关注。这一改变是发生在这些情况下：a)“太平洋投资”（距离金融市场最近的地方，近到触手可及）从2 300亿美元资产扩大到3 010亿美元资产，并且取代了“麦哲伦基金”成为世界上最大的互惠基金，b)格罗斯觉得自己适合写一些关于美国商业整合的文章。

为了3月份的专栏，他到处寻找资料，他的视线落到埋藏在《华尔街日报》第三版后面的“信贷市场”专栏的一个条目上。他引用了通用电气资本公司一位女员工的话，说通用已经决定卖出110亿美元的债权，因为“绝对收益率水平现在处于历史最低值……因此我们认为现在是时候抛售了”。格罗斯对此的反应是：这是一个无耻的谎言。

现在，故事讲到这儿了，任何一个正常人可能都会想：“他对此不安了？”是的，他是不安了。“历史最低吗？”格罗斯在他的专栏里大叫。然后继续讨论债券的话题。“或许3个月前是100个基点，但恐怕现在不是了。”然后他继续向他的读者解释通用公司实际正在做的事情：秘密支撑它的资产负债表。在网络热中，通用电气已经利用了短期贷款的低利率以及投资商无力借很多短期货币和更少的长期货币这一点来支持其资产负债表，这就好像一个房屋的屋主选择了30天的浮动利率而不是30年的固定利率按揭一样。任何时候，投资商都有可能改变他们关于公司的想法并且停止将钱借出；如果他们不打算亲自这么做的话，格罗斯就会去帮助他们。“通用电气资本公司，”格罗斯写道，“可以积累500亿美元的无支持商业票据”(短期贷款)。“因为缺乏市场规范，发行110亿美元的债券后，通用电气正在感受着自己的脆弱。”通过控诉通用电气的不诚实，格罗斯下结论说道：“‘太平洋投资’在可预见的将来将不再持有通用电气的商业票据。”

在格罗斯点击“发送”、贴出他的专栏几个小时之后，通用电气的股票就开始以10个百分点的速度迅速下滑。通用电气的金融官员们在电话中向格罗斯发出歇斯底里的叫声，通用的财经新闻记者们当时正在指责说，格罗斯贬低通用电气的债券，是为了以低廉的价格将这些债券抢先弄到自己手里。到 4 月底格罗斯结束为自己的辩护为止，通用的市场价值已经缩水 1/4，该公司仓促地主持了临时召开的电话会议以使投资商们放心。最后，通用电气宣布将重组他们的业务。格罗斯已经写了大约上千字的文章，以此来宣泄他文学上的自负情绪。很偶然，他选择了通用电气作为素材。他自己也不太相信自己能制造出如此多的麻烦。“我的观点是关于公司诚信度的一个很普通的想法，”他非常窘迫地说，“最后我损害到了通用电气的利益，但我真的不是要对通用电气进行有意中伤。”

很多时候我们都会把自己的快乐建立在别人的痛苦之上，尤其当这些“别人”有钱又有权的时候。当看到另一篇关于杰克 · 韦尔奇离婚的文章时，谁不兴奋地大叫呢？但是这依旧是很荒诞的。这个国家最大的公司在感觉到自己的资产负债表不正常的时候，会试图对此采取一些行动，而对于自己的麻烦，却被一个只是为专栏找素材的搞债券的家伙给要了。

无论如何，当一个搞债券的家伙能够对通用电气造成威吓的时候，受折磨的不是通用电气，真的不是。资本花费增加了，通用电气依旧可以经营下去，虽然不喜欢这样，但是通用依旧可以继续经营。在金融市场，真正受到恐吓的是那些需要资金的人以及在资金紧缺边缘挣扎的人。资金市场上演着要挟与服从的游戏：前面强壮的家伙的曲折经历也能为后面的小个子家伙所借鉴，并且使其可以迅速调转方向以避免损失。当通用电气可以被一个单独的互惠基金威吓的时候，硅谷的风险资本家也该将 1 000 亿美元的资本物归原主了，而不是将钱投资到一些新新公司。

这是现阶段的一件很奇怪的事情：人们普遍认为它是平民主义者对商业精英们发起的一次暴动，更确切地说是精英主义者对平民资本主义的暴动。这是对向广大群众提供过多机会的一种鞭策（拒绝自有资本！）。

资本主义一个很大的争议是：谁得到资本，以及以什么条件得到资本？当小块头的家伙得不到资本的时候，通常就是大块头家伙受益。环顾四周吧！是谁在经济萧条中获胜了呢？是保守势力：公司曾经的权威（头发花白的那种）、债券交易商、借款收购公司和受管制的公共事业。人们不再只是对打败微软的必要性做任何讨论了，取而代之的是让美国电话电报公司重新回来的新讨论。甚至是大的华尔街公司，或许他们看起来受到了围攻，事实上相对于在线的经纪人，他们的处境很可能已经得到了改善。

堕落的道德

关于美国的金融生活值得批评的地方还有很多，但是相比游戏本身，违反规定带来的问题就要少得多了，甚至是在最严格的时候，美国的金融生活概念也非常的单一，甚至单一到了令人觉得粗野的地步。美国的金融生活把赚钱提升到了高于一切的地位，赚钱在人们眼里是一个高贵的欲望。对于一个有着10亿美元的人来说，会倾其所有再挣10亿美元，这不是狂热赚点钱这样简单的事情，而是我们大多数意气风发的市民一遍一遍在做的事情。这就是我们，这就是我们看似喜欢的消耗时间的方式。美国人并不仇富，他们喜欢富人当然胜过喜欢穷人。与经济萧条以及随之而来的每件事相比，网络热以及随之而来的每件事（炒作、希望、对每一份好处的争夺、对"富有"不断升级的定义、高级主管薪水的不断增加）离我们的内心要近得多。在远处观看身陷其中的我们的其他人明白这一点，这就是为什么当他们想要攻击我们的时候，他们炸毁的是世贸中心而不是证券交易委员会。为什么我们自己不明白这一点呢?

可悲的是一些主管们玩弄着他们的账目然后从他们的公司行窃。但是从事情的大方向上讲，他们的行为又显得微不足道，比微不足道还不如：这是预料之中的。没有诈骗的经济热就好像身上没有跳蚤的狗，是不可能有的。为什么是那样呢？为什么大繁荣期总是伴随着大丑闻呢？不是说它偶尔发生一两次，每次都会这样。火车兴起的热潮使得网络热看起来很干净廉洁。20世纪80年代华尔街的热潮、20世纪60年代的大型联合企业的热潮，当它们走到尽头的时候，不也有邪恶的恶棍吗？而且下一次股市上升的时候不也出现了看似没有任何影响的监管热情吗?

丑闻是资本主义必不可少的一部分，果真如此吗？健康的自由市场经济也会诱惑一些人做出腐败行为，而且这样做的人还不在少数？诈骗并不能表明某些事情的腐败，而是表明有一些事情多多少少都在按部就班地进行着。毕竟市场经济是以旨在鼓励卑贱的人类特征——“利己主义”这一体系为前提的。它是如此这般的令人震惊以至于当这一体系经历了一个令人兴奋的积极变化时，利己主义就失去控制、找不着北了？

诈骗行为被绳之以法当然是好事，我们都会觉得正义得到了声张，并认为下一次大约就没那么多人会屈服于诱惑了。但是同时以下的问题还是值得一问的：在刚开始的时候，诈骗是如何能够侥幸获得成功的？五年前，当痛骂经济过热实际上还是很勇敢、也很可能有点用处的时候，债券市场规范人员以及火冒三丈的记者们在哪里？在5年前的股市中，艾略特 · 斯皮策在哪里？（吉姆 · 克拉默写了关于如何运用媒体来改进私人投资组合的书。）媒体在哪里？而怂恿那些现饱受饱受羞辱的人们，那些现在在大声要求血债血还的人们，大多数情况下反而是他们营造了一个让堕落行为有回报的氛围。

大约是在去年10月份安然公司丑闻被曝光的时候，有一个例子能很好地说明20世纪90年代的庆典是多么无助地成为21世纪头10年的报复对象。正如《福布斯》杂志的愉快报道，《财富》杂志也打算在11月26日头版文章报道关于“后9 · 11经济”的话题，文中对“我们认为最聪明的人”进行了咨询。情况果然是这样，这些人当中有一个是肯尼斯 · 雷，他是安然公司的主席兼总裁，封面还附带着安然公司丑闻曝光时雷的一张照片。你或许会认为那会给《财富》杂志带来大麻烦，但是即便是真的带来了大麻烦，该杂志也是不会展示它的。编辑们使用了一种很有技巧的20世纪90年代的图像处理软件，能够清除掉雷的图像。《财富》按照日程表如期发表了该文章，而且全然不顾所有它在过去几年间对安然公司大肆谄媚的行为，把重点集中在了丑闻上。

我说，这对他们是有好处的，我们所有人都得谋生。但是下一次，某个编辑或者管理人员或者是政治家想要重新选举的时候，就会开始大声斥责经济热带来的不公正。到那时就需要有人问他：“事情发生的时候你人在哪里呢？”如果答案碰巧是“使经济热为我所用”，那么你可以做的最好的事情就是原谅他。真的，这是消磨你时间的一个不坏的办法。

PANIC
The Story of Modern Financial Insanity

第四部分

人们的恐慌

PANIC

The Story of Modern Financial Insanity

引言

之前的金融恐慌和目前的房地产以及次级贷款按揭市场崩溃的一个区别仅仅是涉及的人数不同。“无本金”是那些距离华尔街比较远的人应邀参与华尔街这样的冒险的承诺。几乎所有美国人都能负担得起无本金冒险。恐慌的不仅是金融市场，而是广大社会，造成这一混乱的责任人有很多：评级机构、房屋按揭经纪人、抵押贷款创始人、比尔·克林顿。格雷琴·摩根森（Gretchen Morgenson）在《纽约时报》中责备华尔街“利用”了中产阶级；华尔街的人们（他们损失的钱要比穷人多得多）责备他们的总裁；美林的经纪人责备斯坦·奥尼尔；而贝尔斯登的银行家则责备吉米·凯恩；我写了一篇讽刺性文章（收录在此书中）责备穷人。从富有的对冲基金交易商的角度来说，次贷按揭的混乱，看似是一个穷人开在富人（比如他自己）

身上的巨大玩笑，因为这些穷人与对冲基金经营者一样肆无忌惮地拿走所有提供给他们的钱，真是来者不拒啊，但却很少有人会看到其中的讽刺性。一些读者对于对冲基金交易商的无情感到不安，很多人同意我的观点并希望我能够参加竞选，然后给那些穷人一个教训。

1987年的股市暴跌是程式交易惹的祸；亚洲货币危机是一些对冲基金合并以及国际货币基金组织政策误导造成的；网络泡沫是华尔街分析员的责任。次贷按揭恐慌还在寻找它的罪魁祸首，我认为找到的可能性不大。我已经很努力地观察过所有可能的嫌疑者，但是结果证明这一任务根本无法实现。我找不到什么真正有趣的文章，比如讲述华尔街的总裁们是如何将他们的公司一步一步变得为人所遗忘，而那些撰写并谈论这一混乱状况的文章倒是很多。本部分是以戴夫·巴里所写书的节选开始，他几乎不为人所注意，但他的文章揭露了恐慌最本质的原因：美国人一直以来的固有想法，那就是要想发财致富就去买房。这里有一篇吉姆·苏若易基写的关于按揭放款人的小文章，还有一篇选自《华尔街日报》记录贝尔斯登垮台前后历史过程的长篇文章。约翰·卡西迪带着他2002年发表于《纽约客》的文章又回来了，在该文中，他不仅预测到了股市的崩盘，还将责任归咎于艾伦·格林斯潘。任何人都想知道价格（对于一些聪明的局外观察者来说，现在的价格看起来是不理性的）达到一定点之后多久才会上升，而他们得到的答案惊人的一致：四年。

就在刚才，空气中还弥漫着一种气息：美国的金融体系已经走到了尽头。在一个有趣的表格中（该书中有），保罗·克鲁格曼区分了流动性和偿付能力二者的概念，这和“下次发薪水之前人人需要钱来渡过难关”是一码事。这次危机和以前三次危机的第一个区别是：我们这次的问题不是流动性，而是偿还能力，我们不能以这种缺乏偿还能力的方式来运转我们的金融体系；另一个区别是这次危机在华尔街大公司内部所造成的破坏程度。到本文开始撰写为止，已经有一家大公司倒闭、五名总裁被解雇、五万个华尔街工作岗位消失，而且华尔街的股东损失超过10 000亿美元。市场允许大企业像从前一样肆意妄为或者通过复杂化的方法隐藏风险的现象是不太可能再发生了。他们在短时间内不太可能再次遇上这么多的麻烦了。

但这并不意味着游戏结束。从1987年的崩溃到现在，当政府明令禁止这样的事情再次发生之时，金融市场起伏变化的速度不断加快，让人越来越毛骨悚然：任何妄图减少金融市场戏剧化事件发生频率的行为其结果都是糟糕的。退一步考虑，你会情不自禁地想是不是每个人都妄图这么做呢？假如这就是全球资本主义的本质（更复杂、更模糊、兴衰变化更快），那么要改变的就不是市场，而是我们的反应。在我们意识到来临的那个所谓的世界末日和我们脑中的那个末日不是一回事之前，我们脑中的那个世界末日还要来多少次呢？

支撑现代金融市场的一个最基本的动机是：一如既往自以为是的投资商们允许手握金钱的人自己为自己创造金钱。我们的资本分配人员在赚了大笔钱财的时候可以保留一大部分所得；但当他们赔了大笔钱的时候，却可以无债一身轻，屁股一拍就走人，这就产生了又一个对冲基金。（见后面有马修·林恩的关于对冲基金的小文章，并且留意约翰·梅里韦瑟在新基金上的损失。）次贷崩溃之前，华尔街的大公司已经将自己转变为巨大的对冲基金，其利润通过交易源源不断地增加，很容易就能想象这一变化，这些公司做生意的风险越来越低，利润越来越少，员工赚的钱也少得多；而另一现象却是令人难以想象的：有人每年只要对别人的钱下几个大的赌注就能轻松赚得数千万美元（就像神气的银行出纳一样）。次贷按揭恐慌很可能会加速人们将注意力从大公司转移到较小的对冲基金之上的趋势。

对这出戏所做的重要记载或许就是格里高利·朱克曼在《华尔街日报》上的精彩文章，该文章是他即将出版的书（该书向约翰·鲍尔森讲述了这一戏剧性的故事）的一部分。作为一个不为人知的对冲基金经营者，鲍尔森卖空了次贷按揭债券，赚了37亿美元回家。这笔钱要比任何人在华尔街一年赚的都多；而且你可以打赌他的例子适用于其他人。就在前几天，还出现了一则轰动性的新闻：高盛的交易商之一乔希·伯恩鲍姆宣布辞职了。他卖空了次贷按揭债券，为公司赚了40亿美元，并帮助公司避免了像华尔街其他公司一样的命运。他的计划是筹集10亿美元的资金，并开创他自己的对冲基金用于投资按揭证券。似乎所有人都同意：乔希要得到他想要的东西只需打个响指就可以搞定。

如何靠房地产致富

戴夫 · 巴里[①]
选自《戴夫 · 巴里的金钱之谜》

在房地产上很容易致富，你无须冒任何风险，也无须勤奋工作，甚至都不需要动用中枢神经。房地产就是这么容易赚钱。我们是怎么知道的呢？和我们知道其他每一件事情一样：在周末打开电视并切换各大频道，你很快就会看到以一个房地产天才坐在斯旺克度假胜地的湖边这一画面为特征的商业信息广告，这个天才向人们解释他致富的简单方法，出于慷慨，他已经决定将自己的这一经验和世界上的每一个人分享：

房地产商：大家好，我是鲍勃 · 普罗韩德尔，现在我正坐在这个象征成功的超棒的度假胜地的湖边，因为我想告诉你们我的令人难以置信的项目："房地产帮你发财致富"。你知道，当我今天开着我的一辆劳斯莱斯汽车（因为我在房地产上赚了很多钱，所以我买了好几辆劳斯莱斯汽车）来到这里的时候，我在考虑把我知道的一些惊人的事实与你们分享：

- 你知道吗？在房地产上致富的百万富翁要比通过其他途径致富的多。
- 你知道吗？你可以一分不花就能买到房子。
- 你知道吗？从长远来看，房地产永远是增值的。
- 你知道吗？来自火星的巨型飞行龙虾每天晚上都在克莱斯勒大厦屋顶

① 戴夫 · 巴里是作家，也是普利策奖获得者：他赢得了幽默大师称号，从 1983 年至 1985 年，他在《迈阿密先驱报》上的专栏文章在全国范围内被转载。他还是多部著作的作者，最近的一本叫做《戴夫 · 巴里的千年史》（截至目前）。

玩拼字游戏。

好的，我的令人难以置信的项目“房地产帮你发财致富”能够向你展示如何利用这些信息来打破你“傻看信息广告”的失败者生存状态，并且帮你拥有一直梦寐以求的劳斯莱斯和生活方式。但是别相信我的话！现在和我一同在湖边的是两个和你们一样的普通人：诺姆和格拉迪斯·辛格勒。欢迎两位！诺姆，格拉迪斯·辛格勒。

诺姆：谢谢你，鲍勃。坐在湖边真好。

房地产商：告诉我们你的经历，关于我的令人难以置信的项目的经历，“房地产帮你发财致富”。

诺姆：鲍勃，用我自己的话说，就是美梦成真了，我们的生活完全变了。比如昨天晚上，格拉迪斯吃了放在小冰箱里的一整罐腰果，我看看标价，12.50美元！当时那一分钟我的反应是这样的：“你他妈的这是疯了吗，格拉迪斯？花12.50美元就吃了他妈的这么17个坚果？？”后来我记起来了，“啊！我们现在有钱了，房地产让我们有钱了！”如果你问我，奢华度假是去还是不去，但12.50美元仍是抢钱。

格拉迪斯：它们甚至都快过期了。

诺姆：可以说“他妈的”，对吧？他们让我不要说“他……”

房地产商（打断）：好的，言归正传，“房地产帮你发财致富”——你能告诉我们你是如何发现的吗？

诺姆：啊，鲍勃，事情不妙啊，我的大半生都是在路边卖烟花的，可这并不是什么稳定的工作。

格拉迪斯：一年也就卖两个星期。

诺姆：所以不管怎么说，一年前，7月4号的前两天，那是我们最忙碌的时候，我因为工作得了场病，在这里我就不想细说详情了。

格拉迪斯：他用火药瓶子向自己的阴囊射击。

房地产商：呃，啊，回到……

格拉迪斯：可以说“阴囊”吗？

诺姆：这是件怪事，鲍勃。这是我过去常做的一个演示，从我的裤子里发射火箭，我称之为“死亡之臭屁”，这可是个很棒的促销方法，孩子们很喜欢，我成功实施了1 000回，从没失手过。但是这次，真是见鬼了，我不知道发生了什么事，很可能是导火线不好。但是我知道下面发生的事情，那就是我失业了，我的阴囊上还落下了永远都无法治好的三等伤。格拉迪斯每天要为它换10次绑带，我可以说“屁”吗？

格拉迪斯：你知不知道烧伤了的阴囊会化多少脓？

房地产商：不知道。

格拉迪斯：大多数人都不知道。

诺姆：所以我告诉你，为了钞票我们弄伤了自己，我们有五个不到三岁的孩子，我们甚至到了必须选择是买烟还是为他们买食物的地步。没有一个父母应该做这样的决定，鲍勃。

房地产商：没有。

诺姆：所以看我们——我们的孩子挨饿，我们的房租过期，他们甚至收走了我的博飞健身器。

格拉迪斯：就像你曾经用过的。

诺姆：真是bumiliation（法语“耻辱”），该死的，请原谅，我的法语不好。

房地产商：所以事情不妙。

诺姆：糟糕透了。我们连两个可以摩擦的5分硬币都没有，格拉迪斯那时正考虑要点花招呢。

房地产商：那太糟糕了。

格拉迪斯：没有那么糟糕，我曾在“莫里秀”的一期节目——“放荡的家庭主妇”上见过一次。可以赚不少钱，时间也可以自选，而且和我从这位阴囊受损先生这儿得到的很多爱是不同的，他不能……

房地产商（打断）：所以你太渴望钱……

诺姆：没错，我们太渴望了，并且正当我觉得我们已经跌到谷底的时候，我们找到了改变我们生活的赚钱理念。

房地产商：我的令人难以置信的项目，“房地产帮你发财致富”？

诺姆：不是，是抢劫便利店！当然，不是用枪，我们都是有信念的人，我们用的是由喉管胶布做的假炸药。

格拉迪斯：里面装的是丹碧斯卫生棉条。

诺姆：我会说："把钱交给她，不然我就引爆这个炸弹！"头两次还真起效了，但是第三次，那家伙说："好的，好的，你要的钱在这儿！"但是那儿不是钱，他手里拿的是他妈的枪。鲍勃，任何人都不能相信。

格拉迪斯：当诺姆看到枪的时候，他跳到了我的后面大喊："不要打我，那是她的卫生棉！"

诺姆：我在想孩子们啊，他们需要一个父亲。

房地产商：所以，回到……

诺姆：我们坐了牢，5到10年，就是在那儿，我看到了你的商业广告，鲍勃。

房地产商：你是说我的令人难以置信的项目，"房地产帮你发财致富"？

诺姆：不是，这还在后面，在你通过邮件卖肾透析项目的时候。小伙子，那玩意儿不受欢迎吧？我听说有好多法律都……

房地产商：我不认为我们有必要……

诺姆：但是事情是，我喜欢你的风格，鲍勃。当我第一次见到你，我就对海洛因说……海洛因是我在监狱里的最好的哥们……

格拉迪斯：他对海洛因说："我最好的哥们"。

诺姆（没有理睬她）：……我说："海洛因，这家伙有点名堂。当我看到这个商业广告的时候，我对自己说，就是它了。"

房地产商：谢谢你。

诺姆：于是我开始跟随你，当我假释的时候，我做的第一件事就是拿到你的录音，"什么帮你发财致富"？

房地产商：房地产。

诺姆：对，还有，鲍勃，用我的话说就是美梦成真。

房地产商：那么你已经赚到钱了？

诺姆：多得要从屁股后面掉出来了，鲍勃，如果我可以说"屁股"的话。

房地产商：通过运用我在项目中描述的原则？

诺姆：什么？

房地产商：成功投资房地产的原则。

诺姆：当然啦，管它叫什么呢。

格拉迪斯：如果他是你“最好的哥们”，他怎么会让你文身呢？

诺姆：不要捕风捉影，贱人。

格拉迪斯：啊，对，我是贱人。

房地产商（对着镜头）：这就是你看到的：一对夫妇的真实故事，获得经济独立，这离不开我的项目，房地产……

诺姆：至少我不是娼妇。

房地产商：……帮你……

格拉迪斯：告诉你那“最好的哥们”吧，海洛因。

房地产商：……发财……

诺姆（朝着镜头前的女人们笑）：我说，不要捕风捉影，贱人！

房地产商的声音（挣扎中的声音）：……致富！

格拉迪斯（呛住了）：娼妇！！

（镜头掉进湖里的时候屏幕黑了。）

我得承认前面并不是房地产商业广告完全真实的描述，真正的描述会更加愚蠢，但是所传达的信息都是一致的：任何人都能靠房地产发财！

这一信息唯一的问题说得好听点就是，房地产不过就是一堆狗屎。我这么说是因为我个人在很多情况下都没有在房地产上挣到钱。我有很多房子，在房地产市场好与不好的时候，而且不管怎么样，我似乎都赚不到钱。

我的秘诀是什么呢？我犯了一些根本性的错误，而且时不时地犯错。这些是被时间检验证明过的错误，而且我相信任何人都会犯，甚至包括一些先前没有经验的人也在房地产上赔钱。

一号错误：买套老房子

人们通常为买老房子给出的原因是：老房子有“味道”。“味道”是什么意思呢？我们指的是“腐烂的味道”。

问题是，很多老房子，如果不是大部分的话，都是过去建的。那时候的人要比今天的人傻，傻的结果之一就是他们大多选用木头建造房屋。这是一个错误，因为木头来自树木（你要是不相信我，可以自己去查一查）。

用木头做建筑材料有什么不妥呢？有很多不妥。出去仔细观察观察大树吧，从远处看它好像牢固又经久，但是当你到近处仔细看的时候，你会发现它是一个生物体，就像一个大仓鼠，除了一点不同，那就是树木几乎每一块地方都被不断地啃噬、钻孔、筑巢或者被一群蚂蚁、甲壳虫、蠕虫、白蛾、爬藤植物、菌类、蜘蛛、苔藓、大黄蜂、土拨鼠、松树、蛇、蝙蝠等占据。一棵大树不过是一个生物体聚居的大型酒店或者餐车。这就是为什么一棵树需要不断地进行光合作用以长出新枝：因为不然的话，不出几天它就会被白蚁吞噬殆尽的。

砍下一棵树，然后把它叫做“木材”并不会对它有什么本质的改变：它还是一棵树。用“木材”建房子和用意大利香肠或者劲爆奶油建房子没什么区别，它依旧是可以食用的。生物体迟早会重新开始吃它。最致命的生物体是干腐的真菌，它是由微小而贪婪的孢子组成的有机物，如果放大 12.7 万倍，它看起来是这个样子[①]：

① 照片是号称，“美国第一理财大师”的苏茜·欧曼（Suze Orman），苏茜是美国全国广播公司商业新闻（CNBC）的个人理财编辑。——编者注

在普通家庭，有数百万这样的生物体在吞噬房子。房子越老，被吞噬的越多，直到有一天，在结构上对房子起着支撑作用的材料被重新粉刷了一遍。

那还不是老房子唯一存在的问题，它的电路系统还可能很破旧，是很早以前安装的；卫生管道工程系统（用现在认为并不安全的材料做成管道构成管道系统，如外层用砷包裹的铅）水的流速很缓慢，就好像一个年逾九十、前列腺像保龄球那么大的老人走路一样；窗户根本打不开，就好像挡在了排球网上；取暖系统虽然被改进好几次了（最近一次是在 1928 年），最初的设计是用于燃烧一些现在已经不复存在的“燃料”——异教徒；空调系统，如果有的话，也是哪一天心血来潮找来个蹩脚工人用一个电锯就装到墙上去的；现在的屋顶也是在沃伦 · 哈定总统[1]在位的时候盖上的；阁楼的绝缘层主要由蜘蛛网构成；地下室也很容易积水成灾，看到很多的珊瑚礁你就可以知道这一点。

换句话说，老房子就是一大堆缺陷的集合体，再用一层污垢和乳胶裹上。但是很多人在看老房子的时候，并没有看到这些问题，他们看到的只是“味道”。我了解这些，因为我也是这些人当中的一员。我的大脑不止一次地被一种精神科医生称为“老房子妄想症”的怪物给控制住了。

我和我的妻子买了一套老房子，这里面有所有老房子都有的问题，甚至包括白蚁，更不用说整个房子只有一个大的什么都能装的壁橱，另外整个房子都没有电源插座。很明显，这座房子不是为需要照明的人而设计的。我们打退堂鼓了吗？不，我们觉得这座房子奇特而有趣！

现在就让我来告诉你我们是多么的会异想天开。我们面临管道问题（当然有啊），有一次，为了修好漏水的地方，一些管道维修工爬到了我们房子的下面，等他们再出来的时候，手里拿的是些黄色的、皱皱巴巴的、卷起来的报纸，这是他们找到的包在管道四周的东西，很显然是隔离用的。我们小心翼翼地展开报纸，发现是 1927 年的《迈阿密先驱报》，文章是关于查尔

---

① 沃伦 · 哈定（Warren G.Harding），美国第 29 任总统，1921 年当选，1923 年因心脏病突发在任内病逝。——译者注

斯·林德伯格的故事。

所以想想我们的情况：我们在这里，面临着严重的问题——我们的管道不光漏水，还非常的破旧。这就好比当你站在太平洋中间一只船的甲板上时，你不仅发现自己在下沉，还发现船身是用大薄饼做成的。

我们得知这么可怕的消息后是什么反应呢？我们太激动了！查尔斯·林德伯格！太美妙了！

管道工人也很激动，但他们高兴是因为他们知道，我们会见证他们的所有孩子从哈佛毕业。

“老房子妄想症”真的很有威力。通常，当你买一栋老房子的时候，你会聘请专业的房屋监察员，这些监察员工作很全面仔细：他们会花上一整天的时间趴在屋子地板上转，然后给你一个详细的书面报告，写上这么一句话——傻瓜，别买这个房子！

当然报告是不会写这么多的，只需列出几个主要的缺点，这个房子就毁了，因为主要缺点会再引出一些次要缺点，有时候能引出多达几百个次要缺点。根据他们的报告，这个房子完全是由缺点构成的。你阅读了这一报告，但是，由于你有“老房子妄想症”，所以实际情况是：这些缺点没有一个会进入你的大脑。即便是监察员费尽心思地警告你问题是何等严重，你的大脑也完全不受影响。

监察员：好，现在我想告诉你一些客厅的情况……

你：难道你不觉得客厅很好吗？它太有味道了！怀旧的味道！

监察员：没错，怀旧的味道，我想让你看看这个。（监察员拿着一个螺丝起子轻轻地击打嵌线，然后嵌线就消失在了木头微粒像灰尘一样的烟尘中；透过烟光，也能隐约看到一个露出来的线在不断冒着电火花，它点燃了被绿色烂泥覆盖着的垂下来的烟斗；一只老鼠一窜而过，而这只老鼠正在被一个看起来像是蟒蛇的东西追着。）

你：哈哈！这个奇怪而有趣的老房子！那可以修好的，对吧？

监察员：嗯，是，我想可以修好，如果你想完全……

你：我对这些装饰性的问题并不担心，只要房子结构没问题就行。在过去，人们懂得如何建造这些小可爱。（你在地上跺脚以强调这一点，结果你把地板踩穿了。）

监察员：嗯，这是另一件我想说一说的事情。你的楼板隔栅几乎已经完全被啃噬掉了。

你（收回你的脚来）：白蚁吗？小事一桩，好多老房子都有白蚁，我们用东西处理……

监察员：事实上，它是海狸。

你：海狸？

监察员：它们在地下室建了一个坝。

你：……

监察员：你之前从来没有见过。

你（松了一口气）：孩子们一直都想有个宠物呢！

到了这个时候，曾经见识过“老房子妄想症”的监察员放弃了，然后慢慢侧身走出房间，生怕会给地面什么地方增加过多的压力。

你呢，当然是继续买你的房子了。作为一个真正“老房子妄想症”的受害者，就算房子真的着火了，你也会买下它的。既然房子是你的了，你就会开始不停地打电话给收费高、水平高的技术工人，他们会在你的房子里花上如此多的时间以至于最后他们都成了你的家庭成员了，然后你被邀请去参加他们的孩子在哈佛的毕业典礼。

总结一下到目前为止我们所报道的，第一个能保证你在房地产上赔钱的有技术保障的方法是买一套老房子，这就把我们带到了下一个错误：

二号错误：买套新房子

旧房子是随着时间的推移慢慢散架，而新房子和旧房子不同，它是立刻就开始散架。通常情况下，房子会在它们周围倒塌，这个时候，最后一级的分包商会第一时间跳出去，就好像夺宝奇兵之《魔宫传奇》中的印第安纳·琼斯。

问题之一是建筑材料。我们已经找到了老房子结构上的主要缺点：房子是用木头建的。木头不光会腐烂、着火，还会成为大部分的动物以及蕨类植物的午餐。因此，如今新房子使用的建筑材料是：木头。

是的，我们并没有吸取教训！只是现在，由于现代制造技术，使用的木头和从前比结实程度要差很多。以“2×4”为例，最开始它是一种结实的木材，大小是2英寸乘以4英寸，这也是它名字的由来。但是这些年来，木材行业（他们的经理住在完全由不锈钢建成的房子里）不断通过缩小木材的大小来减少成本，这就是导致现在的“2×4”的大小和冰棍棒子差不多的原因。

现代“2×4”

（实际大小）

木材行业的科学家们为了进一步减少“2×4”的大小，目前正在夜以继日地工作呢。他们梦想在不远的将来可以实现人们用肉眼无法看到“2×4”，那么，一只白蚁就可以在45分钟之内将一整栋房子吃掉。

新房子的另一个问题是建筑工人的素质。不要误会我的意思，我不是说没有好的建筑师，有好的，他们叫——阿诺德、赫伯·弗莱克，他们诚实、有能力、值得信任而且要价合理，不过他们在1987年就退休了。

其余的人可就没这么好了。在这个国家的一些地区，要成为职业的房屋建筑师，你只需参加一个简短的课程，然后通过一个难度不大的考试，比如以下我们看到的问题：

职业房屋建筑师资格考试问卷

1. 职业房屋建筑师应该驾驶哪一类交通工具？

a. 卡车类的交通工具

（正确答案：a）

2. 你正在为这样一个客户建房子，这位客户一定要在一个限定得非常苛刻的日期入住，你已经多次告诉他房子一定会、肯定会、毫无疑问会、200%会在6个月后就完工。假设当天是3月1日，那么房子将在什么时候完工呢？

a. 你的意思是完全建成吗？

b. 可以肯定不是今年。

c. 我怎么知道？

（正确答案：上述选项均正确。）

3. 有一个购房人刚刚搬进了你建好的房子里，他不断地打电话向你抱怨：起居室的中间建了一个盥洗室，厨房没有地板，还有电源插座正往外喷热水。你怎么应付这样的问题呢？

a. 换个新号。

b. 解释一下这些是“搬进新”房子很正常的事情。

c. 有什么问题？

（正确答案：这些回答都没有什么不对。）

回顾一下到目前为止我们在房地产上所学到的东西：买一个老房子是巨大的错误，因为它会散架，你可以做的就是永无休止地修理；如果买的是新房子，情况也是一样。但是不管你买的是什么样的房子，你首先都得有钱，这就导致我们犯下：

三号错误：申请获得按揭

按揭就是你借来的、用来买你原本按任何标准都买不来或者说支付不起的房子的一大笔钱。

可以获得的按揭多种多样，包括30年固定利率、15年固定利率、30年浮动利率、10年气球式膨胀浮动利率、15年定期气球式膨胀浮动利率以及30年年度气球式膨胀浮动利率等。

在申请按揭之前，你应该先让自己对每一种按揭的优缺点烂熟于心，然后你就可以随意从中挑选一个，因为它们几乎都是同一个运营模式：你按月向贷方支付贷款，而且不管你付了多少次，你的贷款都一分没少，就好像电影《土拨鼠日》所讲的里一样，不管比尔·穆雷做什么，他都总是在上次结束的地方重新开始。

事实：在按揭行业内部，顾客通常被称作“比尔·穆雷”。

不同之处就是《土拨鼠日》最后结束了，而按揭永远不会结束。迄今为止，埃及人已经在金字塔上偿还了超过55 000个按月支付的按揭，但是和公元前2600年一样，他们依然欠着同样多的按揭（他们现在在考虑重新融资）。你只需接受这样一个事实：直到你死（很可能是因为被海狸咬的）的那一天，你都会有一个巨大的贷款余额。

结论

正如我们所见，房地产是一个激动人心的场地，它为你这样的金融新手提供了很多机会，你不用害怕失败。在这一章节，我报道了尽可能多的领域，没有遗漏任何一点重要的信息。现在轮到你跳出这些文字信息，运用到实际情况中去了。正如刚刚过世的前橄榄球教练文斯·隆巴尔迪经常说的：“如果你不从板凳上站出来、加入到游戏中去，那么你将永远也不会遭受那种能结束你职业生涯的膝盖受伤之苦。”这些话在今天看来依然很正确，而且，虽然教练隆巴尔迪已经过世，但我可以毫不怀疑地说，他的按揭仍然在以某种形式继续存在着。

摇晃的根基：房价上涨，评估师被置于刺眼灯光下

约翰 · 赫金杰[①]
《华尔街日报》，2002 年 12 月 13 日

酒店员工丹尼 · 鲁伊斯曾与妻子及四个孩子住在纽约的一幢挟小公寓里。一个电视广告让他找到了摆脱家庭现状的出路。广告中，宾夕法尼亚州的一个建筑商问道："当你最终可以拥有自己房子的时候，为什么还去租房呢？"

只要他存够了首付，房地产公司甚至可以为他支付一年的租金。所以，鲁伊斯一家于 1999 年搬到了波科诺山。在那里，他们花 17.1 万美元买了一幢科德角状的三居室房子。但是不到两年，当他们试图将房子套现的时候，他们的房子只值 12.5 万美元。"我气得直跳，而我妻子快要疯了。"鲁伊斯说道。

在房地产价格上涨的时候，他们的房子怎么会贬值如此之多呢？宾夕法尼亚检察长有自己的一套理论：房屋估价过高！州政府官员已经起诉了一名评估师和房地产商，控告他们串谋将波科诺地区的房产以过高的价格销售给 170 户家庭，包括鲁伊斯一家。州政府同时也在对此案进行刑事调查。

这一案件只是对评估师不断加大打击力度的一部分，它引起了消费者诉讼代理人、抵押贷款公司，甚至是很多评估师对房地产定价过程公正性的质疑。联邦检察官正要把消除房屋恶意估价行为作为根除抵押贷款欺诈行动的一部分。国会正在重新审议有关评估师的法规，这是 20 世纪 80 年代存贷款危机发生以来的第一次。由于房贷状况的恶化，越来越多的评估师发现，他们自己正逐渐成为房贷诉讼案的被告。

对于很多从事房地产业务的人来说，评估师的不可靠暴露出当今火爆的房地产市场根基不稳。受低利率的刺激，抵押贷款及再融资规模今年有望增长 19%，达到创纪录的 2.4 万亿美元。但是由于经济受低增长速度、低销量

① 约翰 · 赫金杰是《华尔街日报》在波士顿分社的资深特别作家，他负责教育方面的报道。他在《华尔街日报》新英格兰版中的"新英格兰故事"专栏中写《负责人》。

的影响，很多专家担心房屋价格会很快下降。如果是那样的话，全国的 4 万住宅评估师将成为被指责的焦点。这就像是华尔街证券分析师被指责在互联网泡沫破裂前大肆宣传被高估了的股票一样。

联邦法规要求每一份住宅房屋贷款都必须有评估鉴定书，以避免借贷人及房屋所有人独自承担过多的义务。与贷款经纪人和房地产代理人不同的是，评估师不管交易达成与否通常都能得到 250 美元到 500 美元的劳务费，这个费用与房价无关。一个好的评估需要花费好几个小时，包括实地调查以确认房屋状况以及给出至少 3 个可参考的销售建议。

评估行业第一次有组织化是在 20 世纪 30 年代，当时经济萧条导致的价格大幅回落使得资产评估变得更加困难。1989 年，当评估师因为那些导致存贷款危机的评估活动而受到抨击时，国会通过了一项法律，制定了全国评估师资格认定要求，包括课程教育和进修教育。

但是国会没有注意到借贷行业内的一个重大转变：如今很少有从事抵押贷款的人对他们的贷款有长期的兴趣。传统上，银行家吸收存款并直接放贷，这就强烈地刺激借贷人去寻找公平的估价来保护他们的利益。今天，很多评估师都受雇于独立的抵押贷款经纪人。这些人的薪酬以交易量为参考，跟贷款的长期健康没有利害关系。很多借贷人也对他们的贷款失去了长期的兴趣，因为他们将贷款直接卖给投资者。

作为评估行业的主要团体组织——评估协会——的发言人，唐·凯利说，评估师越来越担心如果他们不按照经纪人的要求给出更高的估价，他们的业务就将枯竭。7 000 多位评估师在一份请愿书上签名，称他们受到客户的压迫并呼吁管理者禁止此类压迫行为。

已经在弗吉尼亚州里士满当了 30 年评估师的P·E·特纳说，客户的信息是微妙的。如果他不同意资产足够支撑贷款这一看法，那么经纪人谈新业务就不会再聘请他。他说，一周内经纪人至少会有 3 到 5 次不分黑白地说出他们想要的东西，所说内容会跟最近的一条传真内容类似。传真中写道：“请先告诉我，在支付客户报酬之前我们能否得到我们想要的估价。如果低于这个估价，那么就不要做这份评估。”

特纳先生拒绝接受传真中所说的经纪人的评估邀请。他说："真正让人感到伤心的是，在我拒绝他们这样的评估要求时，他们会去找那些缺乏职业道德的评估师去做这份评估。"

在亚特兰大州立法庭10月份的一份诉讼中，抵押贷款单位国民城市公司及其他两家银行控告开发商小菲利普 · E · 黑尔先生和两名评估师剽窃了他们的规划，导致他们在600多处房产上的巨额损失被泄露。借贷方称，黑尔利用了评估师给出的过高估价，而评估师也同时得到了远高于正常评估费用的报酬。黑尔对此表示沉默，他律师的电话也无人接听；评估师弗雷德 · 法莫尔和朱利安 · 佩雷斯对此均没有作出任何评论。但在法庭记录中，佩雷斯否认了对他的指控并要求撤销对他的诉讼。法莫尔的律师说："法莫尔先生的立场是他没有参与任何欺诈行为，他所做的都是按照职业方式对公司价值做出合理的评估。"

司法部门声称已经将打击抵押贷款欺诈列为第一要务。10月份，联邦检察官赢得了一场对一名华盛顿评估师詹姆士 · E · 戈登的审判。戈登对当地的45处房产给予了过高的估价以帮助投机者获得政府部门的抵押贷款，而他也因此被判处7年监禁。

检察官称，戈登的同谋者购买廉价房产，然后以他给出的过高估价出手，攫取巨额利润。这种手段可以做到每桩交易净获利13万美元。20处估价过高及条件较差的房产被没收，这导致纳税人花费了150万美元来偿还抵押贷款。检察官弗吉尼亚 · 奇塔姆对联邦法官说，如果没有肮脏的评估师，这些阴谋就不可能得逞。政府官员称，在这桩欺诈案中，戈登将评估费用从最高收费标准的400美元提高到了1 500美元。

联邦调查局（FBI）声称，联邦特许银行及互助储蓄银行的报告显示，抵押贷款欺诈的金额在近两年内几乎翻了一倍，达到2.93亿美元。但是，FBI金融部反欺诈科的主任约翰 · 吉利斯认为这还是一个很保守的估计，因为还有一半没有联邦许可证的抵押贷款机构未向政府提供企业报告。

FBI没有追踪调查涉及欺诈案的评估师的数量。但是，跟踪研究房地产欺诈的抵押贷款资产研究所给出的2000年调查数据显示，21%的评估师参与了抵押贷款欺诈案，这也是我们能够提供的最新参考数据。在这些欺诈案中，伪造评估证书案与五年前相比增长了4倍，这也使得与评估相关的案件成为抵押贷款欺诈案中增长最快的部分。

基于对这种趋势的担忧，美国参议院银行业委员会今年早些时候要求联邦审计总局确认州政府及联邦政府是否正在有效监督评估过程。来自伊利诺伊州的民主党参议院代表简·斯卡科斯基（Jan Schakowsky）提交了一份提案，该提案要求禁止经纪人强迫或威胁评估师将评估费用与目标评估价格挂钩。

在突然火热起来的房地产市场，特别是那些有新开工项目的市场，购买者很难评估房产的价值。这种情况曾出现在20世纪90年代的波科诺斯地区，该地区当时是纽约居民的长期度假胜地，但正在逐渐成为通勤者社区。该地区由于离纽约市区有90分钟车程之远，房价要比市郊附近的城镇地区便宜很多。

51岁的吉恩·朴库丹尼是纽约皇后区本地居民。他打出平民化的电视广告宣称给纽约人在宾夕法尼亚提供每月按揭1 000美元以下甚至是685美元的房子，并因此在房地产市场成功地做了一笔居住用房生意。在盘山公路的终点，这些建筑物都有关卡、门卫、网球场、游泳池。穿着长衬衫的、方下巴的朴库丹尼在电视上很上镜，他在推销一幅远离犯罪与喧嚣的乡村生活景象。他要说的是："记住，所有你将要失去的东西仅仅是你的房东。"

如果人们加入他这个叫做"为什么租房"的项目，房屋主人就可以从他另一家叫做教堂港湾的抵押贷款公司获得贷款。教堂港湾抵押贷款公司主要经营来自摩根大通及其旗下的大通曼哈顿抵押公司的贷款。

几年来，"为什么租房"项目吸引了警务人员、教师及其他中等收入者。这些人要攒够钱付首付比较困难。在搬到波科诺斯之前，联合包裹服务公司的卡车司机埃伯特·里奥斯和他的妻子伊丽莎白及4个孩子住在皇后区牙买加街区的一幢公寓里，每个月的房租为710美元。1997年，这对夫妇花140 608美元在托比汉纳坝一个叫做波科诺乡村寓所的楼盘买了一户三居室的房子，其中贷款126 450美元。38岁的瑞欧斯说道："这听起来很不错，我们在纽约花140 000美元根本就买不到房子。"

但在1998年，里奥斯因为背伤卧床不起，4个月不能干活，他失去了工作，这使得他偿还贷款变得困难。今年，他在打算将房子套现时被告知他的房子只值10万美元。13岁就从厄瓜多尔移民到美国的里奥斯说："我们来到美国是为了过美好生活，现在我们却在苦苦挣扎。"

20世纪90年代，当地的一位评估师多米尼克·思朱尼尔瑞参与了"为什么租房"项目大部分房屋交易的估价。州政府官员称，这些房屋的价格都被高估，包括瑞欧斯的房子在内。最后，总检察官向位于哈里斯堡的宾夕法尼亚州法院起诉思朱尼尔瑞。在一件不相关的案件中，思朱尼尔瑞于2001年因对波科诺斯的3处房产做出过高估价而被处以1万美元罚款，但他既不承认也不否认这些指控。在哈里斯堡地方法院记录的另一起诉讼案中，波科诺斯的房主称思朱尼尔瑞将他们的房屋估价提高了35%~45%。这起欲追究无限损失赔偿责任的集体诉讼，指控思朱尼尔瑞和朴库丹尼合谋欺诈。

资深的副总检察长詹姆士·左思科说，思朱尼尔瑞告诉调查人员朴库丹尼的公司之所以选择他是因为他办事快，而且相对于一般300美元到400美元的薪酬，他只收250美元的较低费用。为了获得稳定的工作来源，思朱尼尔瑞不加怀疑就接受了朴库丹尼公司的估价。该诉讼声称思朱尼尔瑞对于朴库丹尼家庭合伙人以1 250美元到12 000美元购买的房产一律估价为20 000到27 000美元。

房屋主人和检察长在各自的诉讼中都声称，朴库丹尼寻找过高的估价是为了获得更多利润以及平衡承担房屋主人房租的支出。承担房屋主人房租是朴库丹尼的"为什么租房"项目的关键要素。在该项目中，顾客在购买房屋之前将先以按月支付的方式交一年的费用直到由朴库丹尼的公司支付房主的租金。

这些诉讼还声称，朴库丹尼误导房屋主人购买那些他们根本无力承担得起的房屋。另外，检察长声称，朴库丹尼的计划误导了大通曼哈顿银行，因为借款单位在支付租金时看起来能够预留足够的首付——通常为交易价格的10%。州政府称大通银行不知道朴库丹尼的公司实际上是在支付房屋主人的租金。

联邦住宅贷款抵押公司作为政府资助的抵押贷款购买者从大通银行购买了大量的"为什么租房"项目的贷款。出于对高违约率的担忧，联邦住宅贷款抵押公司对33处房产进行了重新估价。检察长的诉讼书显示，联邦住宅贷款抵押公司的新估价要比朴库丹尼给出的估价低几千甚至上万美元。

思朱尼尔瑞和朴库丹尼都否认自己有犯罪行为，并称他们的工作是独立进行的。他们说，房屋之所以贬值是因为经济状况变差了。思朱尼尔瑞的律师，来自伊斯顿的菲利普·劳尔说："思朱尼尔瑞先生过去和现在都相信他给出的估价精确地反映了该房产合理的市场估价。"

朴库丹尼在一次采访中说："这就像买股票，价值是有升有降的。"

朴库丹尼还说，替房主支付租金的做法在房地产行业内很普遍，属于合法的销售妥协行为。他说，大通银行对该项目很了解。朴库丹尼已经以诽谤罪起诉了当地的《波科诺纪实报》及其网站，因为其登载了有关朴库丹尼的商业及资产价值的文章。拥有这家报纸的道琼斯公司通过其奥特维子公司收购了该刊物。

由于很多"为什么租房"项目的房主无法支付房款，或是部分人因指控过高估价而拒绝付款，大通曼哈顿银行提议，部分免除那些通过朴库丹尼的教堂港湾抵押贷款公司发放的258笔总共3 500万美元的重要贷款。最后总共有205家房主接受这一提议，公司未收回的贷款减少了1 000万美元。里奥斯一家原本为126 450美元的贷款削减为116 000美元。纽约的酒店员工鲁伊斯的贷款最初为153 900美元，后来削减到105 000美元。大通银行表示该公司于2000年年底结束了与朴库丹尼公司的合作关系。

拒绝对任何一件诉讼发表评论的大通银行表示，该公司已经削减了房主所亏欠的按揭贷款的数量，所以房主可以继续拥有自己的房子。

副总检察长左思科说，州政府正在调查6起他暂时不能透露的针对波科诺斯购房者的欺诈案。其中大部分欺诈案中都涉及对过高房屋估价的指控。州政府官员对不断上升的房屋止赎事件保持警惕，并担心有更多的房主和贷款人可能面临重大损失。左思科说："这些房子的价格就好像是建立在流动的沙丘上。"

对于朴库丹尼来说，他对后来的评估甚至是同时期做出的多个评估在价格方面出现差异并不感到惊讶。他说："评估是一种主观判断，价值就像情人眼里出西施一样因人而异。”

下一次崩盘

约翰 · 卡西迪
《纽约客》，2002 年 11 月 11 日

1949 年 7 月 8 日那天，长岛《星报》（*Star Journal*）为一个平价住房社区登了一篇整版广告，该社区是由开发商“莱维特父子公司”在靠近法明达尔地区的一片农田上建立起来的，位于皇后区东部大约 20 英里处。该广告以“60 乘 100 英尺”土地上的、面积 800 平方英尺田园式住宅为特色。“这是列维特镇！只需 58 美元一个月，你就可以拥有这一切啦！”广告中写到，“几乎所有你可以想到的东西，它们的价格都已经包含在内了：电冰箱、山脉、本迪克斯、百叶窗、通用电气的油燃烧器、律师费、评估费。是的，先生，一应俱全。”潜在客户可以从 5 个户形略微不同的房子中进行挑选，它们所有标价都是 7 990 美元。如果是退役军人（大部分都是），那么政府就会保证他们获得贷款，而且没有首付。

还在 2000 年夏天的时候，列维特镇还有不到 20 万美元的房子出售。在 2000 年 4 月份纳斯达克崩盘之后，价格连续好几个月不断下降。理查德 · 达罗是“达罗代理”公司（列维特最重要的房地产代理商之一）的老板，他认为人们预期中的资产滑坡现象已经出现，于是他不得不将房屋价格从 199 000 美元降到 189 000 美元，接着又降到 179 000 美元，最终以 177 000 美元售出。但是，2000 年秋天购房人又重返市场。让达罗先生吃惊的是，价格从去年 3 月份经济衰退开始便持续上升，“9 · 11”之后，以及今年的 1 月至 9 月也都一直在升。“如果我们今天可以花 20 万美元买下那个房子，我们会毫不迟疑地买下它，”他说，“今天，同样的房子很可能得花上

275 000 美元到 30 万美元，而且价格会上升得很快。”

从 1951 年，也就是他的父亲泰德从皇后区搬到这里的那一年，理查德 · 达罗一家就开始在列维特镇卖房了。达罗 1971 年加入家族生意，到现在已经经历过好几次房地产热了，但是这次的持久性还是让他感到很惊异。在 1990 年到 1991 年的经济衰退期间，列维特的房价下降了大概五分之一，而且好几年价格都比较稳定。达罗本来还以为这次的衰退会带来类似的房价下调，但是没想到房价不但没有下降，反而还持续走高。“到了一定程度，房价总会受影响的，”他说，“但是话又说回来了，2000 年夏天我以为房价会受影响呢，不料随后房价居然开始上升了。”

大体上说，买房子的人和过去差不多：警察、消防员、管理员、零售商以及其他一些认为 5 万美元一年是一笔不错收入的人们。但是现在，他们当中的很多人都需要申请一大笔按揭了（超过 30 万美元的贷款，所谓的巨型抵押贷款），这些按揭在过去是留给有钱人的。“列维特镇一直以来首付都不高，”达罗解释道，“如果房价是 33 万，而你首次付了 5%，那么你的按揭就是 313 500 美元，在列维特镇，你需要大笔按揭。”

几年前，否认事实是很流行的做法，回想起来，情况非常明显：在华尔街已经形成了投机泡沫。持熊市态度的分析员不去警告投资商让其不要焦急，反而为平平的股票价格寻找各种古怪理由：通胀的消失、因特网的兴起、生产率“奇迹”、商业循环的终结、生育高峰出生人口的老龄化。如今这种与股市相关的解释已经不怎么听到了，但是在对房地产的讨论中，类似的争论变得很盛行。“单亲家庭住房市场没有泡沫，而且我并不认为它容易受到泡沫的影响。”房地美（两个由政府支持、向上千万美国家庭提供按揭融资的公司之一，另一个是房利美）的首席经济学家弗朗科 · 诺沙福特如是说：“经济学基本原理帮助解释了很多我们这几年所看到的房价的状况。”诺沙福特列举了一些原理：温和衰退、低按揭利率、新房的保守投资、移民房源需求量增大以及 “战后第二代”——生育高峰期出生的孩子长大开始组建家庭并购买房屋。“我们不想看到单亲家庭的房子价格下跌，”他强调说，“这不会发生的。”

很多独立的经济学家态度也很乐观。卫斯理经济学教授凯尔·卡斯专门从事房地产领域研究，他提醒我说全国的平均房价自从二战以来每年都在上升。艾伦·格林斯潘是联邦储备局的主席，他也不再赞成拿房地产市场和股票市场进行比较。他7月份在美国国会山发表言论说：房价反映了移民数的上升和建筑用地的短缺。当然，通过保持住房市场的活跃，格林斯潘可以获得既得利益。在过去的大约18个月中，他依靠房产热的自发效应补偿了商业投资突如其来的下降。如果他能成功利用上升的住房市场阻止经济陷入“双底衰退”（double dip）[①]，那这就将成为经济政策史上伟大的胡迪尼行为（Houdini act）[②]。

考虑到格林斯潘在20世纪90年代末帮助抬高股票市场价格的方式——保持利率表面上看起来比较低、拒绝承认市场泡沫的存在，所以在仍然不错的经济情况下，一些房主可能会更倾向于将他们的资产投放到市场上。在列维特镇，很多人现在正在做的就是这些。“他们说：我们永远也不会再看到这样的价格了，该是出售的时候了。”理查德·达罗说。在曼哈顿，过去的几个月里待售资产迅猛上升，现在两居室的公寓平均价格是933 000美元，但是准出售人可能已经错过了这一高峰。3、4、5月份是该地区历史上最好的三个月旺季，该市的最大房地产代理商科克伦集团赶上了这个旺季。自那以后，销售量就开始出人意料地下降，价格开始滑坡。帕梅拉·利布曼是科克伦集团的总裁，同时也是总监，他强调：“鉴于我们现在是非正式谈话，因而我可以说，某些公寓的价格是不会超过今年春天的价格的。”

在其他富足区域，市场也正变得疲软，包括圣何塞以及达拉斯郊区。这可能就是华尔街分析员常说的“健康矫正”，虽然这不会蔓延到列维特镇这样的地方，但是依然可以作为一个严重事件开始的标志。“在房地产崩盘中，市场的最高处往往意味着先崩溃的开始。”里昂证券有限公司（新兴市场、经纪人公司、投资银行）的金融分析员克里斯多夫·伍德告诫说，“然后坏

---

① 双底衰退，指某个经济体在陷入不景气之后，先出现了一些开始恢复的迹象，但之后又重新陷入不景气的状况。——译者注

② 胡迪尼，历史上最伟大的魔术师、脱逃魔术师及特技表演者。——译者注

消息接踵而至。”在1989年上一次房地产热最高峰的时候，伍德先生建议他的纽约朋友们卖掉他们的公寓然后租一年的房子，现在他又在发表同样的建议。“美国住房市场是最后一个大泡沫，”他说，“当它破灭的时候，结果将会惨不忍睹。像曼哈顿、旧金山这样的地方，房价很容易就会下跌40至50个百分点。”

甚至诺沙夫特也不得不承认：价格不可能持续保持高速增长。他预测：在接下来的几年里，价格增长率会逐渐恢复到历史水平：每年4到5个百分点。那些视房子为最重要、最持久的财富的美国人，他们是多么希望诺沙夫特的话是正确的啊。然而，他的乐观预测不可避免地使人想起像阿比·约瑟夫·科恩以及詹姆斯·哥拉斯曼这样的股市分析员的高调言论。当道琼斯和纳斯达克的股市涨起来的时候，这些预言家们经常预测说，到某个点的时候住房市场利润空间就会恢复到更加缓和的水平，但是他们忽略了还可能会出现严重而持续的低迷时期这一方面。

很不幸，没有什么可靠的方法来确定房屋到底值多少钱，因为有很多因素会出现，包括：地理位置、大小、条件、利率以及全国总体经济状况。最终，寻找住房实际固有价值的努力注定会失败：所有资产的价值都取决于人们以后愿意支付的价格。20年前，黄金价格是一盎司700美元，现在的价格大概是一盎司300美元。2000年1月，雅虎的股票价格接近500美元；现在，它的价格是……啊，还是不要触及那令人伤心的细节了吧。

房屋股价浮动要比因特网股价浮动小，但是房价却会随时间和地点的变化而产生很大的变化。以全美国为例，自从1997年（系20世纪70年代以来五年期降幅最大的一次）以来，房价有将近40%的浮动。这一情况也因地区而异：过去的五年里，旧金山房价上升了75%；波士顿房价事实上翻了一番；长岛房价上涨了大约80%。然而在美国其他地区，比如密西西比、新墨西哥以及西弗吉尼亚，房主们大都错过了这一房价上涨的好势头。

如果人们认为房价和收入有关系（价值评估的普通方法），那么现在全国的房价可以说是自20世纪80年代以来最高的了。例如在1989年的旧金山，该城市一般的房屋价格相当于平均家庭年收入的3.5倍，在20世纪90

年代，房价和收入之比下降到2.5，去年这个比值又恢复到了3。在波士顿、纽约和华盛顿，情况也差不多。以此同时，房屋价格和租房价格之比也上升到了有史以来的最高值。“股价看起来很极端，而且不止是在最顶端，”美国汇丰银行的首席经济学家伊恩 · 莫里斯说，“现在即使是普通的家庭住宅相对于居民收入水平来说也是相当昂贵的。”

当然，大多数买房和卖房的人并不看价值比例，潜在卖房人会看该地区的其他房屋要价；潜在买房人则会考虑如何才能付得起月供。低利率以及便捷的贷款是推进这一市场的主要力量。上个月，30年按揭的固定利率自1965年以来首次跌落至6%以下。

理查德 · 达罗分析了一对年轻夫妇所面临的财务难题。这对夫妇在列维特镇以34万美元买了一套房子。假设他们的首付是5%，那么他们的月供大约就是2 000美元，加上房产税和公共设施费用，达罗估算了一下这对夫妇每月花在住房上的费用大约是3 000美元，这对于一个年收入低于5万美元的城市警察来说可是一笔不小的数目。但是还好有政府对购房者进行补助，在利率上实行减税优惠，而且多数家庭是夫妇两个人都工作挣钱。“当我刚开始从事这一行业的时候，一个人挣工资就可以买得起房子了。”他说，“今天，为了能量入为出，妻子和丈夫两个人都得工作，而且丈夫一般会打两份工。”

金融行业的发展也使中产阶级家庭获得高额贷款变得更加容易了。现在很多房地产代理商都有一个在室内办公的房贷经纪人，他们能够通过网络从任何一家金融机构获得贷款。“这是一个大变化，”达罗说，“我们几小时之内就能得到人们的核准，他们当中甚至有一些连审核都免了，他们事先就认可了。”20年前，放款人都会对按揭偿还设定一个严格的限制——总收入的28%。今天，他们依靠软件程序做这些事情，这些程序也会考虑借款人的信用等级、租房历史以及其他因素，一些买房人最后会得到接近他们收入40%的、按月偿还的贷款。结果，按揭利息支付正在消耗着家庭收入的很大一部分。

在过去的10年里，克林顿政府和布什政府都在致力于这样一个目标：通过鼓励房利美和房地美扩大借贷来增加自有住房率。“据我所知，占有某个东西是一种自由。”布什总统最近说过，“这是自由社会的一部分。”多亏了低利率以及房利美和房地美，现在美国每100个家庭当中就有68户拥有他们自己的住房，但是可行的政策也可能会带来意料之外的后果。低息贷款和下降的借贷标准经常是和投机高峰相关联的，这会不可避免地导致房地产行业的破产。

不管他们有没有意识到这一点，背上了沉重按揭包袱的房主们正在铤而走险，尤其是那些过几年就得将房子转手卖掉的人们。在住房市场上，可接受价值和可持续价值不是一回事。当前的利率反映的是萧条的经济状况，而当前的利率是不会持久的。接下来的几个月，经济会有所改善，这样的话，按揭利率就会适当上升。假设它达到了8.5%（2000年年中的值），30万按揭的月供大约就会上升500美元，此外，在列维特镇这样的地方，很多潜在买房人就会被漫天要价。另一方面，如果真的出现双底衰退，按揭利率则可能会下降至5.5%，失业率则会上升，很多房主会不得不售出他们的房子。当前，失业率仅为5.6个百分点，远远低于过去30年的水平，而且大多数人都有工作，即使没有，也很有信心能找到工作。但是，如果失业率像大多数萧条时期一样急速飙升，那么潜在买房人就会因为过于担心他们的未来而不敢去贷大数目的房款，那么房价就会暴跌。

经纪人都喜欢吹嘘说他们的资产要比股市的股票安全得多，但这并不是每次都对。汇丰银行的伊恩·莫里斯告诫说：“最终，影响到股市的不利因素几乎总是会传播房到地产市场。”1987年10月股市崩盘之后，房价头3年是上升的，到了1990年年底就降了。20世纪80年代，东京是20世纪最大的地产泡沫发生地，其股市在1989年12月达到了最高峰之后，房地产市场又持续走高达一年之久，可是一年之后便垮掉了。

购房者需要问的问题不是“现在的房价是不是会上升”，而是“将来，当他或她想卖房的时候，买房人愿意出多少钱。”很多人似乎都忘记了20世纪80年代房地产繁荣结束后发生的事情：在1989年到1995年之间，旧金山和圣何塞地区通胀调整后住房价格下降了几乎40个百分点。在火奴鲁鲁，低迷时期持续了整整10年：从1991年第二季度到2001年第一季度，住房的真实价格大约下降了三分之一，这些都是典型的例子。住房市场是投机泡沫形成的地方，为了恢复平衡，下降30、40或者50个百分点常常是很有必要的。

当通胀率保持在一年5个或者10个百分点的时候，从绝对意义上说，房价无须下降多少，住房就会变得廉价得多。卖房人保持要价稳定不变，然后通胀会逐渐吃掉这些价格，这就是在20世纪90年代初很多地方发生的事情。可是今天，人们无法再对无形的价格下跌做出选择，因为通胀事实上已经消失了。（9月份，消费者价格指数只比2001年同期高出1.5个百分点。）如果为了让房地产市场恢复正常就必须降低房价的话，那么下降就应该公开，以便每个人都能看到。

如果住房市场真的崩溃了，那么其余经济部门的派生影响将是巨大的。自2000年年底以来，住房已经成为经济支出增加的最大来源，既有直接的，也有间接的：直接的支出是来自房屋建设的增加，间接的支出是来自所谓的财富效应。（当一个家庭看到自己的房屋价格上升的时候，他为将来储蓄的倾向性就会降低，因为无论如何他都正在变得更加富有。）

正如每一个试图聘请木匠或者建筑师的人最近已经知道的那样，美国正处于建筑热潮蓬勃发展的势头中。每一个月都有15万的新房开始兴建，一些地区土地变得稀少。"拆迁"在过去被认为是加利福尼亚州的奇事，而现在在其他地方，比如汉普敦以及长岛的北海岸，也都成了普遍现象。当新房建成的时候，当已有房屋价格上涨的时候，国家的财富储存也随之增加了。在过去的7年里，大约新创造了2.6万亿美元的住房财富，平均到每一个房主大约就是35 000美元。这还远远比不上纳斯达克崩盘以来股票市场财富的8万亿美元损失。但是和股票相比，房子分配更加公正，在投资组合中，股票市场总是偏爱那些原本已经很富有的人。这种现实带来的结果是：通常情况下，房价的变化要比股票市场的变化对消费形式造成的影响更大。

很多家庭通过对他们的按揭进行重新融资以及提取住房股权贷款来抵消他们在股市上的损失。在过去的两年半里，房主们通过这种方法已经筹得超过3 500亿美元的资金，在这笔钱中，他们花在运动型多功能运载车、家具以及其他消费品上的钱已经超过了1 000亿美元。用《财富》杂志上的话说就是，“美国家庭真的已经成了银行自动取款机了。”万一房价开始下跌，取款机就会没钱了。那些在市场达到最高点或者接近最高点的时候买房的人，他们将会看到房价下降到他们的按揭价值以下，人们称这种情况为“负资产净值”，他们只能努力重新建立储蓄。在日本、英国和斯堪的纳维亚半岛，这一过程在过去已经导致消费性开支的崩溃，而在这里，同样的一幕很容易重新上演。企业已经严重削减了它们的开支，一旦企业和消费者自发削减开支，那么格林斯潘或者其他任何人都无力阻止全面大萧条的发生。

在地产崩盘中，房主们并非唯一的受害者。在过去，更大的受害者通常是那些将问题贷款贷给买房人或者房地产开发商的银行。可是在过去的10年中，按揭行业几乎脱胎换骨了，银行现在扮演的角色也小得多。今天，当花旗银行或者摩根大通银行向它们的某个客户提供按揭贷款的时候，它们通常扮演的都是经纪人的角色。一旦银行发放了一个住房贷款，它就会将这一贷款和其他数以千计的贷款绑在一起然后卖给投资商，人们称这一过程为证券化。投资商得到买房人的月付款数，而如果房主违约的话，那么他们就要承担后果。

到目前为止，住房按揭的最大购买人是房利美和房地美，这两个准政府型企业现在属于美国最大的金融机构，它们的资产大约有4万亿。它们的迅猛增长帮助数以万计的美国人购得了他们的第一栋房子，但是这一迅猛增长同时也使得这两个企业相比常规银行来说维持小资本缓冲的风险加大了。房利美和房地美都购买按揭，这些按揭买房人只支付相当于他们房价3%的首付，同时，它们还向那些存在可疑信用记录的人提供越来越多的贷款。人们不可避免地越来越关心住房市场一旦崩溃将会发生什么。“它们看起来还不错，但是它们很大、很有实力，而且存在体系上的风险，”卡尔·卡斯评论说，“它不是那种你能够周旋的风险，而且这种风险使你不能避免房地产价值损失。”

弗兰克·诺沙夫特是房地美的首席经济学家，他批判了这种有关金融稳定性的论调，他提醒我说房利美和房地美有它们自己的管理部门：美国联邦住房企业督察局。该部门将会让它们接受季度性的“压力测试”，在过去的10年期间，该测试刺激利率和按揭拖欠债款迅速上升，之后再检测它们是否还有足够的资金使它们得以在市场上生存下去。到目前为止，房利美和房地美已经通过了所有运行测试。诺沙夫特说："如果要说房地美或者房利美会受灾，那你就是在说有某个如果不比大萧条严重，至少也是和它一样严重的经济危机。"

不是每个人都信服这一观点。威廉·浦尔是圣路易斯美国联邦储备银行的总监，他最近告诫说房利美和房地美可以一起创造一个"信贷市场大问题"。为了支付所有它们购买的按揭贷款，房利美和房地美发行债券以支付其所有者的利息。浦尔说，由于投资商越来越关心房利美和房地美的金融安全性，一旦这些债券的市场价值大幅下跌，会发生什么事情呢？"我不知道，其他人也不知道。"他说。持这一态度的人绝非浦尔一人。几个月前，房利美宣布了它的按揭再贷款对其努力维持资产和债务间平衡带来了负面影响这一消息，之后它的股票就下跌了。（房利美自此以后就转而为恢复这一平衡而努力，其股票价格现在已经弥补了它的一些损失。）

1998年，当从信贷市场和金融体系抽回资金的买房人和卖房人差点被套牢的时候，如果房利美和房地美真的陷入麻烦，长期资本管理公司的问题与之相比也就不算什么了。那次的"偿债能力危机"促使联邦政府出台一个数十亿美元的救市方案，很多华尔街大公司都为之出资。如果房利美和房地美需要救援的话，最终很可能就是纳税人为之买单。联邦政府并不确保房利美和房地美的生存，但是，要说联邦政府会让它们中的任何一个破产，这也是不可想象的。说到住房，即便是国会最热情的保守人士也会忘记他们的自由市场原则。

在列维特镇，房地产崩盘现象似乎看来还很遥远。几个星期之前，我和布鲁斯·哥卢布一道看了一些待售的房产，布鲁斯是达罗代理人公司的经纪人，他刚从收盘的住房市场（那里，房屋以30万美元的价格出售）回来。几年前，哥卢布先生在镇上还有一个自行车商店呢，但当附近开了一家塔吉特百货（Target）后，他就决定从事房地产业务了。他的第一笔生意销售额是163 000美元，最近，他又卖出了同样的一栋房子，这次的价格是27万美元。

首先，我们参观了一幢现代繁华尚未涉足的海角住房，其价格比较便宜，仅为259 000美元，但是这已经是根据合同出售的价格了。接下来，我们又见到了一个大平房，该平房已经被改建成有着5个大卧室和2个独立小房间的房子，房屋的主人已经搬到佛罗里达州，他的要价是349 000美元，而哥卢布先生很有信心有人会买下它。与周边小镇希克斯维尔、贝司佩奇、汪塔、东美多相比，列维特镇的房价算是便宜的；和哥卢布先生的居住地区长岛北岸相比，这里的房价简直就是甩卖价。“人们现在真正支付的房价是80万或者100万，而且现在正在拆除这些房子。”他告诉我说，“在我居住的街区，一幢小小的平房就卖80万美元。当我驱车行驶在街上的时候，我问，平房跑哪儿去了？平房已经不在原来的地方了，他们正在建一个1万平方英尺的住宅群。”

和数百万的美国人一样，那些巨型怪物（改建后的房屋）的主人们正在打赌砖头和灰泥将继续成为所有投资当中最安全、收益最高的项目。如果他们把这些房子变成自己的家，在那里住上几十年，那么他们的赌博游戏很可能就会取得成功。但是，如果他们希望钱来得又快又容易，那么他们可能很快就会明白“和房子一样安全”这一短语的新含义了。

投机泡沫渐长，房地产业无所畏惧

罗伯特·朱拉维茨①
《美国银行家》，2003年1月28日

一年来，公众常能见到报纸和杂志上有文章在探讨房地产行业的繁荣泡沫即将破灭的可能性。

① 罗伯特·朱拉维茨是西岸《美国银行家》的市场部副编辑，同时也是花旗银行的发言人。

“下一轮崩溃。”《纽约客》11月刊的一篇文章惊呼道。4月份的《财富》问道：“房地产是下一轮泡沫吗？”随后紧接着于10月份刊登了关于这一争论的封面报道。同样是在10月份，《芝加哥坛报》的头条直接喊出：“泡沫！”

但是房地产真的存在泡沫吗？如果是的话，那么当泡沫完全或者部分破裂时，抵押贷款行业又将经受多大的痛楚呢？

抵押贷款银行MortgageIT的首席执行官道格·W·耐达斯说：“越到后来我就越不担心房地产泡沫。事实上，房价最近几个月都没以惊人的速度增长，这意味着房地产行业将更有可能实现软着陆。”MortgageIT是纽约的一家抵押贷款银行，它也是纽约大都会地区最大的抵押贷款经纪公司。

其他银行也都说，市场是合理的。尽管有几个抵押贷款负责人在一年前承认他们担心泡沫，但他们现在都表示不再担心了。

房地产及抵押贷款的负责人说，更可能的是地区性的紧缩。一些贸易集团的经济学家们不断指出，除了大萧条期间，其他时候还从未出现过全国范围内的房价下跌。

已发行了自己的在线房地产时事通讯——因曼新闻——的布拉德·因曼于今年1月份的早些时候在CNBC上发文预测当地的泡沫今年将破裂。他说，唯一的问题是泡沫到底是会破裂还是会越来越小。

人们认为旧金山、波士顿、亚特兰大、达拉斯和西雅图的市场是最有可能萎缩的市场。海湾区的房价已经降了，而波士顿、亚特兰大、达拉斯的房产专家也说购房人数减少以后，这些地区挂有待售牌的房子将成倍增加。

新泽西州抵押贷款研究公司HSH Associates的副总裁基斯·甘宾戈尔说，这一争论有多种版本，因为很多新闻机构的报道都是基于像纽约、洛杉矶等其他主城区的房价，而这些地区的房价在快速增长。

甘宾戈尔说，如果你的感觉受到那些房价暴涨地区的影响，那么你可能就不会相信世界上其他地区的房价只增长了2%。他又略带讽刺地说：“当然，那是因为他们没有身处麦田中心，但即便如此，正常的生长依旧在持续。”

有些人担心对泡沫的警告可能会挫伤消费者的信心。

Nexstar Financial公司的总经理海伦·加里蒂说：“有些时候，这就像是自我实现的预言。如果人们经常谈论某件事或者是使自己相信某件事即将发生，那么它就会发生。"Nexstar Financial是圣路易斯的一家抵押贷款外包公司。

坎贝尔刘易斯通讯公司（Campbell Lewis Communications）的公共关系负责人比尔·坎贝尔同意海伦·加里蒂的这一观点。他说："最后当让人感到恐慌的市场里充满怀疑的气氛之后，房地产市场就会像当初的科技股那样突然崩溃。"

很多人说，豪华住宅价格的增速已经放慢。

乔纳森·米勒是Miller Samuel公司的创立人及总裁，该公司负责纽约住宅用房的价格评估。他说，尽管房价还没有下跌，但增速已经减缓，销量已经下降，而且越来越多的房产正变得无人问津。但同时他也说到，价格在一百万以下的房屋交易仍然很火爆，现在的情况与15年前完全不同。

米勒说："80年代后期，当房地产市场萎缩的时候，我们的房屋剩余量需要七年的时间来消化。而当房地产市场在2000年和2001年进入衰退的时候，我们这里却出现住房供应不足。"

作为一家以不动产所有权、评估和结算为主要业务的债权人服务公司的总裁兼董事长，比尔·格里芬说，他看不出贷款人的行为有什么变化，这说明贷款人对泡沫并没有表现出严重的担忧。大部分贷款人把精力主要集中在加快按揭贷款过程以减少按揭贷款银行那堆积如山的再融资和购买业务量。

"如果贷款人怀疑房价过高，债权人服务公司将会看到有更多人要求对房产进行完全评估，但是我们还没看见贷款人行为方式有变化。而这些变化将使人看到即将出现的泡沫。"格里芬说。

同时，紧张气氛也正在开放式住宅领域蔓延。很多房地产代理商说最近几个月里，越来越多的已签约购房者推迟了交易日期。布鲁克林的一个代理商说，自《纽约客》11月刊登了一篇报道之后，没人表示希望看我代理的公寓里那两套65万美元左右的开放式住房。

HSH Associates的甘宾戈尔说，不断增加的公众讨论会让新的房主和那些打算购房者不安。买房已有三年以上的房主倒不是很担心，因为那会儿他们的房屋估价基本上没有水分。而对于那些去年以含有适度水分的价格买房的人来说，房价下跌的阴影将会更让人不安。

“房价有可能波动10%至20%吗？”甘宾戈尔问到。“是的，这在房地产市场是很常见的。”少数观察家说，不管发生什么，贷款人和开发商的状况都将比上次房地产灾难中的状况要好。当时的存贷款危机导致很多小的金融机构破产。

1990年，当时的房屋严重的供过于求，而在这轮衰退开始时，房屋的供给量却很少。更重要的是，除了3年经济倒退时期外，其他时期对住房的需求基本上没有停止过。专家说，供求平衡保持了销售的兴旺和价格的攀升。

因为很多贷款人和第三方供应商把贷款的风险转移到了二级市场，所以当业务量及收入减少时，最大的问题就会出现，尽管一些互助储蓄银行保持他们的房屋贷款稳定，而且政府资助的房利美也和房地美也购买了不到32.3万美元的按揭贷款的大部分。

弥补收入损失要比处理大量的违约案更容易。专家说，除上述因素之外，一场长期的、深度的房地产低迷将加剧很多现今的趋势，如将按揭和次级贷款业务外包。

专家说，即使是在存有很多贷款风险的二级市场，玩家也准备好了承受较大的房地产衰退。

房利美和房地美的监管者12月月底说，他们有足够的资金，即使在长期的经济灾难中也能生存下去。美国联邦住房企业监督办公室的主管亚多曼·法尔康说，他们面对新一轮考验已经迈过了一个重要的里程碑。

MortgageIT的耐多斯说，市场将自己与2000~2001年那场没有大规模的房地产企业破产的经济衰退的距离拉开得越大，它就越不可能萎缩。

2001年末，很多房地产观察家预测2002年的利息率将上升，这将破坏销售及再融资利率暴涨的根基，从而推动房价的下跌。他们说，由于经济的艰难增长以及像技术类这些陷入困境的部门所带来的失业率的上升，房地产市场将受到灾难性的打击。

但是利率没有上升，抵押贷款和房地产市场依旧火热。结果，很多人变得更自信了。例如，耐多斯说，房地产市场的恢复意味着国家经济困难的情况下人们暂时忽略了房价问题。

"所谓的泡沫没有扩大，"他说，"市场正变得稳定或者说只是稍微的萎缩，而这降低了泡沫破裂的可能性。"但就像其他看过这篇文章的每个人一样，他承认没人真正知道今年将发生什么。毕竟，2002年的经济情况证明专家是错的，而且当年产值也有可能超过2001年两万亿美元的纪录。

专家说，现在的回落是正常和健康的。事实上，甘宾戈尔表示，回落才刚刚开始。他说，由于房地产行业3年来一直处在供不应求的状况，所以这一轮暴跌可能让人感到很突然。"你习惯了超速开车，所以当你突然将速度降到限速以下时，那种感觉就像你踩了急刹车。"

"尽管突然停滞很糟糕，"甘宾戈尔表示，"但是减速却是健康的。"

泡沫破灭之音

彼得 · 古德曼[①]
《纽约时报》，2007年12月23日

佛罗里达州珊瑚角。

两年前，埃里克 · 费扎罗当选这座椰林密布的中产阶级城市的市长，他以为参加剪彩活动会占用他大量的时间。近年来，数万人搬到这里，这个落后的平原地区如今到处是漆了石灰绿、杏色和淡黄色等明快等太阳色的田

① 彼得 · 古德曼自2007年10月就成为《纽约时报》商业类国家经济学的专栏作家。之前他是《华盛顿邮报》驻上海的亚洲经济记者，他在上海呆了10年。古德曼1989年毕业于里德学院，后来在加州大学伯克利分校获得亚洲研究的文学硕士。他作为自由撰稿人在东南亚开始他的记者生涯，并且在阿拉斯加《安克雷奇每日新闻》当地铁记者。古德曼因为对印度洋海啸最后期限（由美国报刊编辑协会为华盛顿邮报设定）的报道，成为2005年杰西 · 拉文索尔奖获得者之一。他赢得过来自海外新闻俱乐部的优秀奖。他在波斯顿大学新闻学院那一年，被授予熊晓鸽亚洲最优秀新闻报道奖。他现在住在布鲁克林的展望高地。

园式房屋。

费扎罗先生对新建设施满怀热情，他期望能够拓宽路面，延长污水管道，降低密封不严的化粪池的污染，修建新公园。

现在，他大多数的期望都无法实现了。房地产热曾经让这个城市税收充盈，但是在过去的两年，这种景象一去不返。市长先生不再忙于为新建设施庆典命名，在过度投机破灭和梦想破碎之下，他变得慎之又慎。

上个月，该市削减社区发展部18个建设督察职位和20个其他职位。由于所有的建筑都停止施工，因此他们不需要再添人员。该市最近雇用了一家景观公司来清理数百家遗弃房屋周围的荒草。

“屋子里积满了水，他们因此离开了，”费扎德先生说。“拓宽马路不得不暂且搁置，新建高中也不那么容易了，我们知道有这些需求，但是我们不得不再等上一段时间。”

耐心等待，精打细算，盘点存货，正是一个国家应对房产热之后的萧条局面所应做的。该是撤退的时候了，从人口密集的弗吉尼亚北部郊区到坐落在从前加利福尼亚农田的社区，房价持续下跌，地方政府纷纷精简服务、停止项目运作和裁减员工。

当邻居们失去房子、经济危机使金融资产价值大幅缩水时，看似与房地产破产无关的家庭也发现他们被卷入了这个漩涡。

佛罗里达州西南部是这次不断加剧的金融风暴发生的核心地区。这里的房价最先开始疯狂的翻倍增长，同样是在这儿，情况恶化也最先显现。当房产和建筑问题蔓延到生活中的其他领域时，这一地区会最先经历经济创痛，然后其他地区也会步其后尘。

珊瑚岛位于李县，范围从迈尔斯堡延伸到卡卢萨哈奇河。回赎权取消浪潮正在把周边地区变成名副其实的鬼城。该县最近取消了未来两年新建七所学校的计划。房产经纪人和建筑工人也放弃了自己的领域，开始寻找其他工作。由于家庭财政赤字，房子被收回，大量的房子需要重新评估，执法部门不得不利用现有人员从事这项工作。

“不管怎么样，我们都得勒紧裤腰带。”珊瑚岛警察局局长罗伯特·彼得罗维奇说。

佛罗里达州的房地产一直以来都处在繁荣与萧条的循环中，但最近的这次危机却不同寻常的严重。互联网使人们能安坐于多雪的明尼苏达州在搜索引擎中输入“近水地产”，然后从成百上千的广告中搜寻这里的地产。珊瑚岛成千上万的土地项目吸引了众多的投机者、无业人员和冬季前往温暖地带过冬的人们，这里所有的房产都能远离冬季的寒冷。

金融创新使繁荣继续发展，买家通过抵押贷款购买房屋，这也是房价飙升的原因之一，否则买家们就很难操作。房产经纪人说每一轮价格飙升都带来了更多的投资者，有远自加利福尼亚甚至是欧洲的投资者。

乔·凯利是众多投机者中的一员，在俄亥俄州经营房产出租业务，2002年，他考察了珊瑚岛，发现可以以1万美元的低价购买0.25英亩未开发的土地。土地周围有海岸、高尔夫球场，以及卡卢萨哈奇河的入口，该河与墨西哥湾相连。

建筑商们乐意贷款建设，仅仅6个月房屋就建起来了。房产经纪人保证在房屋完工之前就能找到买家。

“你所需要的就是刺激，”凯利先生说，“土地价格必然上涨，我们对此坚信不疑，因此以1万美元拿下了那块地。”

有了建筑贷款的支持，凯利先生投资了三块地皮，每块地皮都只新建了一栋房屋。他回忆说他很快将它们以175 000美元出手。接着他购买了更多的地皮，他认为珊瑚岛和坐落在河流之上的迈尔斯堡会继续繁荣。据穆迪经济网站（Moody’s Economy.com）报道，从2000年到2003年，珊瑚岛和迈尔斯堡市区人口从44.4万增至50万。

“岗位多的是，”凯利先生说，“建筑生意兴隆，商店开业，医生们来了，这就像在建设这个城市自己的经济。”

2003年，凯利先生成为房产经纪人。接下来的一年，他开了一家小公司，接着他和其他7位人员合作为全国性的连锁公司凯乐·威廉姆不动产公司经营设在当地的办事处，他们雇用了40位经纪人。

到2004年，据佛罗里达房产经纪人协会统计，珊瑚岛和迈尔斯堡的平均房价飙升至192 100美元，从4年前的112 300美元暴涨了70%。2005年，平均房价继续飙升了45%达到278 000美元。

凯利先生曾经以1万美元购买的地段价格现在增长了10倍。在俄亥俄州最繁荣的时期，他曾一年赚过10万美元。而且2005年在佛罗里达州的黄金时间里，他说他的收入迅速达到了80万美元。“如果你每天起床就去工作，”他说，“很有可能你会在一夜之间成为百万富翁。”

全美国的建筑商与建筑工人、屋面工和电工一起涌入。但是当地产王国建起后，最终供给却已超过需求，当市场在2005年底有所反应时，它以报复性的速度急剧下跌。

“就像有人拧紧水龙头，”凯利先生说，“嘎的一声停住了，当它停止后，人们纷纷开始甩卖房子。”

今年的10月份，平均房价下跌至239 000美元，与峰值相比下跌近14%。同一个月内，他和合伙人关闭了办事处。11月份，那间小公司也关门了。最近一天的下午，他返回曾经的办公室——现在是一家静悄悄的零售商店，去取回留在那里的家具，他打算搬到亚特兰大的郊区去。

或许投机商觉得打包搬家再容易不过了，但是他们留下的数量庞大得如帝国的房子却不那么容易出手了。在李县现在有超过19 000套一居室房屋等待出售，11月份卖出了不到500套，这就意味着以现在的销售速度市场需要3年的时间才能消化完这些房屋。

“到处是骚动，没有人知道什么时候见底。”迈尔斯堡瑞·马克斯地产集团的商业房产经纪人杰勒德·马里诺这样说。

商业地产建筑商正在极力降价销售，有时甚至低于建筑成本，这更加剧了供过于求的局面。

“我们的目标就是清理库存，”位于佛罗里达州的房屋建筑商WCI社区财务负责人詹姆斯·P·迪茨在两周前的采访中这样说道，“我们必须回笼现金发工资。”上周，迪兹先生表示他会在年底离开WCI公司，在旅游行业找一份工作。

在迈尔斯堡的鹈鹕保护区，WCI公司建设的坐落于27穴的高尔夫球场的一个封闭式社区已经停工，一些居民不得不对着土堆生活，原本他们期望能够看到修剪齐整的草坪。结果只有尚未完工的公寓一栋一栋地竖立在泥泞的土地上，被道路隔开。

“这激怒了我的妻子。”61岁的保尔·比列斯说，他的三居室市内住宅的旁边就是一栋建了一半的房屋。“她向外能看到水泥板。”

但是建筑商没有为此道歉，“需求急剧下跌，没有必要再建新房子。”迪兹先生说。“停工现象还没有从房产行业转移到其他行业。”他接着补充道。

整个李县，由于投机者试图甩卖房产或者吸引租户，绝望的气息充斥市场。为了吸引买家卖出房子，很多房屋前的广告牌都剑拔弩张，“出租”的招牌挤掉了“出售”的招牌。

据在线房地产数据公司RealtyTrac统计，今年前10个月在珊瑚岛取消房屋回赎权的案件多达4 874件，比去年同期增长了4倍。

伊莱恩·佩莱格里诺和她的女儿沙琳没有办法避免登上取消房屋回赎权名单。

7年前，佩莱格里诺女士和丈夫以97 000美元的价格在珊瑚岛西北地区付全款购买了一套三居室。

之后大部分的土地被清空了，但是随着建筑工人的进入，新房成形，房价翻了两倍。佩莱格里诺女士家的邮箱里堆满了关于通过抵押贷款再融资将这笔财富转化为现金的广告。由于房产价值不断膨胀，他们一咬牙通过贷款买下了一家汽车修理店和草坪修剪服务店。

“我们以为生活会越来越好的。”佩莱格里诺女士说。

但是去年11月，她的丈夫意外去世，留给她两家负债累累的商店，她的房屋欠债207 000美元，但是现在它只值13万美元，佩莱格里诺女士说。

53岁的佩莱格里诺女士由于身体残疾不能工作，她说她靠每个月1 259美元的社会保障金生活。她的女儿是一名大学生，每个月领取325美元的独生子女资助金。沙琳·佩莱格里诺在网上找工作已经数月，但是这么多的人被裁员，她说她一无所获。

伴随着夕阳西下，路灯发出幽暗的光线直至彻底黑暗，“我们能做什么呢？” 沙琳 · 佩莱格里诺问道。其他的街区沉浸在阴影中，周围的房屋散发出微弱的光线。

“我们可能要失去房子了。”她说。用不了多久，由于房地产市场的持续低迷，佩莱格里诺母女就会进入新的名单：在家等待着不可挽回的结果。法院忙于处理取消房屋回赎权的案件，她们因此可以再待上一阵子。

建筑和房地产业走下坡路，李县的失业率从去年的 2.8 个百分点上升至 5.3 个百分点。由于超过 1/4 的房屋腾空，撬门盗窃案件猛增了 1/3 多。

“有些人可能由于没有出路不得不走上了犯罪道路”，李县治安官麦克 · 斯科特说，“他们必须养活自己和家人。”

黑漆漆的房子有着巨大的吸引力，“当你的房子腾空了，周围什么都没有时，流浪汉、过路人、吸毒者打碎后窗玻璃就进去了。”治安官补充说。

该县的人道服务部门帮助贫困人群支付房租和生活必需品费用的申请急剧上升。项目负责人金 · 赫士得说，有一半的申请人说他们失业或者工作时间缩减。

在珊瑚岛格莱斯联合循道卫理教堂，牧师乔治 · 阿塞维多通常这时开始实施在印度或非洲的健康诊所援助方案。今年，该教堂在集会中为大约 50 个孩子购买了圣诞礼物，他们中的很多孩子家庭都有成员失业。

在天堂地产销售处，为了吸引顾客，竖立着一块附有取消赎回权的免税房屋列表和“抛售”招牌，这意味着房子价格低于屋主欠银行的贷款额。公司内，接待员艾琳 · 罗德里格斯说公司没法展示列表了，“我们不能再打印了，列表实在是太长了。”

公司所有人和经纪人鲍比 · 马汉说 11 月底 5 500 栋房屋中有超过 2 600 栋被抛售，2004 年和 2005 年大多数购买房屋的人欠债超过付款，“是贪婪和投机造就了这个恶魔。”

抛售很大程度上会引起市场停滞，为完成一笔交易，必须说服债权人分担风险和勾销一部分应付款额。“抛售是个漫长和艰巨的过程，”马汉说，“跟银行作战是件可怕的事情。”

凯文 · 贾勒特就被困在了这块沼泽地，1995 年，从伊利诺伊州搬来，他花费 1 000 美元在李县东部地区的利哈伊购买了一栋房屋。

3 年后，贾勒特先生辞掉精神健康顾问工作，开始经营房产。他购买越来越好的房子，旧房子用于出租，通过抵押差价为下一栋房子付款。

贾勒特先生养成了花 100 美元吃一顿饭的习惯，购买了机动船、黄色的快艇。（在他名片上的照片中，贾勒特先生坐在航轮的后面，友好地招手。）去年夏天，他在珊瑚岛花费 73 万美元购买了一栋 2 500 平方英尺、带游泳池和能看到运河的观景窗的别墅。

但是贾勒特先生三个月内没有做成一笔交易，他说他今年能赚 5 万美元，但是他每个月需要支付 17 000 美元贷款、保险、税收和四处房产的水电费，这些不到他需要支付费用的一半，每个月的房屋出租收入也只有 3 500 美元。

贾勒特先生说他已经 6 个月没有为他的两处房产缴费了，其他房产费用也将不能缴付。他的目标是卖掉一切，租间房子，重新开始。

为了增加收入，他卖掉了浆果果汁公司，该公司生产一种营养果汁，零售价 45 美元一瓶。最近，他停止为家庭缴纳健康保险，这样每个月能节省 680 美元。他正在申请州政府资助的健康保险为他 9 岁的女儿投保，“我挣扎在生存线上。”他说道。

其他很多人都面临同样的窘境，这种状况使当地经济产生了连锁效应。斯坎伦汽车集团是一家豪华汽车经销商，该集团说他们的销售量大幅下跌，是 25 年来的第一次。朗姆餐厅是珊瑚岛一家很受欢迎的饭店，从饭店的餐桌向外能看到码头，该餐厅的生意与去年相比减少了 1/3。

家具店关门，五金店苦苦支撑，在利哈伊区的泰科 · 阿尔蒂特，老板雨果 · 洛佩兹抱怨那里的生意减少了 3/4。以前餐桌上到处是拉丁移民，他们从事建筑业各领域的工作。现在，工作没了，工人也没了。

在州一级范围，佛罗里达州的营业税今年相比去年减少了 10 个百分点，李县减少了 14 个百分点。迈尔斯堡霍奇斯大学商业教授雷 · T · 凯斯特说这很明显是经济大范围恶化的信号。

“从房产开始，然后蔓延到建筑人员失业、抵押公司、小公司，但现在是向整个经济领域扩张，”凯斯特先生在迈尔斯堡市中心区河岸腾空的公寓地带边走边说，“现在它已经渗透到了所有行业。”

近年来，迈尔斯堡主教维洛特天主教会高中在晚宴拍卖中筹资款额多达20万美元，珊瑚岛抵押经纪商迈克·普法夫曾经捐赠过在他高达40英尺的双体船上一周游。但是普法夫先生的生意一去不返了，最近他卖掉了那艘船。今年，学校取消了拍卖会并且延迟了校园修缮工作。

该县决定取消新建公立学校反映了更广范围的资源减少，开发商不得不向校区支付所谓的“冲击费”（impact fee）以建设其他设施。两年前校区接受了5 600万美元的该项费用，但下一年他们只预期接受2 500万美元。

学校负责人詹姆斯·W·布劳德说不再需要新建学校了，很多从事建筑和房产行业的家庭已经搬离，学校入学率增长将会比预期大幅放慢。这将带来雪球效应，新建一所学校要花费6 000万美元，但是停止新建则意味着已经动荡的建筑行业的职位将进一步减少。

布劳德先生指出了房产低迷时期的正面因素：雇用人力变容易了。近年来，由于建筑工地卡车司机收入充裕，其收入是普通汽车司机的两倍，学校一直为雇用巴士司机而苦恼。“但现在，我们的每个职位都有14位应聘者。”他说。

县政府财政支出的1/3依靠房产税，由于税收是建立在上一年度房地产价值的基础上，因此县政府尚未感到压力。但是，其下属各部门在对下一年度财政支出做预算时却面临着必须削减支出的巨大压力。

减税支持者为这一方案欢呼，他们说政府在经济繁荣的环境中“发胖”了。佛罗里达的宪法修正案将在全州范围内扩大税收补偿的住宅范围，该修正案将在1月份与广大选民见面。

“地方政府在金钱面前晕了头，”凯斯特教授说，“现在，他们必须学会削减支出和管理经营”。

但是地方官员反驳说，他们已经被迫思考这一影响日常生活的巨大变化。该县负责提供救护车服务的公众安全部门说他们被迫裁员。该县自然资源部门最近推迟了一项耗资210万美元的湖区公园污染治理方案，湖区公园曾是露天矿场，后成为布满小岛的水道，时常有当地的水鸟光顾。

房价过高使人们远离先前的繁荣，李县的政府官员泰米·霍尔说："我们正在经历一场经济适用房危机，那些想趁机捞一把的人离开了，你可以看到普通人有房住了。"

24 岁的安德里亚·朱伊尔，今年从俄亥俄州来到珊瑚岛做教师，她发现，一套全新的坐落于封闭社区的近水双层二居室，带有健身中心、游泳池和按摩浴缸，租金每个月仅为 875 美元。

到了晚上，周围的大多数房屋一片黑暗，开发商可能会叹息。

但朱伊尔小姐不会。

她说："我不喜欢到处是人，这个地方真是太棒了。"

抵押信贷市场危机：原因及后果听证

——主席克里斯托弗·多德的开场陈述

克里斯托弗·多德[①]
美国参议院银行、房产和城市问题委员会，2007 年 3 月 22 日

感谢所有来参加听证的人，今天的听证主题是"信贷市场危机：原因及后果"。

翻开最近的报纸，到处是一则又一则有关次级抵押信贷市场混乱的报道。

一直以来我们认为市场应该存在相互制衡的力量，管理机构应该正常行使监管措施，但这些机制最近开始缺位。

我们的信贷机制近年看起来犹如注射了激素，给所有的人一种错误的信

① 参议员克里斯托弗·多德是美国参议院康乃狄格州的资深民主党，同时也是参议院银行委员会的主席。

号，认为它是无坚不摧的。我们国家的金融管理机构是巡逻的警察，保卫勤劳的美国人民远离肆无忌惮、没有道德的金融投机家。但是，这些人搞投机由来已久。高风险的ALT-A贷款和次级信贷席卷市场，它们都经受高额偿付冲击。几乎所有的人都能获得贷款，正如一位分析人士指出的那样，保险标准如此宽松，以至于“只要你能做到说服镜子中的自己，你就能获得贷款”。

其中一些贷款贷给拥有高收入的高级贷款人时有法定的使用标准。但是在过去的几年中，一伙儿疯狂的人操纵市场，许多经纪人和出借人开始把这些复杂的信贷产品出售给信用等级较低的，低收入借贷者，他们知道，或者他们应该知道，当更高的付款单出现时这些人是没有能力还款的。

我将用一小段时间展示一份我称之为“疏漏年表”（chronology of neglect）的文件。

监管机构告诉我们，他们最早在2003年年底注意到信用等级恶化。那时，惠誉国际评级机构已经将一家重要的次级信贷公司评为“信用观察”等级，对他们的次级信贷业务表示关注。事实上，联邦储备委员会收集的数据清楚地显示信贷公司在2004年初已经放松了他们的信贷标准。

尽管有这些警示信号，2004年2月，联邦储备委员会领导仍然鼓励可调整抵押贷款利率的发展和使用，这在今天看来就是违约，将会丧失抵押品赎回权。联邦储备委员会的继任主席在面向国家信贷联盟署的演讲中谈道：

“相对于抵押信贷，如果信贷公司能够提供更多的传统固定利率信贷产品，美国消费者将会从中受益。”

之后不久，联邦储备委员会连续17次提高利率，联邦利率从1%上升到了5.25%。

总而言之，2004年春季，监管机构已经开始记载信贷标准松动的事实。同时，联邦储备委员会鼓励信贷公司发展和推广替代性可调整利率抵押贷款产品，正如其着手连续提高短期贷款利率。我的观点是，正是这些措施为今天席卷数百万美国房主的危机的爆发创造了完美的条件。

2005年5月份，媒体报道多位经济学家对新的抵押信贷风险发出警告。

同年6月份，联邦储备委员会主席格林斯潘还在讨论信贷市场的“泡沫”，并且先于联合经济委员会证实他受“ALT–A贷款”浪潮的困扰。数据显示当年近25%的抵押贷款为无本金贷款。

但是直到2005年12月份，监管机构才对一些不负责任的借贷提出管理方针，我们不得不再等7个月直到2006年9月份该指导方针才最终出台。

那个时候，监管机构始终没有做出全面回应，即便现在也没有。直到这个月初，发现问题3年之后，监管机构才同意为更脆弱的次级借贷人提供保护。这些借贷者不太可能理解这些强加给他们的信贷产品的复杂性，而且他们没有为危机爆发预留足够的储备金。我们仍然在等指导方案的最终方案出炉，我敦促监管机构能够以最快的速度完成方案。

让我来阐释为什么这些规则如此重要。近年来，可调整利率抵押贷款主导次级抵押贷款市场，两年期固定利率贷款在还款期到后可以每隔6个月上调利率。巨大的调整力度使多数借贷人无力付款，因而被迫重新申请贷款，最终付出巨额代价去卖掉房子或者不履行债务。这些贷款是在房屋评估基础上获得的而不是依据借贷人的还款能力获得的，这就是掠夺性借贷最本质的解释。

的确，那些规范的信贷公司将此类贷款提供给工薪阶层、以固定收入为生的老年家庭、低收入者和低端借贷人，这种不合理、欺诈性的行为令我非常震惊。

另外，美国的金融监管机构在警讯出现几年之后，依旧允许这类借贷发生的行为同样不可理喻。

今天，我们邀请了五家最好的次级信贷公司来作证，并向我们解释这些做法。不幸的是，新世纪公司谢绝出席，即使它们面临巨额贷款无法如期偿付的困境。新世纪公司放出大量不良贷款，它本应该在这里对它的行为作出解释。

多少房主因为监管机构的怠惰而背负他们无法承担的债务？他们中的多少人仍然在接受这些贷款？

为监管机构的怠惰买单的是美国的房屋所有人，他们为实现美国梦而奋斗。房屋所有权是通向中产阶级的入场券，掠夺性借贷与这一梦想背道而驰。

可靠信贷中心[1]所做的一项研究估计，220多万次级信贷家庭将以1 640亿美元的代价失去他们的房屋。用联邦储备委员会前任成员爱德华·格拉姆利克的话来说："我们这是对低收入借贷者的大屠杀。"

这些只是数据，我希望我们关注的是这些数字背后的人间悲剧。我们应该铭记德洛丽丝·金这位年老、退休的女士，她于上个月在人们面前作证。金女士受抵押经纪人的劝说负担了一笔新的贷款，这笔贷款的利息很快就超过了她的收入，而这仅仅是为了偿还3 000美元的贷款。

我们应该铭记艾米·旺布尔，我们的另一位证人，一位小商人，一位带着两个孩子的寡妇，她承诺每个月支付927美元利息，但最终月付利息达到了2 100美元。

这两个女人都在为保住她们的家而挣扎，我们不应该让她们孤军奋战，我们要让她们知道，让美国人知道，我们要为他们而战。

今天上午我们将会聆听另一位受害者珍妮·哈利伯顿小姐的声音，这些做法让生活变得如此艰难。

挑战是必然的，在我看来，我们应该采取以下步骤：

首先，我们要阻止信贷的滥用和无法负担的信贷。监管机构必须尽快出台最近的次级信贷指导方针。

其次，联邦储备委员会应该根据《房屋所有权法案》和《联邦贸易委员会法案》行使权力，阻止这些滥用行为以及适用于所有的信贷市场参与者的信贷产品，不管这些参与者有什么样的特权。

再次，我愿意与我的同事以及所有对制定法律打击掠夺性借贷的人一起工作。通过这样一部法律必然会很艰难，因为如果我们为消费者提供完善的保护，必定有很多市场参与者等着反对它，但我们必须前行。

最后，我们需要解决数百万房主的问题，他们在令人震惊的抵押支付单的打击下面临丧失房屋回赎权的困境。解决这个问题或许并不需要立法，因而我想呼吁所有的利益相关人，包括监管机构、投资人、借贷人、政府资助

① 美国一家协助因房屋被没收而要求助的机构。——译者注

机构、联邦住房管理局以及支持消费者的人，一起通过有效的办法为房屋所有者提供帮助。我希望在接下来的几周就此进一步讨论。有一件事我深信不疑，我们不能坐等220万家庭失去房屋和他们的经济前途。

明确地说，这次听证的目的不是陈述数据，而是找出解决方案。我们需要把这个问题弄个水落石出，彻底搞清楚出了什么问题，确保不再出现同样的问题。

次贷感伤曲

詹姆斯·索罗维基
《纽约客》，2007年4月9日

不久前，新世纪金融公司（一家专门针对次级信贷者或者高风险客户的抵押机构）还自称是“蓝筹股”，但如今新世纪公司在过去6个月股价缩水超过90%，这家破产的公司更像是昔日的安然公司。这绝不是个别现象，在过去的一年，超过24家次级信贷公司倒闭。这些公司不良信贷客户（这些客户至少有一笔贷款未能支付）的比例翻了一番，据估计，取消房屋赎回权的案件可能超过百万件，这已是老生常谈。随着次级信贷危机向房地产市场扩张，越来越多的人开始关注这一现象，学者和政客抓住了新世纪公司和他的同伴们做替罪羊，控诉他们不是从有利于人们的角度考虑，而是用掠夺性的借贷手段欺骗数以千万计的房屋所有人，致使人们背负过多的贷款。

信贷公司采用不计后果和欺诈性的商业手段，所以对他们进行抵制是可以理解的。但他们没有通过降低借贷量来应对低迷的房地产市场，相反却下了更大的赌注，去年发放次级贷款总计6 000亿美元。许多信贷公司欺瞒投资者，甚至还有高管抛售股票，例如2月到8月间，新世纪公司内部人员抛售了价值2 500万美元的股票。另外也有足够的证据表明，正如联邦储备委员会所指通过“欺诈”和“滥用”的手段放贷那样，一些信贷公司依靠的也正是这种方式。

虽然如此，用“掠夺性借贷”来解释次贷危机显然非常不够。如果次贷危机是由信贷公司剥削借贷人造成的，那就很难解释为什么有那么多的信贷公司破产。（信贷公司好像是掠夺者，从这个意义上说，大笨狼怀尔[①]也是。）过度关注信贷公司的贪婪会忽略次贷危机爆发的本质原因：借贷者的野心和自负。

次级信贷的繁荣使大量的信用产品面向一些过去无法享受任何信用产品的人群。借贷人不是被动地接受贷款，相反，他们中的很多人都是主动利用宽松的借贷标准去赌一把，这一赌如果不是出于什么不好的建议，那至少也是经过深思熟虑的。例如在2006年，不能按时支付第一个月贷款的借贷人增长了3倍，但是在过去的两年，在90天内不能按时还款的借贷人增长了4倍。他们中的大多数人都不是突然陷入金融危机，他们是在打赌房子买了后能迅速转手。同样，去年有近40%的次级信贷者获得了“谎言贷款”，贷款人只要说明他们的收入即可，信贷公司也并不去核实他们所说的是否属实。这些贷款对于投机者来说再理想不过了，你可以买更多的房子，远远超出你收入的承受力。如果能很快转手，你将会收获不可思议的巨额利润。赤裸裸的欺骗迅速蔓延，还有人竟然以“米老鼠”的名义获得了贷款。

尽管有些次级借贷者将这个机制视为游戏，但是更多的人却成为随大流做决策的牺牲品。借贷人目光短浅，过于关注低利率和每月付款额，而不是他们的应付款总额。其次是，这些人普遍高估了用明天的成本在今天所能获得的收益，这可以帮助解释所谓的“2/28 贷款方案”（30年按揭贷款，前两年以固定的低利率贷款，两年之后可调整为高利率）大受欢迎的原因。与长远的不确定性相比，人们更愿意拥有眼前的一座房屋。

次级借贷人越轨的另一个原因是他们预期房价将持续走高，因此上升的房屋价值将高于他们的债务。这种想法是错误的，是很多美国人在过去10

---

① 大笨狼怀尔（Wile E.Coyote）是华纳兄弟出品的经典卡通形象，在它每次快追上猎物时，猎物都会一溜烟跑远了。——译者注

年对待房价上扬时犯过的错误。否则除此之外，又能如何解释花费250万美元在纽约购买两居室公寓的行为？考虑到政府对购房的补助和鼓励，就不难理解为什么借贷人愿意承受过重负担买房子。但问题是，对于次级借贷者来说，不合时宜的乐观将付出更高的代价。

所有这些问题的结果是：如果信贷公司在他们获取贷款时要求更为严格，或者信贷公司起初没有为他们提供贷款，那么很多次级借贷人本可以更富有，但是事实上没有。这就是为什么有不计其数的呼声要求政府严管“特别”次级信贷，像2/28贷款方案。但在如今的喧嚣中常被人们忽略的是，虽然有一定数量的少数次级借贷者在挣扎，但近90%的次级信贷者依旧每个月按时还款，住在他们买的房子里。即便2/28贷款方案出现高利率，不良贷款上升，但从总体来看，次级信贷还是创造了更多的赢家而不是失败者。(20世纪90年代中期，房屋所有率上升的很大一部分原因正是次级信贷。)我们的确需要更多的监管，但是禁止次级信贷是在限制多数次级借贷者信用的代价下保护部分人的利益。另外，监管的缺失意味着一些借贷人可能一直会赌运不佳，但赌运不总比没有机会下注强。

3A的失败

罗杰 · 洛温斯坦[①]
《纽约时报》，2008年4月27日

评级游戏

1996年，《纽约时报》的专栏作家托马斯 · 弗里德曼在名为“与吉

① 罗杰 · 洛温斯坦为《华尔街日报》做过十多年的报道，并且写过很多书，包括《危机的起源：大泡沫及其破灭、繁盛、惊慌和政府调节》。他还是红杉基金的董事。

姆·莱勒的新闻时间”（*The Newshour With Jim Lehrer*）节目中评论说：“世界上有两股强大力量——美国和穆迪证券评级机构，二者实力不分伯仲。”穆迪那时是一个评估公司债券的私营企业，但是它已经开始向一些次级信贷业务发展，评估由住宅按揭共同基金支持的证券。

证券评级这个行业看似缥缈又缺乏利润空间，却有一股神奇的力量，它能把风险按揭转变成投资，这对那些对担保抵押贷款一无所知的投资人来说再合适不过了。如果你想知道为何有如此魔力，你就必须考虑决定抵押是否安全的全部因素，诸如：谁是财产所有者？他或她的收入是多少？如果把数百个按揭集中于同一个证券，那么你要考虑的问题就更多了，以至于任何投资人都无法回答这些问题。但是假设证券有一个等级，譬如被穆迪这样的公司评为3A级，那么投资人就无需考虑第一担保抵押了，他无需知道共同基金中的财产所有权。只要那个共同基金是3A，那么理论上它就和其他3A证券一样安全。

在过去的十年，穆迪公司和其他两个主要竞争对手——标准普尔和菲奇（Fitch）在该行业都做到了顶峰，投资者横扫那些被贴上金印的按揭抵押证券。对于那些评级机构来说，这一行很赚钱，他们的利润飙升，尤其是穆迪，上市后股份翻了6倍，营业额升了9倍。

通过向按揭行业提供华尔街入场券，这些机构对曾经最不活跃的财务资产进行转换。抵押银行无需再为从房主那里索回欠款而等上10天、20天或者30天，而是把贷款卖给证券化的共同基金，并以更快的速度得到新的贷款，资金随之也得到了补充。

抵押贷款数量飙升，2006年超过了2.5万亿，此外更多的抵押贷款被发放给了信用次优借款人。几乎所有的次级贷款都注入了共同基金。事实上，银行之所以愿意发放如此多的风险贷款，是因为他们可以将其抛给华尔街。

但又是谁在评估这些证券呢？谁在评估按揭的质量，考虑其背后的股本以及无数其他投资影响因素呢？显然不是投资者自己，他们依赖的是信用评级。

这样，这些机构就成了名符其实的按揭行业督察人。实际上是穆迪和标准普尔这两个公司在设定信用标准。这些标准决定哪些资产是华尔街可以重新包装的，哪些借款人是符合条件的，他们有效地完成了这项本应由银行和政府监管部门负责的工作。可是今天，这些评级机构却要对累计达 2 500 万美元的损失（可能更多）负主要责任。

噩梦初醒之际，国会正在调查该行业失败的原因以及该行业是否应该重建（预计 4 月 22 日会在美国参议员银行委员会举行听证会）。两个关键问题是：第一，那些得益于一系列政府特许的信用机构是否受到了太多官方保护；第二，他们的判断背后是否有污点。大概是为了先发制人以避开批评和可能的立法，穆迪以及标准普尔已经申明要实行改革。他们否认自己不够警惕，并最终把后果归咎于那些欠债不还的抵押人，称他们当中的大多数人为了得到贷款进行欺诈。

亚瑟·莱维特是证券交易委员会前主席，他说："信用评级机构受到眼前利益的诱惑，可能会歪曲判断，尤其是当出现结构复杂的金融产品时。"弗兰克·帕特诺伊是圣地亚哥大学法学院的教授，他曾写过很多关于信用评级行业的文章，他称这种利益的诱惑是一个严重的问题。由于该行业与银行（这些银行的证券是由信用评级机构评估的）关系密切，这些机构表现得不像是把门人，反倒像是开门人。去年，穆迪公司不得不将五千多个按揭抵押证券降级，这是一个暗示，表明按揭已经因其过去过度宽松的评级而出现泡沫，由标准普尔以及菲奇评级的按揭证券也在遭遇类似的降级风波。

2 393 项次级贷款是如何摇身一变成为优质投资的？

为按揭抵押证券评定等级是一件复杂的事情，而穆迪公司最近很乐意向我详尽述说抵押贷款证券的来龙去脉。通过一个铺了地毯的过道，我在他们的带领下走进了一个设备完善的会议室，与三位住房抵押贷款方面的专家见面。穆迪公司在选择案例的时候不偏不倚，他向我们展示的是一个名为XYZ的次级贷款。这个贷款组合包括 2 393 项按揭贷款，票面价值累计 4.3 亿美元。

XYZ次级贷款是繁荣时代的典型代表，它里面所有的按揭都是次级贷款，也就是说，这些贷款都贷给了那些有着不良信用记录的借款人。此前，这样的人是没有资格获得相当于其住房价值约 75% 额度的贷款的，而在大泡沫时期则没有这样的限制。

穆迪公司没有个人贷款文件资料，它也不与借款人沟通交流或者试图核实他们在申请贷款时提供的信息。“我们不是贷款负责人。”一位叫克莱尔·罗宾森的退休员工告诉我，20年来，他都在穆迪从事资产融资抵押方面的业务，“我们只擅长于基于总量的统计，我们想知道的是，根据以往情况，每1 000个人当中会有多少人偿还他们的贷款。”

XYZ次级贷款于经济繁荣的顶峰时期——2006年早春时候发行，它们来自于一个被穆迪公司称为“非银行出借人”的西海岸公司。按照老规矩，人们一般都是从银行得到按揭。但是这几年，新型出借人出现了，他们带来了更漂亮的产品，而这些产品开始占据了越来越大的市场份额。这一新型出借人把贷款放入纽约投资银行，银行再设计出一个投资方案，然后把这一揽子交易转给穆迪公司。

穆迪公司指派分析员评估这一揽子交易，由委员会对其做审查。投资银行为其提供了大量电子表格，里面包括借款人信用记录和许多其他至少能让穆迪公司有所触动、停下来稍作核查的数据。四分之三的借款人拥有可调整利率抵押贷款，这是利率随时可能上升的问题贷款。因为次级抵押贷款借款人一旦承担不起更高的利率，他们就会需要重新申请贷款。这是经济泡沫的最典型的标志：把钱借出去，然后寄希望于用新钱洗旧钱。

穆迪认识到这些借款人当中大概有近一半（43%）的人并没有提供对他们收入的书面证明。数据还表明12%的按揭给了南加利福尼亚的家庭，其中包括一半河边市的单号邮编的家庭。这表明集中化已经到了有风险的程度。

另一方面，穆迪还注意到，这些拥有可调整利率抵押贷款的借款人中有94%说他们的按揭是用于购买第一居所。“那是一个不错的消息。”罗宾森说道。根据以往情况，人们都不情愿放弃他们的第一居所。当你手头困难的时候，她补充道，“你首先放弃的是自己的滑雪小屋。”

穆迪公司觉得不错的另一个因素是所有可调整利率抵押贷款首先都是按揭贷款（它和家庭住宅贷款是截然不同的）。然而，将近一半的借款人会同时办理二次贷款。大多数情况下，他们的两宗贷款合计等于他们资产估计的转售价，这就意味着借款人没有任何资产净值。

在2006年交易形势火爆而愉快的大环境下，穆迪公司的分析师只有一天的时间去处理银行的信贷资料。分析师评估的不是按揭贷款，而是证券化的投资工具。一个所谓的特定交易机构（Special Purpose Vehicle）将会购买那些按揭，然而，直到交易之前，这一特定交易机构都只是徒有其名，既没人也没有任何设施。但是，房主每月支付的费用最后都将流向这些特定交易机构，而这些机构则通过卖债券来负担各项开支。穆迪公司面临的问题是能否做到收支平衡。从投资银行的角度来说，交易的关键是能拿到3A等级凭证，没有这一凭证，交易就无法盈利。那些由一堆次级抵押贷款筹建起来的机构竟然也能拿到3A级凭证，这让人觉得是拿钱买的一样。爱德华·西富恩特以前是穆迪公司的一个信贷分析员，现在开发信贷工具。他强调说："人们会问,B级别的材料如何能造出3A级别来呢？"这看似是一个骗人的把戏，实则不然。

是他们能设计从3A到Ba1共计12种债券。按揭贷款持有人在兑现的时候会优先考虑信用等级最高的债券，直到全部付清为止，兑现的顺序按级别依次进行，最底部的债券利率最高，但是如果房屋房主违约的话，他们也将是第一个遭受损失的人。

正是这种付款分离保护了那些级别最高的债券，也使得穆迪公司能够将它们评为3A级。想象一下在海边的公寓被洪水包围的场景，正如楼顶的阁楼只有在下面的楼层都被淹没的时候它才会浸水一样，3A债券在低级别信贷彻底出局之前是不会有任何损失的。

结构性融资中有很多这样的交易，它既灵活又有用，在房屋建筑业，它大大扩大了信贷的范围。但是在极端情况下，它也可能会失败。那种守旧的井底银行家运用他们的本能还有手里的笔去给信贷做分类，而现代的金融则很刻板，虽然形式上看起来还很优雅，但是为2 393个按揭持有人定性是一件很难的事，谁也说不好。"大家都以为信贷机构很清楚自己在做什么，"德雷赛尔大学的信贷专家约瑟夫·梅森说道，"结构工程师可以预测钢铁所能承受的负荷，但是金融工程师可就不能预测得那么好了。"

像XYZ次级贷款这样的抵押贷款支持证券并不是庞大的按揭"工具"

的“终点”，事实上，它们正在给一个更加神秘的被叫做“债务担保证券”的“工具”制造障碍。债务担保证券是由相似等级的债券（从最好的3A级到级别较低的债券）支持的，而评级机构所扮演的角色也同样很关键。所不同的是，XYZ是一级衍生物，其资产包括归房主所有的不动产按揭。债务担保证券是省掉的一个步骤，人们购买由像XYZ次级贷款所发行的由按揭支持着的债券，而不是购买按揭。（想到这个是令人痛苦的，但是还有第三级别的“工具”，被称为“双层债务担保证券”，它购买由其他债务担保证券发行的债券。）

如果说计算误差在XYZ次级贷款这一级只起损坏作用的话，那么在债务担保证券这一级起的则是破坏性作用，就好像有很多航班的旅客受到恶劣天气带来的影响会更严重一样。所以，如果暗含的按揭债券评估有误的话，债务担保证券的持有人在购买它们的时候，问题就会加重。

穆迪公司运用统计模型来评估债务担保证券，它依据的是违约的历史模式。这表明，在这个按揭行业到处充斥着投机行为的时代，历史还是有值得借鉴之处的。债务担保证券的复杂性却破坏了这一趋势。杰米·戴蒙是摩根大通银行（最近该银行给原本已经奄奄一息的贝尔斯登公司以致命的打击）的首席执行官，他说道，“我们的常识出了大差错”，这是由评级机构及与其类似的银行造成的，“非常复杂的证券不应该被评估得好像它们是很容易评估的债券一样”。

意外监督员

约翰·穆迪是华尔街分析员，也曾只是在公司跑业务的，他在1909年发表文章《穆迪公司对铁路投资的分析》的时候突然产生一个想法：将所有信贷信息整合后评出一个等级。于是，这个想法被一些投资商注意到，他们支持并订购了约翰·穆迪的服务，到了20世纪20年代中期，穆迪面临三大竞争者：标准和普尔（二者后来合并了），还有菲奇。

当时也和现在一样，穆迪公司给一个债券评级要分21个等级，从Aaa到C。（这些等级从高到低在经销商的术语中是略微有一些区别的，就好像是星巴克的一大杯拿铁咖啡变成了皮特的中杯咖啡。在穆迪公司，以字母A开头的级别信贷风险系数最低；以字母B开头的有一定的风险；以字母C开头的则暗示了它是不牢靠的，或者说就是真的违约了。）这些级别意味着对可能性的估计，而非对证券买卖的推荐，例如，Ba级的债券拖欠概率要比3A级高得多。虽说穆迪公司经常给人们一些提醒，但它要做的工作也并非是建议投资者们是否要买Ba级的，它仅仅是公开一个等级。

直到20世纪70年代，穆迪公司的业务才慢慢多起来，但是好些趋势一起推动它快速发展。首先是宾州运输公司的垮台，这是评级机构没有预见到的一个令人震惊的事件，它使很多投资者失去信心，于是他们开始更多地关注信贷风险。

政府开始对此作出回应。面对"如何衡量证券经纪商的资本"这一问题，政府决定惩治那些所持股票的级别低于投资级别的经纪人（投资级别这一术语适用于穆迪公司的十大最高等级）。这又生出一个问题来：投资级别以谁为参照？美国证监会选择开创一个新型的官方委任的评级机构，此外还为三大巨头——标准普尔。穆迪和菲奇开绿灯，使他们不受新条例的限制。事实上，政府把它的调节功能外包给了这三家营利机构。

银行监管机构为银行制订了类似的规则，养老基金、共同基金、保险监管紧随其后。在20世纪80年代和90年代，这些规则形成了信贷市场的架构，重新定义了信贷市场。现在，很多投资商根本不能再购买那些非投资等级证券了。

于是，证券发行机构不得不寻找评级机构（否则他们的债券就没有市场销路），这些评级机构在意识到自己有如此热门的产品甚至还有垄断市场时，开始向那些要求为其债券做评级的公司收费，这是做生意的有效途径，但这样却置这些机构于复杂的位置。正如帕特诺伊所言，评级机构与其把观点卖给投资商，不如把"特许证"卖给他们，这也是他们现在正在做的事情。事实上，他们的观点是否精准已经不那么重要了，就好比一个警官拦下一辆摩托车，他想看的是该司机的驾照，而不是想看他在路考中的表现有多么出色。对于华尔街来说，重要的是级别，而非准确性。

安然公司就是一个生动的例子。2001年的整个夏天和秋天，它的信贷急剧恶化，而评级机构却使它仍保持在投资级别。这不是什么罕见的事情，这些机构通常消息都比较滞后。最终，在2001年11月28日，标准普尔将安然公司的债券降至次投资级别，虽然这一举措只是证实了舆论猜测，却导致了安然公司的股票下跌。对于投资者来说，这一举措是安然公司退出信贷市场的一个信号，它已经失去了借款的“特许证”。四天之后，安然公司申请破产。

另一个刺激这些机构业绩增长的趋势是越来越多的公司开始选择从债券市场而不是银行融资。据一个在穆迪公司干了22年的退休员工克里斯·马霍尼说，“这些机构从一个默默无闻、无足轻重的小玩家变成了现在举足轻重的风云人物。”

是利益之战吗？

结构性融资的发展使得这些机构迅速发展，没有其他力量能与之相提并论了。当华尔街的银行家们运用按揭、信用卡债务、汽车贷款、公司债务以及其他任何能够想到的票据设计出更加安全的产品时，这些机构确实变得很有实力了。

在次级贷款XYZ这样的结构性信贷产品中，这些代理机构扮演了比在（传统的）债券中重要得多的角色。所罗门兄弟银行的银行家刘易斯·莱纳瑞在按揭债券行业是先驱，在他看来，“所有的按揭抵押债券都可以打包后评为一个等级”。

在这些交易中，银行家正在做的是购买一捆借条，并且重新以一种不同的形式对其进行包装。必须得有某种“东西”让包装比它本来各部分加起来的总和更有价值，或者说看起来更有价值，否则的话，包装这些证券也就没有什么意义了，也没有什么利润可以用来支付银行家的费用了。

那个所谓的“东西”便是等级评定。信贷市场是没有连续性的，如果投资级别比那种不合格的证券有价值得多，那么该债券就是合格的，哪怕只是勉强合格。就好比一个打算移民的到美国旅行的墨西哥人，他越过底线的诱惑是很大的。

投资银行面临的挑战就是要设计出刚好能通过评级机构测试的证券。风险按揭正合他们的意，因为风险按揭的利率越高，就会吸引越多的资金投到共同资金，而这些资金可以用来支付债券利息。但是，如果按揭的风险太大，穆迪就要反对了。银行在执行这套体系的时候是很灵活的，而且像次级贷款XYZ这样的贷款池是特意设计的：使其贴上Baa级别或者更高级别债券的标签。一位曾在穆迪公司从事证券化业务的专家说："每个评级机构都会为银行家提供一个可操作方案，这个方案允许那些银行家运转资金，直到达成目的，然后再把它送交评级部门。"换句话说，是银行在操纵这一体系。克莱斯 · 弗拉那根是摩根大通银行的次级贷款分析员，他说："可以操纵才是最重要的。"

当银行提议为一堆债务建立一个信用等级的时候，评级机构将会坚持为额外资本增加一个缓冲垫，即所谓的"加强信贷措施。"银行当然希望垫子薄一点（资本化越薄弱，银行利润就越高）。但能否确保垫子足够大，以保护债券，这还得取决于评级机构。这个过程包括评级机构与客户之间的拓展咨询。总而言之，拿到评级是一个协同合作的过程。

评级机构是否会屈服于银行家们的意愿，屈服的迹象还不是很明显。这些机构不否认这些冲突的存在，但是他们声称他们爱好冒险但会尽量降低风险，比如：他们给分析员以回报的依据并不是他们是否撮合一宗交易，而是没有任何确凿的证据或者恶意电子邮件表明他们在欺骗。但是，在结构性融资中，这些机构面临着在约翰 · 穆迪为铁路作评级的时候还未出现的压力。在该行业传统的一面，穆迪公司有数以千计的客户（实际上是所有出售债券的公司和市政当局），他们中没有一个是有影响力的，但是在结构性融资方面，很多银行是回头客，也为此支付了大笔费用。像XYZ这种规模的交易能够为穆迪公司盈利20万美元，程序更为复杂的交易盈利就更多了。此外，银行只有在穆迪公司提交他们想要得到的级别时才会付费。汤姆 · 麦戈瑞是90年代中期在穆迪公司做事的一个耶稣会神学家，他说这样的安排是不健康的。如果穆迪公司与其客户银行不眉目传情的话，那么银行就会改变手中的砝码，或者可以到穆迪公司的竞争者如标准普尔这样的公司那儿去碰碰运气，这叫做“评级买卖”。

这似乎也帮助银行家获得了更好的级别。2005年之前（泡沫破灭之前），德瑞索大学的梅森将被评为Baa级别的公司债券与那些类似级别的抵押债务证券的违约率做比较，他发现债务抵押证券八次违约。对这一数据的一种解释是：当客户是华尔街证券交易者的时，穆迪公司的辨别力就会变得低很多。

安然公司破产之后，国会要求美国证券交易委员会调查评级行业，可能的话还要对其做改革，但美国证券交易委员会临阵脱逃了。2006年国会再次调查，并且制定法律以使竞争机构更容易获得官方认可，但这并未改变该行业模式，直到那时，按揭热潮依旧如火如荼。从2002年到2006年，穆迪公司的利润几乎是以前的3倍，大部分得归功于这些机构在结构性融资中索要的高额利润。2006年，穆迪公司宣布它的净收入是7.5亿美元。小雷蒙德·麦克丹尼尔是穆迪公司的执行总监，他在年度报告中还洋洋自得地说道，“我坚信穆迪公司在全球资本市场发展前行的道路上站对了位置”。

通过南极洲的天气预测夏威夷的天气

即便麦克丹尼尔在那边乐观唱高调，在华尔街的一些角落，按揭市场出现导向错误却是不争的事实，房屋建筑工业正在迅速降温。詹姆斯·克拉跟布林是资本管理公司Advantus Capital Management的短期资本管理者，早在2005年，他就抱怨那些评级机构的评级太慷慨了。约翰·鲍尔森的对冲基金报告对这种为证券进行错误定价的行为表示震惊，他打赌按揭债必将垮台。

即使是穆迪公司预测部门显赫的经济学家马克·赞迪也担心这一信贷市场的刺骨冷风。在2006年5月发表的一则报道中，他提到借款消费的人群数量迅速上升，家庭债务纪录被刷新，而且其中有五分之一的债务属于次级贷款。与此同时，贷款负责人正在放宽保险标准以便提供更多的贷款。赞迪为微乎其微的房主权益、抵押贷款的崩盘还有他认为有风险的7 500亿美元的按揭感到焦虑。赞迪下结论说：“越来越成熟的大环境意味着要发生某种金融事件。”

赞迪的报告发表一个月之后，穆迪公司就为XYZ次级贷款评级，相关分析员因此有所担忧。穆迪公司清楚地知道按揭标准在恶化，并且这样的贷款组合需要更多的缓冲，然而在现有信贷评级模式下，人们还在憧憬着房价上升。多半出于这个原因，分析员预测XYZ的按揭贷款组合的损失仅仅为4.9%，因为即便是XYZ最低利率的债券，也可以弥补高达7.25个百分点的损失，所以这些债券看起来很安全。

XYZ贷款现在成了穆迪团队的评定对象，该团队负责监管证券并且在需要的时候改变证券评级（分析员继续为新交易做评级）。几乎是同时，该团队发现，有一小部分XYZ贷款者在签署文件不到90天就停止了对住房的经常性支付，而在一般情况下，这种经常性支付至少能维持一段时间。6个月之后，警报出现了，6%的按揭成了严重拖欠债务。（根据历史记录，在那一阶段的按揭拖欠比例如果超过1%就很反常了。）

穆迪公司的监督人员开始询问借款人，他们被听到的事实镇住了：一些房产没有草地或者没有任何装修，并且钥匙依旧放在信箱里，购买人从未入住。这就表明人们是投机性购房：当房屋市场有变化的时候，他们也随时走人。

2006年所有类型的贷款都很糟糕。（2007年的甚至更糟糕。）2007年春天，XYZ次级贷款的13%属于拖欠账款，并且每月都在进一步恶化。

2007年4月，穆迪公司宣布正在修订其过去用来评估次级抵押贷款的模式。它承认该模式是“在2002年首次提出，但从那时到现在，按揭市场已经天翻地覆”。这个自白足以让人晕倒，穆迪的评级模式竟然是基于一个不复存在的世界。

仔细琢磨数据，穆迪公司发现人们首次按揭贷款的规模已经不能很好地揭示他们是否会违约；反而是他们初次以及第二次贷款合起来，也就是他们的总债务，能判断他们是否会违约。这是相当直观的，穆迪公司只是没有想到这一点。类似地，信贷得分很久以来都是分析员的重要参考因素，这次也被证明不是违约行为的一个“强有力的预测指标”，换句话说：即使有着不错的信用得分的人也在违约。艾米·托比是监管XYZ团队的领导，他告诉我说：“人们的想法似乎变了，事实上，现在人们已经把房屋当作投资资产了。”没有资产净值的房主做了一个经济学家所称的理性选择：他们陆续放弃房产，而非继续为房产付钱。由于资产评估存在泡沫，房主的资产净值从未达到人们估计的数值。

2007年整个夏天和秋天，穆迪公司以及其他机构对他们的按揭抵押评价标准不断从严，但是为时已晚。直到今年早些时候，当我遇到穆迪公司的人才知道，高达27%的XYZ次级贷款按揭持有人都违约了，这一比例高得出人意料。贷款组合的损失目前估计是14%到16%，是起初的损失估计值的3倍。被穆迪公司评为3A级别、看似质量很高的债券也已经降了五个等级，变成了Ba2级别，其他贷款组合中的非3A级别债券遭遇也是一样。

痛苦还在继续，XYZ和其他类似的贷款组合发行的很多更低级别的债券都被债务抵押债券池（C.D.O.'S）购买，债务抵押债券是二级抵押工具，它热衷于购买低级别按揭票据，因为这种票据的投资收益高。由于这些机构给债务抵押债券评了3A级别，因此它们成了抢手货，购买者大多是那些对美国按揭市场不甚清楚的全球投资人。在2006年和2007年，银行创建了超过2 000亿美元的债务抵押债券，这些债券都是由低级别按揭票据构成的。穆迪公司委托一个不同的团队来为债务抵押债券做评级，该团队对抵押贷款的了解程度远不如评估XYZ次级贷款的委员会。事实上，穆迪公司是在完全不知道债务抵押债券购买的是何种债券的情况下进行评级的。

债务抵押债券操作起来和共同基金差不多；它也可以对按揭债券进行买卖，并且经常这么做，于是评级机构对不断转变的债券进行评估，它们的评估依据建立在一个宽泛的方针或者协定上，通常依靠债务抵押债券管理者的判断。

2006年末，穆迪公司评估了一个价值达7.5亿美元的债务抵押债券。一项被认为是范本的协定规定债务抵押债券包含的次级资产最多只能占到80%。“我们是结构专家，”穆迪公司金融衍生品小组的负责人尤里 · 吉泽美穗解释道，“但我们并非抵押贷款的专家。”他们正在检查的是数学问题，而不是按揭的质量，但是没有一个债务抵押债券能够比它的抵押品更好。

穆迪将该债务抵押债券的四分之三都评定为3A级，这些级别是通过被叫做“蒙特·卡罗模拟法”的数学模型推算而来的，工作人员以随机抽取的抵押债券的历史数据来推算这些债券的表现。该方法存在两个问题，首先，债券已经和过去不同了。按揭市场发生了变化，正如穆迪公司前结构性融资部门的常务理事马克·阿德尔森所评论的，这“就好像通过南极洲100年来的天气来预测夏威夷的天气一样”。其次，债券选取并非随机的，穆迪公司低估了保险标准的威力，保险标准能在各处起弱化作用。如果一个按揭债券失败了，其他按揭债券也会遭遇同样境况。

穆迪公司估计债务抵押债券可能会形成2%的潜在损失，穆迪公司从而将它的潜在损失估计值修订为27%。穆迪所评估的债券几乎全军覆没，它们的市场价缩水一半甚至更多。3A级别的债券已经降了16个等级，下滑到了B，数以百计的债务抵押债券经历了同样的命运（华尔街的大部分损失都在债务抵押债券上）。导致了A证券溃败的，正是穆迪公司和其他评级机构。

我们可以依靠谁？

这些评级机构将责任归咎于不诚信的违约者人数比率太高，但是当时他们也可以要求获得按揭数据的证明或者拒绝在未提供数据的情况下为证券做评级，毕竟，他们是有这个权利的，而且这也是他们为将来做的许诺。穆迪、标准普尔和菲奇声称他们在强化程序，他们会要求对方提供更多的数据、更多的证明并且要求他们的分析员接受更多的外部审查。然而，所有这些都不能消除发债人付费模式（issuer-pays model）中的利益之争。虽然已经有人提议，要求那些得到官方认可的机构向投资商而不是向发行商进行收费，但是政府可能会有一个更具操作性的改革，即停止向所有机构发放许可证。

这样，如果美国联邦储备委员会或者其他管理机构想对银行、养老基金或者其他任何需要保护的人可以拥有何种债券进行限制的话，他们就得自己去做，而不是把工作转给穆迪公司去做。评级机构还将继续存在，但是没有了官方认可，他们的评级将会失去一些光环，投资商也不再像从前那样信任他们。穆迪公司自身倒是因为可以摆脱官方的限定而自得其乐，和标准普尔一样，穆迪也更希望投资商不要“依靠”评级来决定是否购买证券。

这就生出了一个令人尴尬的问题，对于那些结构极度复杂的证券，投资商不去依靠评级机构，他们又能依靠谁呢？这些评级机构作为一个中立的仲裁者似乎已经卷入其中太深了，银行今后也毋庸置疑可以创立同样难以评估的新手段。维琪·提尔曼（Vickie Tillman）是标准普尔的执行副总裁，她去年秋天告诉国会说，除了房价下跌之外，房主的“非历史行为模式”（ahistorical behavorial modes）对降级风波也是有责任的。她引用了20世纪70年代标准普尔的数据，就好像消费者未遵循过去的做法是有过错的。其实，真正的问题是这些评级机构的数学公式是面向过去的，而生活是面向未来的。很不幸，这一点几乎无法改变。

选自《红鼻子驯鹿：鲁道尔夫》

拉里·罗伯茨[1]
尔湾（Irvine）公司房产博客，2007年11月26日

要价：124.9万美元
购价：115.7万美元
购买日期：2005年1月6日

房产是于2005年1月以115.7万美元的价格购买的。首次和二次按揭加起来一共是1 156 733美元，剩下270美元的分期付款，我们就叫它100%融资吧。

截止4月底，业主们跑遍全国也找不到999 999美元的首次按揭再融资了。这一按揭是含有1%初始固定利率（teaser rate）的选择性可调息按揭，

① 拉里·罗伯茨致力于尔湾房屋博客的写作，主要关注加利福尼亚尔湾市的房地产。

每月的最低支付是 3 216 美元。

同样是在 2005 年的 4 月，他们拿出了一个同步的 215 000 美元的二次按揭，抽出了 58 000 美元的首次按揭。

所以，看看他们的情况：他们住在龟岭 Turtle Ridge 一个 100 万美元的房子里，支付的钱比租住费用还低，买下房子的前 4 个月，他们还赚了 58 000 美元。

很明显，这些房主很喜欢房子能够为自己挣钱，这样他们在 2005 年 8 月申请了 293 000 美元的循环信用额度。他们把这些钱都花了吗？我不确定，但是下面的事实很显然能证明他们确实都花了。

在 2005 年 12 月，他们将循环信用额度放宽到 397 990 美元。

在 2006 年 6 月，他们将循环信用额度放宽到 485 000 美元。

在 2007 年 4 月，当他们处理最后 491 000 美元的循环信用额度的时候，他们没钱了。我敢打赌，当他们弄不到更多钱时一定遭到了嘲弄。

因此，截至 2007 年 4 月，他们有 999 999 美元的首次按揭（含有 1% 初始固定利率的选择性可调息按揭）以及 491 000 美元的循环信用额度。这些房主从循环信用额度中抽取 333 000 美元去刺激消费者买房。

假设他们花掉所有的循环信用额度（有没有人想过他们并没有花光呢？），再假设首次按揭的负债已经增加了贷款的权重，房产的所有债务超过了 150 万美元，1 249 000 美元的要价看起来并不像有撤回的意图，但是如果房产真的以此价格出售，循环信用额度的借出人（华盛顿互惠银行）将会损失超过 30 万美元。

这些房主很可能只是孤身走开，我怀疑他们是否有资产。他们从不向该交易投入任何钱，抽出 333 000 美元的现金就可以在龟岭住 3 年，这对他们来说并不是一个坏交易。

贝尔总裁应对危机惹争议

凯特·凯利[①]
《华尔街日报》，2007年11月1日

今年夏天贝尔斯登公司出现危机，7月份危机到了紧要关头：贝尔的两只对冲基金在贬值。投资商大声要求拿回各自的钱，基金的贷方也正在要求有更多的抵押，最终，两只基金都垮了。

在这次危机关键的10天当中（证券公司84年历史上最糟糕的一次），贝尔的首席执行官詹姆斯·凯恩没有待在华尔街办公室附近，他当时正在田纳西州的纳什维尔比赛桥牌，既没有手机，也没有电子邮件设备。在一个严密监视的比赛中，他的团队夺得了第三名。

正当贝尔基金的彻底垮台触发今年按揭市场和信贷的骚动之时，凯恩先生时不时地错过一些关键事件。在8月份的一次与投资商的紧急电话会议中，开场白没多久他就离开了，听众都不知道他是什么时候回来的。根据他合伙人的描述以及高尔夫俱乐部的记录，在夏天的几个星期里，他经常周四离开办公室，周五在他的新泽西高尔夫俱乐部待着，与世隔绝。根据酒店记录，在7月份的关键时刻，他花了21个工作日中的10个工作日待在办公室以外的地方，不是桥牌比赛地就是高尔夫活动场所。

凯恩先生很明显没有像其他一些总裁那样在球场上谈生意。“高尔夫球场对他来说是一种逃避场所。”对冲基金委托人同时也是凯恩先生的高尔夫玩伴约翰·安吉洛说道。他的另一个高尔夫玩伴，同时也是一个脱口秀节目的主持人莫里·波维奇说：“信也好，不信也罢，商场上的很多信息是不

① 凯特·凯利是《华尔街日报》货币和投资部在纽约的特派记者，她负责报道纽约的股票交易、纳斯达克股票市场、美国股票交易还有一些贸易公司。在2001年1月加入《华尔街日报》之前，她是《时代》杂志的撰稿人及记者，负责报道商业、社会新闻以及政治时事，包括对总统大选的论述。1997年到2000年她还在《纽约观察家》做过记者。

交换的。”在桥牌比赛中，有一段时间贝尔公司在纽约的执行委员会几乎天天开会，而凯恩先生只通过电话参加会议，然后几乎所有的下午都去玩桥牌。

在一个简短的采访中，凯恩先生拒绝谈论自己的行为以及对贝尔夏日危机的关注。贝尔公司其他的执行官则嘲笑任何认为73岁的凯恩先生没有完全参与的看法。他们说凯恩今年夏天与客户进行了接触，而且通过有效地将权力授予他的代理人而获得了主导权。

“任何认为吉米·凯恩每天都很平静，没有火冒三丈，并且很乐意地去上班工作的人都没有活在我的世界里。”贝尔的董事长艾伦·施瓦茨说。他注意到凯恩先生曾在一个劳动节的周末飞往中国，并与北京的一家投资银行达成了新的伙伴关系。

可是凯恩先生在动乱时期的行为与其他有实际行动的同仁比起来就差远了，例如摩根大通银行的詹姆斯·帝曼、雷曼兄弟控股公司的理查德·富德，还有高盛集团的劳埃德·布莱克费恩。8月份，帝曼和富德亲自参与筹资条款的磋商，这些条款是关于美国家得宝公司一个部门的出售问题，该部门在竞争中逐渐落伍；布莱克费恩先生取消了在他的海边别墅度过8月份最后两个星期的计划，从而失去了和他那即将上大学的两个儿子相处的机会，那个夏天，在整个市场的恢复过程中，布莱克费恩先生不停地光临高盛的按揭贷款服务台。

基金问题对贝尔来说是一个打击，他以华尔街最精明的风险经理人之一著称。多年来公司都依靠叫做“雪貂”的体系或者是监督交易的经理人来发现问题，潜在的问题会在周会上进行讨论。80岁的执委会主席——“王牌”艾伦·格林伯格在周会上是一个积极参与者，他领导贝尔公司一直到1993年。现在，人们有了开会的意识，公司的风险讨论会议一周至少举行一次，凯恩先生在参加了好几年这样的会议之后，出席得更规律了。

凯恩先生的犀利言论也是贝尔公司进取性的象征。他曾经是一个废铁推销员，在1969年加入贝尔，之后在经纪部门迅速成长起来。他与和自己同样有着桥牌爱好的格林伯格先生形成了融洽的关系，二人经常在纽约的摄政惠斯特俱乐部一待便是好几个小时。1993年，凯恩先生免去了格林伯格作为贝尔总监的资格，格林伯格将问题提交给贝尔的女发言人。

在接下来的14年里，贝尔不断发展壮大，其股票价格上升了近600%。凯恩先生把一个在交易方面做得很棒的公司变成了一个帮助企业融资与合并的投资银行。同事们说他很擅长培养年轻人才，比如在中国出生的唐伟最终就担任了副董事长，同时也是贝尔在亚洲区首要的业务负责人。

凯恩先生在曼哈顿贝尔总部的管理风格是：在他的私人六层办公室的小组中制定策略，时不时地挥着他那点着的烟，他总是在咨询过协会之后才寻求共识。凯恩先生是“一个伟大的船长”，多年来，他“为增加特别专营权作出了巨大贡献”，大卫·温特斯说，大卫是互惠基金公司“富兰克林共同顾问公司”的前负责人，也是贝尔一个长期的更大的法人股东。

2006年，凯恩先生的薪水为3 400万美元，是华尔街首个拥有价值超过10亿美元公司股份的老板。虽然自那以后他的股票市值开始下降，但是根据公开记录，算上贝尔的股票，他依然是公司最大个人投资商之一。

他反对卖出贝尔的建议。在2002年，根据曾经和他谈过话的人的推测得知，当帝曼先生（当时是第一银行的首脑）提出购买贝尔的可能性问题时，凯恩先生并未对此作过多考虑。知情人士透露：凯恩先生曾经告诉过贝尔的执行委员会成员说，除非有较高的股票溢价、可观的个人补偿、拥有私人直升机，他才会做这笔交易。最终接管的想法也慢慢被人们忘却了。

凯恩先生热衷于在华尔街标新立异。他曾经说过他是多么厌恶为生意上的事出差，私下还说：除非布什总统自己来到贝尔在纽约的办公室，否则他是不会去和布什见面讨论经济问题的。

他总是直言不讳。几年前，投资公司的主管亚历山德拉·莱贝撒尔带着她11岁的儿子参观贝尔公司，她说她要把儿子介绍给凯恩先生，而凯恩先生则把她拉到一边说，“那孩子握手的方式真是令人不快，如果这样，他的人生将一事无成。”莱贝撒尔夫人是设在纽约的以色列贴现银行某部门的主管，她说她教育了他儿子——用力握手很重要。

凯恩先生还通过桥牌招募客户，他认为，既然人们已经花了时间和他一起参与比赛，就应该把比赛当做是一个受欢迎的休息方式。今年他至少已经赛了三场，每次停留的时间都在几天到一个多星期之间不等。

根据那些见过他这么做或者与他一起这么做的人说，凯恩先生在桥牌比赛结束当天的晚些时候偶尔会吸食大麻，他也在更私密的情况下用过大麻。

在 2004 年孟菲斯市双树大饭店桥牌比赛后的一天，据当地人称，凯恩先生邀请一个玩家和一个女人与他一起吸食大麻，还把这两个人带到了男卫生间的休息室，他想在那儿点烟，那个男的拒绝了，但是那个女人跟着凯恩先生进去了，为了娱乐过路人，他们吸了同一支大麻。

凯恩先生断然否认了这种事情的发生。“根本不可能有这种事，”他说道，“不可能。”

当更多地被问及在桥牌比赛或者其他场合之下是否吸食大麻时，凯恩先生说他只对“具体控告作答复”，一般的提问他拒绝回答。

贝尔的痛苦始于今年年初，按揭市场出现了问题。房价下跌，而贷给那些信用最薄弱的借款人的贷款——也就是次级贷款，其中有很多都出现了拖欠现象，而且还有上升趋势。2 月末记录一揽子次级贷款的指数出现好势头，这些贷款被拆分并以组合债券的形式重新卖给了投资商。

贝尔斯登的两支对冲基金——针对富人以及一些机构投资者的人购买了大量此类证券——这两支基金运用杠杆平衡原理的方法，或者说通过借钱的方法来扩大他们的赌注，也扩大了所得和所失。它们的名字反映了其所持证券的种类，其中一个叫做贝尔斯登高级结构化信用策略基金；另一个有着同样的名字，并且还加了几个字：“强化杠杆”，它有 63.8 亿美元的投资者现金和至少 60 亿美元的借入资本，也就是说，每拥有 1 美元的投资者的钱，就意味着拥有大概 10 美元的借入资本。

据出席人员称，凯恩先生在 3 月底和分析员共进晚餐的时候，对按揭市场并未表现出多少关心。但是很快那个市场就开始向坏的方向发展，两支对冲基金的一些所持股份价值都在下跌。到了 6 月初，投资商们发现稳定性更强的基金到了 4 月份其价值全年也已下降了 23%，这就使得很多人都想拿回他们自己的那部分钱。

为了筹集现金，两大基金都开始将他们从借来的钱当中赚得的数十亿美元的资产出售。这使这些债券价值的压力变得更大。

据凯恩先生的同事说，大概每到这个时候，凯恩先生便会开始他一贯的夏日之旅：每周四坐直升飞机从纽约市飞到新泽西州的迪尔市，下午晚些时候在一个专门的好莱坞俱乐部打高尔夫。（据说他那17分钟1 700美元的飞行都是自费的。）他的同事补充说，在他的私人住宅附近住上一夜之后，凯恩先生通常在周五早上继续在高尔夫球场打上18个洞，然后在周六和周日早上8点的时候继续开球。朋友们说，他在周六结束高尔夫之旅后经常回到他当地的住所再花上几个小时在网上打扑克和桥牌，还和他的孙子们玩耍。

小塞缪尔·莫利纳罗是贝尔经营部门和财政部门的首要负责人，他说：“我还从来没有把问题转到他那里过。”

在6月份的第一周，想抽身而退的投资商们发现，越来越多的杠杆基金不能立刻归还他们的钱。已经将基金借出的华尔街债权人对这一消息反响强烈。有着4亿美元债务的美林证券公司的一个债权人在6月15日紧紧抓住支撑其贷款的资产不放。那天，根据网站上个人高尔夫得分记录，凯恩先生周四下午就已经离开了办公室，他在新泽西高尔夫球场上待着呢。

安吉洛先生说，凯恩先生遵守好莱坞俱乐部的规定，在打高尔夫的时候不带手机或者电子邮件设备。鲍维奇先生说，在周五的时候，凯恩先生偶尔会使用球场第九个球洞附近的陆地线路来和办事处联系。凯恩先生的同事说，贝尔的高级执行官在星期五早上的8点到下午1点通常不会试图与凯恩先生联系，而是更倾向于给他在贝尔的助理留言，等到他有空的时候再给办公室打电话。

凯恩的其他同事说，即使是凯恩自己不在的时候，他也是要亲自做事情的。汤姆·马拉诺是按揭部门的负责人，夏天的时候他会暂时性地离开他的岗位去帮助稳固公司资产管理部门两支摇摇欲坠的基金。他说凯恩先生在7月的关键时刻曾就“如何应对动辄就可能发怒的债权人”提供了不少有帮助的建议。马拉诺先生说总裁在一个电话中曾经对他说过“压住你爱尔兰人的怒气吧！”，然后劝他坐下来好好协商。（马拉诺先生有着爱尔兰和意大利的混合血统。）

6月末，当投资商公开反对贝尔对冲基金的势头不断增长时，贝尔授权向两支被困基金中风险更低的基金提供了高达32亿美元的紧急贷款。该基金最终从它的母公司借出了大约相当于上述金额一半数目的贷款。

7月12号，凯恩先生在午餐时间与来访者闲聊，他似乎对讨论市场没有多大兴趣，而是更喜欢谈论早餐的口感和他收藏的古巴雪茄。在另一场合，他告诉一个来访者说，他藏在桌子下面雪茄盒里的一支雪茄花了他140美元。

5天之后，两支基金的管理人告知他们的投资商说，他们所持的股票事实上没有价值。

第二天，也就是7月18号，凯恩先生和他的妻子帕特丽夏（一位神经心理学家）以及另一位桥牌狂热爱好者出发去纳什维尔参加桥牌比赛，凯恩先生参加的是一个叫做斯平哥特 · 高的著名比赛。据桥牌组织者和旅店的记录，他这10天几乎大部分时间都在纳什维尔。

那段日子的大多数时间里，华伦 · 斯派克特都在纳什维尔，他是当时贝尔的共同会长，同时也是桥牌运动的实力选手。斯派克特先生负责贝尔的资产管理以及其他所有的交易和贝尔的主要经纪业务（该经纪业务与对冲基金这样的大客户做交易，同时也借钱给他们。）

在对冲基金出现危机期间，贝尔的五位执行委员会成员几乎天天集中进行讨论，凯恩先生和斯派克特先生在纳什维尔下午比赛开始前的几小时几乎每天都给他们打电话。

参与者说，凯恩先生很少在电话中做出命令，当受到指责的时候，他敦促其他人不要“担心是谁陷我们于这个地步”。

基金在7月26日陷入僵局，贝尔正愁着保证金催款没法支付呢，他们采取了孤注一掷的措施，抓住低杠杆化基金中的剩余保证金，将该保证金信贷扩大到了16亿美元。虽然该基金已经偿还了3亿美元的贷款，但它依旧不能提供更多的现金，它的母公司最终不得不将其关闭。几天之后，马拉诺先生由于无法阻止这两支基金将被没收的命运而为二者开启了破产申请的程序。

第二天，凯恩先生离开了纳什维尔回到纽约，直到那时为止，新的问题还在不断侵扰着贝尔旗下的资产管理公司，此外，另一支不相关的基金也面临被投资商索回钱财的要求。

动乱期间，凯恩先生于8月1日给斯派克特先生（共同会长，曾经和凯恩先生一同在纳什维尔待过）打电话，据熟悉凯恩先生脾气的人说，凯恩先生很生气斯派克特先生在基金危机之时离开了办公室。他们还说，凯恩先生告诉斯派克特，自己对他已经失去信任，请他尽快辞职。斯派克特是在不情愿的情况下离开老板办公室的。

8月3日是星期五，贝尔股票的投资商还在担心其财务的可靠性，贝尔斯登的业务主管召开电话会议打消人们的疑虑。开场白中，凯恩先生说公司正在“严肃对待当前情况”，还谈到了市场话题。他把电话转给财务总监莫利纳罗先生，莫利纳罗先生称，当前债券市场的情形是他22年职业生涯当中“所见过的坏的不能再坏的一次”。

一个分析员向凯恩先生提出一个问题，但是得到的回复是一片沉默。据会议刚开始的时候还和凯恩同在会议室的两个人说，凯恩当时已经离开了。有一个人说凯恩先生是被律师叫走了，建议他再考虑一下当时正计划辞职的斯派克特的去留问题。后来凯恩先生回来了，但是数以百计的听众并不知道，于是当时给这些听众留下的印象就是总监已经完全离开了电话会议。

接着，关于这一电话会议以及莫利纳罗先生严峻形势评价的新闻传开了，金融市场开始衰退，道琼斯工业平均指数刚刚稍微恢复一下，当天又下降了2%，下跌超过300个点。

那天晚些时候，《华尔街日报》的网站公布了斯派克特先生辞职的意料之内的消息。斯派克特先生今年49岁了，是共同会长，也是之前的按揭贷款商。人们曾经认为他会继承凯恩先生的职位，但这一变动使得贝尔失去了明显的继任人。虽然在最近的一次采访中，贝尔的董事文森特·泰斯说“领袖候选人很明显是艾伦”，他指的是施瓦茨先生。

第二天是周六，据高尔夫网站说，凯恩先生在好莱坞高尔夫球场上赢得了88杆的好成绩，但是对于贝尔，那个周末，事情似乎处于崩溃的状态。公司主要经纪部的主要客户正在威胁要撤回他们的业务。

贝尔的执行主管们在8月5日星期天的电话中力图争相打消客户们撤回

业务这样的念头，他们说贝尔的金融很安全，风险也得到了控制。然而据一些知情人士透露，贝尔确实也丢失了一些大宗生意，比如婆罗门资本公司（Brahman Capital Corp.）以及与水手投资集团（Mariner Investment Group）有联系的基金生意。

据知情人士讲，虽然凯恩先生没有参与 8 月 5 日给客户们打电话的行动，他至少也是难得花了一个周日在办公室草草地开了一个董事会议接受斯派克特先生的辞职。

劳动节——也就是星期五——的晚些时候，凯恩先生和出生在中国的业务主管唐先生一同飞往北京参加了一系列会议，为的是能做成一笔交易。

9 月 20 日，贝尔报告了其 8 月 31 日的季度营业额：年度增长率下降了 61%，这是收益债券下降 88%以及与两支对冲基金收盘相关的 2 亿美元花费的结果在数字上的体现。贝尔拿它的按揭信贷部门开刀，解雇了 500 多人，虽然之前已经辞退了 300 名员工，但公司还有 15 000 名员工。

贝尔面临着证券交易委员会、美国司法部和马萨诸塞州监管部门对其对冲基金的检查。贝尔的董事会已经雇用律师小罗伯特 · 菲斯克去查明到底是哪里出了错。10 月 22 日，贝尔和中国中信证券股份有限公司宣布了一项合作计划：双方互相投资约 10 亿美元。唐先生说该协议的达成意味着凯恩先生和中国银行界人士的长期关系还是大有作用的。因为这一新闻，贝尔的股价略微有所上升，但全年它还是下降了大约 30%，这是所有主要经纪公司中结果最糟糕的了。

与美林证券公司这样的竞争者相比较，贝尔最近的痛苦都是小巫见大巫了。在美林，84 亿美元资产账面价值的降低使得执行总监斯坦 · 奥尼尔丢了工作。贝尔的很多竞争者继续与夏天的信贷危机余波作斗争，情况何时才能好转还不清楚。

凯恩先生的朋友说夏季发生的事件使凯恩陷入了麻烦，也使他开始关心自己的遗产问题。对冲基金管理者同时也是高尔夫玩伴的安吉洛先生说："事情发生在 55 岁是一回事，发生在 73 岁又是一回事。"他还补充说，在像今年这样的混乱中，"让你名誉扫地仅需很短的时间"。

华尔街首席执行官的无知会置你于死地

迈克尔·刘易斯
彭博新闻社，2008年3月26日

3月14日是星期五，那天市场认为贝尔斯登公司的股票价值为每股30美元，那天你说什么都行，就是不能说贝尔斯登名不见经传。作为一家公营公司，它被地球上一些最具洞察力的人密切注视着，或许还有遥远星球上的更有智慧的人注视着呢。它9个月来很明显饱受折磨，就在3天前，它的股票还跌了30美元。而一个公司之外的百万富翁，作为一个只要想知道华尔街公司状况便能有办法知道的投资人，他曾经渴望股票价值为每股107美元。

3天前，在theStreet.com网站上，吉姆·克莱默将贝尔斯登的普通股列为62美元"买进"股。在他当天的CNBC新闻节目中，他向电视观众展示了贝尔斯登股票价格的图表，并大声叫道："贝尔斯登很好，不要把你们的钱转出贝尔。"那个周末，当市场关闭又没有关于贝尔公司的有用新闻，而美联储又恰好刚刚提到其按揭抵押近300亿美元的贬值风险时，人们就会马上认为贝尔斯登的股票仅值每股2美元。摩根大通银行的首席执行官杰米·戴蒙清楚地相信其价值要比2美元更高，否则他是不会买它的。价值还有多少上升空间还很难说，但是数字在浮动，10美元对于卖方来说也是看似合理的。

克莱默的"购买"

TheStreet.com迅速将克莱默3月11日的"购买"建议从有关贝尔斯登的页面中删除了。[克莱默迷（Cramer-obsessed）哈罗尔德先生在YouTube上的所有关于这些的建议都是无价的。]克莱默回到了他的CNBC去解释说，他自己从未想过要让任何人去真正购买贝尔斯登的股票，除非是他们碰巧在贝尔斯登开户存款（为所有在贝尔斯登开设银行账户的"劣币"观望者提供的公共服务），否则他们没有必要担心赔钱。

所有这些都引申出一个很明显的问题：如果市场对贝尔斯登的价值评估存在严重偏颇，那么市场又凭什么认为自己知道其他华尔街公司的近似价值呢？如果不知道，那么一个负责任的投资商又如何能够购买一家大型华尔街公司的股票呢？要达到什么程度，购买这样的股票才不再是智力投资而成为最无情的赌博呢？

总裁的无知

市场不了解华尔街公司当然是有原因的，因为经营华尔街公司并且将他们内部工作方式传递给外界的那些人，他们自己也不了解自己的华尔街公司。

当自己的公司倒闭的时候，吉米·凯恩还在玩桥牌，斯坦·奥尼尔还在打高尔夫，这不是因为他们对此漠不关心，而是因为他们根本不知道自己的公司正在倒闭。

一离开华尔街，那些总裁们对于他们投资商的盈利方式的看法就发生了一个小的跳跃性改变，因为他们自己根本不知道那些的商人在做什么。

去年11月末，在花旗银行总裁查尔斯·普林斯的一个巨额账单的转让中，《财富》杂志的编辑卡洛尔·路米斯透露说普林斯在得知流动性卖权（一种选择权利，购买者在买了复杂但假定是安全的按揭抵押证券之后，如果发现很难供给经费，那他们就可以以与票面价值等额的条件将其退回花旗银行）的情况后辞职了。

劣等按揭

流动性卖权将会以与票面价值等额的价值将花旗变为250亿美元劣等按揭贷款的新主人，将会使普林斯丢掉工作，公司也将被罗伯特·鲁宾占为己有。鲁宾是一个极其聪明的人，有着强烈的自我保护本能，并且和普林斯的关系要比和花旗的其他任何成员都密切。

鲁宾称自己从未听说过流动性卖权。

不管是对于投资商来说还是对于他们的老板来说，华尔街的公司都特别令人摸不着头脑，这是令人感到诧异的。但是问题并非最近才出现，至少在20世纪80年代就曾经出现过类似情况。当时有一个叫做所罗门兄弟的公司突然间营业额超过其他所有公司加起来的总营业额。（如果说到具体数目，那简直令人难以置信。）

利润来自金融改革，主要是按揭抵押和利率套利。但是所罗门兄弟的总裁约翰·古弗兰对于那些前景光明的新兴事物如何创造出新的巧妙的按揭并没有一个清晰的概念。有些按揭是巧妙的，有些则不然，不过所有这些都已超过了他力所能及的范围。

从那时起，当聪明绝顶的人找到了极为复杂的赚取巨额财富的方法时，华尔街老板们多半很少会再去费神弄清楚事情的来龙去脉并提出质疑。

新新事物

这不是因为华尔街的总裁们懒惰或者愚蠢，而是因为他们中了圈套。华尔街的总裁不能干涉华尔街的新新事物，因为新新事物是盈利中心，而且创造它的人是不固定的。总裁做的一切使新新事物减速的事情都会使下面的风险增加，即他的那些最能为他赚钱的员工会辞职转入其他的大公司或者建立他们自己的对冲基金。从传统意义上讲，他并非一个老板，而是他的那些最聪明员工的人质。

到了这个时候，你至少得考虑华尔街公司是否应该上市了。华尔街公司的复杂性使得它们令人难以理解。现在投资商们清醒了，认识到这一事实：华尔街公司要为它们的不透明、不稳定付出代价。

人们已经发现这些公司在萧条时期是如此的危险，以至于它们要想成为上市公司的唯一途径便是在经济好的时候不顾一切地赚取大量资本。也就是说，作为上市公司，虽然在经济上能维系下去，但却会对整个社会带来麻烦。

他们赚得了巨额财富，要是他们没有衰败的时候，那么，人人都会憎恨他们的。

必须付出一定代价。

贝尔流感是如何传播的？

大卫 · 亨利[①] 马修 · 戈尔斯坦[②]
《商业周刊》，2007 年 12 月 31 日

2006 年末，当次级按揭市场开始瓦解的时候，全球债券市场几乎一点都没有畏缩；但是，当贝尔斯登的两支对冲基金在 6 月份垮掉的时候，该事件在全球掀起了一场信贷危机，并且至今也未能有所减轻。新证据更清楚地显示了那些对冲基金（还有它们的经理人）是如何在次贷危机中成为明星基金的，这次的次贷危机也是几十年来最大的金融灾难。新证据还向人们展现了其他按揭市场的基金是如何采取贝尔基金的策略，共同建立了一个有着许多非法传销特点的融资结构的。

法律后果尚不得而知。最近这几周，证券管理者和联邦检察官已经开始深入调查这两支对冲基金，调查评估相关资产所运用的繁琐数学知识、证明基金安全性的销售广告以及其他贝尔管理的投资组合的频繁交易。巴克莱银行曾经将数亿美元投入一支贝尔基金，12 月 19 日，该银行发起诉讼，称关于投资组合安全性的误导性言论属于诈骗行为。贝尔的一位发言人说："我们相信任何这样的诉讼都是不公正的，同时也是无价值的。"

调查人员还在问：为什么在 2007 年初的时候，基金的最高经理人拉尔夫 · 乔菲将自己对冲基金的 600 亿美元投资中的 200 亿美元转移到了另一

---

① 大卫 · 亨利是《商业周刊》金融方面资深作家。亨利在 2001 年的时候从《今日美国》转到《商业周刊》，在《今日美国》的时候，他是华尔街的专栏作家。他还曾经在《新闻日报》、《福布斯》、《杰克森 · 桑》以及《纳什维尔旗帜报》工作过。2002 年，亨利因为关于公司审计的故事报道赢得了杰拉尔德 · 勒伯奖以及世界领袖论坛商业记者年终奖。他获得了西北大学新闻学的学士学位。

② 马修 · 戈尔斯坦是《商业周刊》的副编辑，他专门负责对对冲基金和华尔街投资银行的报道。他是华尔街 TheStreet.com 的编辑。他的其他记者工作包括在 SmartMoney.com、克雷恩的《纽约商业》、《纽约法律日报》以及新泽西一些日报的报道工作，同时他还是非职业律师。在 2006 年，格德斯坦先生还是杰罗德 · 勒伯金融报道奖的决赛参加者。

基金中去，与此同时还自愿为基金筹集资金，试图将其卖给“博龙资本管理有限公司”(Cerberus Capital Management)，并告诉投资商他们直到6月底才能兑换现金。知情人士强调：乔菲只是将钱投资到他所参与的一个不同的贝尔基金中去。乔菲在12月10号的那个星期离开了公司，他的律师没有回复征询意见的电子邮件或电话。

要想确定权威人士是否会发现其中的冤屈还为时过早。但是，根据《商业周刊》分析员关于对冲基金的机密报告以及对律师、投资商以及按揭专家们的采访，我们发现乔菲的基金在按揭市场迅猛发展、到达顶峰、最后灾难性垮掉这一过程中扮演了多么重要的角色。

分析表明乔菲及其团队开发了一个新的投资产品，该产品可用于将货币市场基金（一种新型投资）吸引到按揭市场。他们的这一创新性发明是一种别具竞争力的新型抵押债务证券，它已经成为促使该行业保持更长久发展的结构单元。很明显，市场转向之后，花旗银行和美国银行在11月所显示的额外的100亿美元损失大部分都是乔菲的造钱机器引发的。新证据还表明：乔菲的团队可能通过用新的抵押债务证券购买基金资产的方法进行过自我交易，从而制造收益提高的假象。花旗和美国银行拒绝对此作出评论。

所有这一切的中心是乔菲及其团队开创的新品种债务担保证券，该证券开发出2万亿美元货币市场账户，很多个人及公司将他们的闲置货币储存在这个账户中。乔菲的债务担保证券池刚开始被称为债务抵押债券“克里奥基金”(Klio Funding)，这些债务担保证券通过出售商业票据以及其他短期债务来购买高利润长期按揭。克里奥基金对于货币市场基金来说是一个双赢的命题。他们支付比普通短期债务更高的利率，而且投资商无须担心克里奥的资金风险。因为花旗银行已经同意在市场恶化的情况下，通过流动性卖权来退还他们的基数本金。乔菲在2004年到2005年做了3笔这样的交易，筹集资金累计达100亿美元。

花旗银行保护克里奥有什么好处呢？首先是费用，克里奥也是花旗自有抵押证券和其他债券的有意愿购买人。花旗大概不会想到克里奥会依靠这些保护赚取钱财，因为抵押资产的信贷等级是最高的。

为了他的三支克里奥基金，乔菲将每一笔交易赚得的钱都用于购买数十亿的抵押证券和其他抵押债务证券。他直接从自己管理的两支贝尔对冲基金中购买很多资产，这一举措也为对冲基金提供了现金。

更长的寿命

克里奥基金还有另一个强劲的特征：他们允许贝尔基金锁定长期资金供应。通常，对冲基金是短期出借的，一般是几天或者几周。凭着克里奥交易的名义，乔菲能够占有并支配这些钱长达至少一年时间，根本无需担心在市场动荡的时候钱会在一夜之间消失。乔菲在 4 月 25 日和对冲基金投资人讨论了这个优势，并吹嘘基金是不会受到市场波动影响的。

克里奥结构和其他对冲基金一样迅速传播开来，抵押债务证券经理人和银行（包括巴克莱银行、美国银行和法国兴业银行）都跟随乔菲的带领。从 2004 年到 2007 年，华尔街通过这些新颖的抵押债务证券积攒了大约 1 000 亿美元的资金，基本上为该行业向风险按揭贷款提供资金创造了一个全新的方法。这一成功转而又激发了结构性投资工具这样的模仿产物，这些模仿产物也出售短期债务。在它们发展的巅峰——2007 年 2 月份，结构性投资工具资产达到了 3 000 亿美元。巴克莱银行拒绝对此发表言论，但是该公司在 11 月 15 号宣称其在债务权证投资上遭受损失，以至于该银行不得不公布自己的账目，法国兴业银行的一位发言人称：巴克莱银行已将所有的风险转嫁给大的全球性金融机构。

回过头来再看，抵押债务证券和结构性投资工具起的是类似金字塔结构奠基的作用，耶鲁大学的经济学家罗伯特 · 希勒说这一现象有时候是源于牛市。当有新的投资人来到这个派对时，他们就开始标价，为那些早到的人提供高收益，丰厚的利润吸引了更多的投资商。只要玩家不试图将他们的钱一下子撤出来，循环就会继续。

按揭市场体系基本也是以同样的方式运行的，新型抵押债务证券吸引了新一级的投资商：货币市场基金。大量新资金的涌入使得买主能够以更加低廉的价格更加轻松地获得按揭。这反过来又使得房价上升，阻止了违约和没收情况的出现。这个过程使那些在繁荣早期买房的人变得富有，并引发了更多的投机行为。

宽松的贷款

克里奥以及类似机构的复杂性带来的结果是将借款人和他们债券的最终持有人尽可能远地分开，从而轻松获得贷款。因为克里奥推出了一个退款政策，这样货币市场的经营者就无需为购房者是否会偿还他们的贷款而担心。即便是他们的按揭持有人最终违约了，他们的投资也是受到保护的。

事实上，泡沫膨胀的时候，中间人（房屋按揭经纪人、房地产评估师、银行家、短期资本经营者及其他人）几乎没有动机收费去做适当的审查。缺乏监督就可能导致基本贷款领域出现猖獗的诈骗行为，西部资产管理公司的债券投资公司首席投资官肯尼基 · 里奇如是认为。“没有人想将调酒缸从派对上拿走，”哥伦比亚商学院的教授查尔斯 · 卡罗米瑞斯补充道，“所有人都在赚取酬金。”

现在投资商正试图确定乔菲及其团队是否越过了法律的界限。克里奥向贝尔对冲基金提供了现成的内部贸易伙伴。他们的财务报告指出：由乔菲管理的克里奥基金曾经有好几个月都只与由乔菲经营的贝尔基金做交易。比方说，在 2006 年 4 月，一个克里奥抵押债务证券从一个贝尔基金那里购买了价值 1.14 亿美元的证券。史蒂夫 · 卡洛索是很多贝尔基金投资商的代理人，他说：这样的交易可能是“一种乱伦的、自我服务关系的象征，这种关系看起来是为确立一个错误市场而设计的。”

如果那就是交易达成的原因，那么这些策略可能错误地提高了对冲基金的收益以及乔菲和其团队所筹集的资金。在给乔菲及合伙经理人马修 · 丹宁的一封被法律文件所引用的电子邮件中，贝尔基金的另一位执行官雷蒙德 · 迈克加里没完没了地谈论克里奥基金的建立，邮件中写道：“我们所做的最伟大的一件事就是允许克里奥从对冲基金中购买资产。”丹宁和迈克加里的律师拒绝对此做评论。

在今年春天早些时候的市场动荡中，乔菲希望克里奥基金能再次上演他们的魔术。4月，当基金损失开始增加时，乔菲又创立了一个债务抵押债券——“高端结构信用债务抵押权债券 2007-1”（High Grade Structured Credit CDO 2007-1），该债券发行短期票据并为投资商提供来自美国银行的货币担保。乔菲在5月底的时候几乎已经筹集了近40亿美元的资金，根据汤姆森金融调查公司的数据显示，它是该年度规模最大的债务抵押证券。

和从前一样，乔菲用这些钱从对冲基金那儿购买资产，或许是为了资助当时正处于崩溃边缘的投资组合。在4月份的一次与对冲基金投资商的电话会议上，乔菲说新的债务抵押证券是他的“使基金步入正轨并产生良好收益”计划的一部分，但是计划并未成功。就在债务抵押证券结束的几个星期之后，贝尔基金内爆了，卷走了投资商16亿美元的资产。（乔菲也向这一基金转进了200万美元，该基金较11月30日上升了6.5%。）

到了秋天，通过债务抵押证券积聚现金的做法已经不复存在。货币市场基金已经停止购买短期债券，并且信贷市场也处于严寒状态，这就迫使花旗银行和美国银行向乔菲的债务抵押证券兑现他们的担保，从而引发了两家银行的巨大损失。

全球市场正在处理此事带来的后果：来自抵押贷款的混乱账单可能高达5 000万美元，中央银行行长正在努力避免衰退局面的出现。当监督员们收拾残局的时候，贝尔斯登的对冲基金成了金融荒唐时代某些最具启迪作用的例子。

华尔街交易商吸取次贷的教训

迈克尔 · 刘易斯
彭博新闻社，2007年9月5日

贝尔斯登基金一崩溃我就冒出了一个想法：这就是把钱借给穷人的结

果。不要误会我，我并不歧视穷人。据我所知，我和穷人私下无冤无仇，然而当一个家伙为你割草时，这不是私人交情，而是生意。他做你要他做的事情，你付他钱。但是你不会提前支付他，否则就成金融了。你永远也不应该和穷人做金融。（我所说的穷人指的是美国证监会不允许对我的对冲基金进行投资的任何人。）

这是我从次贷危机中吸取的最大的教训。当人们击败了我的投资组合，我对穷人又有了其他的想法，我将和你们一起分享。

1）他们是公共关系的主人。

我不知道这件事过后别人怎么看待我的大方出手。当我购买了次级贷款投资组合时，我想，这多少有点像一种回馈，我不是想出头成为《今日慈善》（*Philanthropy Today*）或者其他什么杂志的封面人物。我的意思是我是以折扣价格购买的。但是我想人们总是会羡慕那些有方法帮助小人物的华尔街大亨们的，这就有点像很有钱的医生给病人治病。然后那个小人物绕了个圈把金融灌肠剂给了我，而我就是那个在票据上投骰子的人！虽然钱是我的，但是大家都为穷人感到难过，却没有人为我感到难过。真是吃力不讨好啊！

2）穷人对别人的钱的重视程度往往都达不到钱本身应该受到的重视程度。

说我是浪漫主义吧：我希望每个人都可以试着去实现自己的美国梦，包括那些还没有摸清自己方向的人。我尽我自己一切所能好让那些笨家伙至少也能拥有自己的一席之地，而媒体现在却把我的慷慨变成了丑闻。初始固定利率不是什么丑闻，初始固定利率是错误信任的标志：我信任那些人，他们让自己的律师团队在签署协议之前检查一切细枝末节。很清楚，如果你没有钱，你就无需付律师费。你不喜欢那种高举手臂抱怨自己没钱的做法，于是你违约了。

3）我与“贫穷文化”慢慢脱节。

很难说这是什么时候的事情了，或许是从我不再从事商业化活动开始，抑或许是从我放弃豪华家具开始。但是这一行的第一法则就是要知道你在与谁做生意，而我违背了这一法则。人们抱怨富人越来越富，穷人无人过问。这有什么可奇怪的吗？看看他们！他们当中有没有人想过只要更努力地工作或许就能还清我的钱？我想没有。

但是如我所说，这是我的错，是我在把钱借给他们的时候没有仔细去了解他们。当你看到狮子的唯一机会是在动物园的话，那么你就会开始把它想成是一个宠物猫，你不再记得它会吃掉你这一事实。

4）我们这个社会真的很仇富，与此同时，对穷人的溺爱程度却达到了令人震惊的地步。

共和党的总统现在想拯救他们！我的解决方案与其不同。把债务人关进牢房的做法显然太老掉牙了，何况那也只会浪费更多纳税人的钱。但是穷人可以还清他们的债务。我看到整个格林威治的草坪都被刈过，房子被刷新过，跑车被开过，这些穷人当中一定有一些是有技术的，没有技术的也可以通过培训做一些技术含量低的劳动，比如在富人孩子的生日派对上扮小丑。他们甚至可以演上一幕：穿上小丑的服装，看看有多少家伙能够被装进迈巴赫[①]。这将和杂技团差不多，而且只会比杂技团更好。

把所有贫民区都移到曼哈顿区北部或者康奈狄格区南部似乎都不切实际。但并非如此：墨西哥经常做类似的事情，而且从长远来看这对穷人也是一件好事。如果措施更严厉，或许他们就不再是穷人了。

5）我认为现在我们所有人对于“让各地穷人靠近华尔街”这一事情都应该更实际一点了。

把钱借给穷国不是一个好主意，把钱借给穷人就是一个好一点的主意吗？他们甚至连采矿权都没有！

富人没有按照合理的速度变得更富有是有原因的，因为他们不停地受到来自穷人的束缚。说华尔街应该和穷人（或者如果你愿意的话，称其为“主流”文化）完全保持距离是不现实的。正如我所说的，我会和大众群体做生意，但是只有在他们能够团结力量结成一个富人统一体的时候我才会参与他们的金融。比如，我依然会接受养老基金的钱（5 000 万美元以下的免谈）。

---

① 迈巴赫，著名的汽车品牌。1919 年，奔驰公司创始人之一的威廉 · 迈巴赫与其子卡尔 · 迈巴赫共同缔造了迈巴赫品牌——一款象征着完美和昂贵的车。——译者注

我也很乐意为由穷人组成的公司提供资金。米尔肯破产前，我和他做过买卖，我有一些黑石集团的股份。（坚持到底，史蒂夫！）

但是我再也不会和穷人去一对一地合作了，他们是诈骗专家。

钱没了之后

保罗·克鲁格曼
《纽约时报》，2007 年 12 月 14 日

星期三，美联储宣布向银行提供 400 亿美元贷款的计划，据我计算，这是美联储自大约 5 个月之前事情变得分崩离析之后第四次高调努力挽救金融体系。或许这次挽救能够起作用，但是我不会抱太大希望的。

在过去的金融危机中（1987 年的股灾、1998 年俄罗斯违约的余波），美国联邦政府能够挥动其魔法棒使得市场动荡消失，但是这次的魔法没有成功。

为什么呢？因为市场的问题除了缺乏流动性外还有一个基础性问题：偿付能力问题。

让我通过一个假定的例子来解释其中的不同。

假设有一个对波特斯维尔第一银行（First Bank of Pottersville）非常不利的谣言：人们说该银行向总统的妹夫提供了一笔巨额贷款，而这位妹夫却将钱挥霍在失败的商业公司上了。

即使谣言是假的也一样能导致银行破产，如果每一个人都相信银行将要倒闭，并要求在同一时间取回他们的钱，那么银行就只能减价出售他们的资产，而且即便该银行没有真的贷出那笔差劲的贷款，该银行也真的会倒闭。

由于信心的丧失可能是一个自我实现的预言，即使是不相信谣言的存款人也会加入银行挤兑，试图在还来得及的时候把钱拿回来。

但是联邦政府可以前来营救。如果谣言是假的，银行有足够的资产去偿

付其债务，那么唯一缺乏的便是流动性，一种在短期筹集现金的能力。而联邦政府可以通过向银行提供短期贷款帮助他们解决这一难题，使它渡过难关直到最终一切都平息下来。

然而，如果谣言是真的，事情就大不同了。如果银行真的贷了一大笔不良贷款，那么问题就不单是如何重新恢复信心这么简单了，问题是如果银行真的无钱还债、几近破产，又该如何应对这一事实。

这一关于一个运行基本良好的银行为信任危机（这一危机可以由联邦政府通过提供短期贷款化解）所困扰的例子或多或少也反映了1998年金融体系所发生的真实情况。俄罗斯的违约导致了大型对冲基金长期资本管理公司的崩塌，而且市场上的惊恐局面一连好几周都没有消失。

但是当一切都说过和做过之后，人们发现损失的钱并没有想象得那么多，联邦提供的暂时性信贷给了每一个人时间以恢复他们的神经，于是危机也很快就过去了。

在8月份，联邦再次尝试其在1998年所做的，刚开始看似能起作用，但是之后信任危机又出现了，而且比以往任何时候都严重。原因在于这一次金融体系（除银行外，更为重要的是还包括非银行金融机构）贷了很多可能非常劣质的贷款。

我们很容易就会迷失在次贷按揭、重置和抵押债务等等的细节中，但是有两个事实可能会让你意识到问题究竟有多大：

首先，大约在2005年、2006年，市场出现了巨大的住房泡沫，要想恢复历史上房价与租金以及收入的正常比率，住房平均价格将不得不在现有的水平上再下降约30个百分点。

其次，当新房购买者用很少的钱或者不花钱就购置住房，或者一些已经有住房的人重新申办房屋抵押贷款然后将上升的房价转化为现金这种情况出现的时候，就会有大量的贷款涌入房市泡沫中。

当房价恢复正常时，这些借款人中的大多数都将发现他们自己有了不少负资产，欠的钱要比房子的价值还高。负资产转而又经常导致借款人丧失抵押品赎回权，并且会给贷方造成巨大的损失。

数目是庞大的，一家专业财经博客网站Calculated Risk blog根据地产数据机构第一美国逻辑（First American Corelogic）提供的数据，预测如果房价下降20%，就会有1 370万持有负资产的房主；如果房价下降30%，数目就会上升到2 000万以上。

这就产生了巨大损失，也解释了现金支付能力消失的原因。市场上发生的事情并不是非理性的恐慌，它是完全理性的恐慌，因为那里存在着太多的坏账，而且你不知道想要从你这里借钱的家伙们手里到底持有多少坏账。

这一切将会如何结束？在投资商清楚地知道尸体（我是说坏账）埋在哪里之前，市场是不会自动开始正常运行的。而在房价停止下跌、金融机构损失水落石出之前，投资商也不知道坏账坏在哪儿。等到所有这一切都结束很可能需要花上好几年的时间。

同时，任何期望联邦政府或者期望其他人能想出一个计划使得金融危机快点过去的想法，最后换来的都只能是无尽的失望。

对冲基金因真相被歪曲而紊乱？谎言罢了

马修 · 林恩[①]
彭博新闻社，2008年4月9日

对冲基金这一行是建立在一系列谎言之上的吗？在过去的10年里，它的爆炸性增长一直是建立在一个简单现象基础之上：受高昂绩效费的利益驱使，那些有能力的基金管理者能够在市场上升的情况下超越市场一般表现，而在市场下跌的情况下又能避开麻烦。

然而信贷危机已经表明那只是一个神话。虽说有一些基金的管理者做得

① 马修 · 林恩是彭博新闻社的专栏作家。

还算高明，但是更多人遭遇的都只是挫折。

现在看来，该行业似乎是建立在错误之上，这一错误更多是体系上的。最近的两项学术研究表明，对冲基金一直以来都有弄虚作假的成分，并对事实保持审慎态度。

如果真是这样，那么另类资产管理者就要为此犯愁了。当人们意识到对冲基金并不能给予他们所许诺过的那种利润时，很多的资金就会流出市场。

毫无疑问，曾经兴旺一时的行业现在阴云笼罩，几乎每天都有新闻说又有某某基金跌惨了。今年，在市场变得动荡不安的时候，十几支大的基金都关门歇业、冻结赎回或者被迫寻找外来资金。

避险基金公司佩洛通有限责任公司（Peloton Partner LLP）在把赌注下在恶化了的按揭抵押证券之上后，清偿了他们最大的基金，而由长期资本管理公司前老板约翰·梅里韦瑟运营的债券基金公司JWM有限责任公司（JWM Partner LLP），则因为受到日本政府债券摇摆不定的影响而遭受损失。据芝加哥的对冲基金研究公司（Hedge Fund Research）的调查显示：总体来说，对冲基金的季度表现在6年中是比较差的。

扭曲性盈利

人人都知道，市场总是有起有落的，没有哪个投资是年年赚钱的，对冲基金也是注定会有遭遇厄运的时候。但是如果基金公司在歪曲事实又将如何呢？

维罗尼卡·可瑞普利·普尔是位于印度布鲁明顿的印度大学的金融助教，尼古拉斯·保伦是田纳西州纳什维尔市范德比尔特大学的金融助教，他们二人考察了对冲基金在这么多年里是如何向他们的投资者汇报交代的。虽然通常情况下基金每月的盈利大概是1%，但是同样数量的损失额他们就很少汇报了。

“我们估计，在我们所使用的数据库中，大约有10%的盈利是被扭曲的、不真实的，”他们下结论说，“这表明报道失实是很普遍的现象。”

你当然明白为什么会发生那样的事情。你当初已经许诺投资商说你会盈利，结果你又赔了钱，这是人们不愿意承认的令人难堪的事情。在钱的问题上，盈利0.1%还是亏损0.1%可能并没有多大差别，但是在演讲陈述的时候就显得很关键了。或许你只当它是一个小小的谎言，但是不积小恶，无以溃千里，小谎言积累多了就变成大谎言了。

"将欺骗高手排除出局"

来自宾夕法尼亚大学沃顿商学院的报告显示不诚实行为的规模要比预想得更大。统计学教授迪恩·佛斯特以及布鲁金斯协会高级研究员佩顿·杨说：在没有任何投资技巧的情况下让对冲基金发展起来并且盈利，这并不是什么困难的事情。

在一篇名为"对冲基金游戏"的论文中，他们认为："要使得有技能的对冲基金管理者与没有技能的对冲基金管理者分开，并且，有技能的可以得到回报，没有的则得不到回报，从而把那些欺骗高手排除出局——但很难建立这样的激励机制。"

那么骗局是如何实现的呢？他们说你只需从别处复制一个投资计划，然后堂而皇之地将它当成自己的计划使用，在一切毁灭之前收取大量的绩效费就可以了。截止那时，你兜里已经揣了很多钱，如果基金垮了的话，你也无需偿还它。

"从对基金的追踪记录来看，很难弄清管理者有能力分配超额利润是凭借运气还是通过欺骗。"

不公平待遇

这些结论再也没有什么能让从事对冲基金行业的人感到惊讶的了。待遇是这样的：作为高费用（这事实上给了管理者们基金上的一个赌本）的报酬，投资商将会得到超过平均值的回报。

但是，看起来很多基金只是依靠正在上升的市场然后坐收20%（对冲基金正常绩效费）的利润。

结果如何呢？支撑着该行业的诺言看起来像是一个弥天大谎。

如果投资者质疑对冲基金不断产出高回报的能力，那么他们中大批人就会开始陆陆续续离开该行业了，这也是十分正常的。

对冲基金需要严格执行他们的报告程序了。对结果进行美化，好让自己的表现看起来更好，这是让人难以接受的。

更重要的是，他们需要重新检查他们的战略并了解他们是否真的战胜了市场，因为如果没有的话，他们就应该把钱交还给投资者。

交易商次贷盈利数十亿

格里高利 · 祖克尔曼[①]
《华尔街日报》，2008 年 1 月 15 日

在华尔街房产市场崩溃中蒙受损失的人有一大批，而最大赢家看似要数约翰 · 鲍尔森了，他是对冲基金方面小有名气的经营者，两年前他就感觉到了问题的存在。2007 年，他在住房市场上下了一个特别成功的赌注，运营基金高达 150 亿美元，盈利大概 30 至 40 亿美元。这也许是华尔街有史以来最高的一笔年收入了。

如今，在金融史的另一转折中，鲍尔森先生成了前美联储主席艾伦 · 格林斯潘的顾问（有人责备说格林斯潘采取的低利率政策助长了住房市场的泡沫）。

在鲍尔森先生的成功路上，他确实和某些华尔街公司（他指控这些华尔

① 格里高利 · 祖克尔曼是《华尔街日报》的特别作家，他写关于对冲基金的文章，此外还写其他与投资以及华尔街相关的话题，他还为《华尔街日报》进行债券市场的采访报道。祖克尔曼一周两次出现在CNBC-TV（哥伦比亚全国广播公司 电视）节目中对对冲基金进行讨论。他是获得2008 年“杰拉尔德 · 洛勃奖”提名的按揭危机报道小组中的一员。1996 年他为《纽约邮报》撰写关于媒体公司的文章，之后加入了该报社。之前，他是《兼并收购报道》（由《投资商文摘》出版的实事分析）一书的主编。他于 1988 年以优异成绩毕业于布兰代斯大学。

街公司试图操控市场）进行了对抗。他受到了来自其他大投资商的怀疑，同时，由于害怕被模仿，他通过特殊软件阻止基金投资商向他发送邮件。

有一件事他没有料到：一个他曾经非常信任的朋友独自运用这一策略积累了巨额财富，这导致他们的关系紧张。

从沃伦·巴菲特20世纪70年代接管小公司到70年代头几年威尔伯·罗斯钢铁生产企业的合并，和很多传说中的市场厮杀一样，鲍尔森先生开始重视起了传统的智慧。2006年年初人们信奉的是：当宽松的借贷标准受到关注的时候，不太可能出现住房市场和按揭市场的大麻烦。从华尔街的大玩家正在公开的巨大按揭市场亏损中可以看出：他们很多人都属于这一阵营。

“很多人告诉我们，房产价格从全国范围来看永远不会下降，而且具备投资级别的按揭债券从未违约过。”鲍尔森先生说，“按揭专家太痴迷于房地产热了。”

在好几次采访中，鲍尔森先生都对自己如何赢得历史性成功做出了评论。仅仅和那些走路不看前方的冒失人群持有不同观点并不足以使他获得巨额利润，还必须有技术性方法打赌住房和按揭市场会走下坡路，如他所说，“你不能将房子卖空”。

另一关键在于，鲍尔森先生并没有过早看跌股票。一些住房市场的密切观察者们就是过早看跌股票，几年前便相信市场会走低，结果只会是在等待中忍受惨痛损失带来的煎熬，并最终撤销他们看跌的赌注。鲍尔森先生却有着不一样的投资方式，最近，他将注意力转向住房市场，且在恰当的时间看跌股票。

他的成功故事在全世界对冲基金领域传开了。乔治·索罗斯邀请鲍尔森先生共进午餐，询问他是如何通过几年前不存在的方法搁置赌本的详细情况。索罗斯先生则因另一番巨大成就而闻名遐迩：1992年他打赌英镑会贬值，为其量子对冲基金赚得10亿美元，对此他拒绝发表评论。

鲍尔森先生生长在纽约的皇后区，他职业生涯的起点是为另一个传奇投资人物——奥德赛合伙人公司的里昂·李维工作。鲍尔森现在51岁了，受益于15年前的早期房市萧条，他在纽约买了一所公寓，并在长岛的汉普顿买下了一所大房子，这两个住宅都是以房屋没收价买下的。

奥德赛之后，鲍尔森先生（和金库秘书没有关系）成了贝尔斯登公司负责兼并与收购的投资银行家，之后他在Gruss公司做兼并套利商，他经常打赌债券价格会下降。

1994年，他以兼并和收购为侧重点开始建立自己的对冲基金。他从200万美元起家，到了2002年，其利润和来自投资商新注入的资金共达5亿美元。高科技泡沫导致经济不景气之后，他购买了所有挣扎中的公司的债券，等到经济复苏的时候他赚了。他的基金表现还不错，但还不够辉煌。

汽车供应商

截止2005年，鲍尔森先生担心美国的经济实力会下降，开始卖空类似汽车供应商的公司的债券，也就是说鲍尔森先生打赌这些债券会跌价。但是事实上，它们保持不断上升的趋势，甚至那些申请破产的公司债券也是如此。

“这太疯狂了。”鲍尔森先生回忆起自己曾经对公司的一个分析员说过这句话。他还向交易商们提出这样的疑问：“我们能够捅破的泡沫在哪里？”他敦促他的交易商们，如果宏观经济都面临这样的问题，那就必须找到保护投资并且盈利的方法。

他们在住房行业找到了。乐观的按揭专家不停地重复说房价永远不会低于国家基准，或者重复说联邦政府会通过大幅度削减利率来挽救市场。

在经济繁荣的时候，华尔街擅长的就是重新包装按揭抵押，并把它们都置于一个叫做抵押债务证券的媒介中，然后按不同的风险程度一份一份地将其卖掉。

这些按揭的购买者都希望卖方可以保证这些债务不会变成不良债务，于是华尔街为他们提供了另一个媒介，叫做信用违约交换。

自然情况下，这一交换“免除”的债务风险越高，交换的花费也越高。如果违约风险看起来在提高的话，这一花费也会上升。这就意味着股票看跌的投资商们可以通过购买信用违约交换来为坏消息买保险。

然而，在经济繁荣的时候，很多人对住房市场是如此盲目乐观，以至于这一“违约保险”价格非常低廉。晚上在自己的办公室分析了大量的数据后，鲍尔森先生越来越确信投资商远远低估了按揭市场的风险。在打赌按揭市场会崩溃的时候，他说：“我还从来没有见过债券如此上升的时候，违约保险却如此低廉。”

保罗·佩莱格里尼是鲍尔森公司的投资组合经理,他开始进行复杂的债务交易，如果按揭贬值的话，这一交易可以偿还债务。其中一个交易是为了卖空高风险债务抵押证券池的各个部分。

另一个交易是为了购买信用违约交换，而目前那些自鸣得意的投资商们对这一交易出价似乎太低了。

鲍尔森先生记得大概在2005年年中的时候曾经对他的一个同事说过：“我们已经尽可能地利用了这一机会。”那时候正是人们对住房市场信心最高涨的时候。

起初，他在失败者身上下赌注，但是投资商们对于借款人是否能够确保支付按揭越来越不关心了，而鲍尔森先生的研究却告诉他房价正在下降。由于怀疑评级机构评估按揭的复合债券过于慷慨，他开始让他的团队追踪数以万计的按揭，得出的结论是：出借人收回资金的难度更大了。

2006年1月，他的信心增加了，阿姆莱奎斯特抵押贷款公司是当时最大的为有信用污点的购买人提供“次级”贷款的公司，该公司同意支付3.25亿美元，从而解决了如何调查不当出借行为的问题。该交易使鲍尔森先生确信，冒进的贷款正在大范围蔓延。

他决定推出对冲基金的目的只是打赌风险按揭会输。心有疑虑的投资商告诉他，在这一领域更有经验的某些人依然很乐观，而他正在偏离他的专业轨道。鲍尔森先生为新基金筹集了1.5亿美元的资金，其中多数来自欧洲投资商，该基金在2006年年中的时候投入运营，佩莱格里尼先生作为联席经办人加入其中。

增加赌注

住房市场依然雄健，然而基金开始赔钱了。据一个投资商说，他有一个朋友关心地打电话问他是否打算减少损失，“不，我正在增加赌注。”他回答道。他告诉他的妻子说：“这只是花时间等待的问题。”随后，为了缓解压力，他绕中央公园跑了5公里。

皮特·索罗斯是乔治·索罗斯的亲戚，他对鲍尔森基金也有投资。据他说，“一个更有贸易背景的人会停止交易以减少损失”。但是，“要说有什么收获的话，那就是损失使他变得更有决心”。

最近投资商们找到了一个新的途径在次级按揭上下赌注，这一新途径就是ABX。它是反映一揽子次贷按揭为期六个月收益额的指数，一个2006年上半年产生、2006年7月出台的指数。鲍尔森基金将其低价卖空。

该指数到了下半年便走弱了。到了年末，新的鲍尔森信贷机遇基金上升了约20%，鲍尔森先生开设了第二支类似的基金。

2007年2月7日，一个交易商带着媒体发布的新消息跑进了他的办公室：“新世纪金融公司”——又一次级贷款出借公司——公布了其季度损失并重申了可预见的后果。

曾经洋洋自得的投资商们现在开始担忧了。ABX在刚开始的时候，也就是在2006年7月的时候，其价格还有100美元，可现在却只有60多美元。新的鲍尔森基金的收入仅仅在2月份就增加了60%还多。

但是，随着鲍尔森先生收益的不断累积，他担心自己的贸易额可能会滑坡。根据酒吧的聊天记录以及某个贝尔斯登交易商的喋喋不休的言论，他确信贝尔斯登以及其他一些公司正计划通过购买私人按揭来支撑抵押债券。

之后的事情更增加了他的怀疑。他听说贝尔斯登公司已经聘请了某某事务所对承销商的权利进行界定，从而修改或者出钱买下正处于衰退的联营贷款[①]，按揭抵押正是基于该贷款之上的。鲍尔森先生申明这将“掩盖市场的

---

① 联营贷款，银行对参加联营各方企业投资铺底资金和满足联营组织本身在生产经营过程中的资金需要量而发放的贷款。——译者注

暗箱操作”。他雇用了证券交易委员会前主席哈维 · 皮特以散播有关这一威胁的消息。

最后，贝尔斯登收回提议。它仅仅是关于澄清“我们的权利：继续为贷款服务——无论是当人们不能支付他们的按揭时修改贷款协议，还是担保程序中涉及代表和保单发行时买下贷款的全部股份”，贝尔斯登的发言人说。

贝尔斯登发生的事件很快就增加了人们的忧虑：投资于次级按揭的两支贝尔斯登对冲基金在2007年年中的时候垮掉了。突然之间，投资商们都开始避开这样的按揭。

当鲍尔森先生的基金累积了巨额收入的时候，他的一些投资商们开始向其他人传播关于这一基金的策略。鲍尔森先生很恼火，他担心其他人会抢了他的好势头，于是开始通过技术手段阻止客户向他发送电子邮件。

到了秋天，ABX次贷按揭指数下跌到了20多点，那些打赌该按揭会下跌的基金，它们的赌注获得了回报。

基金的信贷违约交换量上升了，此时，投资商对风险的观察感知达到了令人惊悚的程度，他们高声呐喊想要获得这一保险。

而基金所下的一份份债务赌注将会贬值，确切地说是一落千丈，几乎到了一文不值的地步。

债务保护

一件值得人们担心的事情是：即使鲍尔森先生的赌注下对了，他要想兑现所有的赌注也是很困难的，因为市场上的很多交易都是有限制的。然而，由于一些大的银行以及华尔街公司的错误赌注，使得这并没有成为一个大问题。为了掌握对按揭抵押的持有权，他们争相购买债务保护，有时候这就意味着购买鲍尔森先生已经持有的债务保护。

结局是：旧的鲍尔森信贷基金去年增长了590%，新的基金增长了350%。

鲍尔森先生一直以来都在试图保持低调，他说自己不愿意在住房市场带来伤痛的时候进行庆祝，他告诉朋友说自己将增加慈善捐助。10月份，他给美国可靠贷款中心提供了 1 500 万美元，通过法律途径向正面临丧失止赎权的家庭提供援助——该中心正游说出台一项法律让破产判决中考虑重组一些按揭贷款。

帮助房主

“尽管我们从未贷过次级贷款，也不是贪婪的债主，我同样认为有很多房主都是受害者。”鲍尔森先生说，“申请破产是保证房主有房住、又不花政府钱的最好办法。”

该方案除了能够帮助借款人，还对鲍尔森基金看跌的按揭赌注有利。如果法官降低了一些按揭的月支付额，按揭的市场价值就会降低。鲍尔森先生说：他的基金是否会有收益，这一点儿都不能不确定。该中心称这 1 500 万美元没有一分钱会被用于游说。

鲍尔森先生在得到这笔意外之财之前，其身价已经超过 1 亿美元，所以这对他的习惯没有多大改变：他依旧每天都很早去曼哈顿办公室。和很多对冲基金管理者不同，他穿着深色制服，打着领带，然后在大约 6 点钟的时候穿过一段不远的路程回到他在曼哈顿东区的联排别墅。

有一件事是不同的：现在要想吸引投资商很容易。2007 年，公司开始运营的资本是 70 亿美元，在过去短短一年的时间里，投资商已经注入了 60 亿美元的资金，再加上投资赚得的钱，他的公司基金管理的资金已经增加到了 280 亿美元，从而使得该公司成为世界上投资额最高的公司之一。

鲍尔森先生的一些盈利是来自他的赌注，但那只是一部分，而非大部分。在住房市场中他依然是卖空者，他预测房屋价格要恢复到原有水平至少还得好几年的时间。他也打赌其他经济领域会失败，比如信用卡和汽车贷款。他告诉投资商们：把赌注下在问题经济上“为时未晚”。

与此同时，他正在寻找下一个经济周期的转折点。在最近一次对投资商的陈述中，他说：他的公司将会在某个时候为把握问题债务上的机遇“着手做准备”。

PANIC The Story of Modern Financial Insanity

致谢

当我和戴夫·埃格斯第一次讨论这本书的时候，他向我介绍了一位我从未见过的人，人们叫他“麦克斯韦尼公司（McSweeney）的实习生”。这个人过着与21世纪大多数人都格格不入的生活，他总是隐约让人回想起中世纪的流浪学者。他受过良好的教育，但是待遇不高；他很少洗澡，偶尔想起来才洗一次；他白天睡觉，晚上工作；他以水来维持生命，偶尔吃片面包；他还爱好文学。即便如此，他做事的效率却是出人意料的高。

本书所有文选的收入都转赠给了“国家826俱乐部”[①]（826 National）和新奥尔良的基金会[②]（Great New Orleans Foundation），所有为这本书付出过努力的人，包括我自己，都投入了大量的时间和精力。因此，这本书无疑使得很多人，包括我自己，都希望能获得一些感谢，这是人之常情。我首先想感谢我自己，可是当我想要开始这么做的时候，我环顾四周，发现麦克斯韦尼公司的实习生以及员工比我更应该得到致谢。尤其有5个人对这本书作出了重大贡献，但是又不喜欢看到自己的名字以印刷体赫然印在书的封面

① 国家826俱乐部，美国一个帮助当地儿童（6至18岁）的学习，并使他们更有创意的组织。在纽约、洛杉矶、旧金山等城市都有该组织创立的商店，它们销售不寻常的商品，以吸引孩子。——译者注

② 新奥尔良基金会，一家为奥尔良灾后重建设立的基金会。——译者注

上，他们是：克里斯·本兹、达伦·弗朗尼兹、克里斯·林德格伦、莎拉瑞·洛夫提以及尼古拉·普法夫。这些人在档案资料里长时间地费力寻找收进该书中的文章，另外有大概十倍以上未被收录的文章还躺在裁剪车间的地板上呢。本兹先生又将工作更进一步，他为一般的读者写了财经类术语的汇编。在麦克斯韦尼公司，蜜雪儿·昆特协调收录文章的版权问题，另外她还接受了以下这些人的帮助：大卫·阿罗伊、皮特·马克、米歇尔·聂伦科、丽贝卡·奥托、坎迪斯·陈还有克莱尔·多纳托。

最后我想感谢那些允许我们收录他们作品的作家们，他们不会重新获得稿酬，但是他们的文字值得被再次阅读。